Ayotzinapa

y la crisis política de México

(Testimonio, 2)

Ayotzinapa

y la crisis política de México

Javier Balladares Gómez/Yared Elguera Fernández

(Compiladores)

CoNtRaStE

Primera edición, 2016

I. Ramírez 4, Chilpancingo, Guerrero, 39000
www.contrasteed.jimdo.com/**facebook**
Contacto: contrasteeditorial@hotmail.com
Diseño de la portada: © Arq. Juan Carlos Rendón Alarcón
Imagen de la portada: detalle en blanco y negro del cuadro "Procesión y retorno" de René Villalobos
ISBN 978-607-96120-5-4

Hecho en México

"El dios-maíz, el dios-flor, el dios-agua, el dios-sangre, la Virgen, ¿todos se han muerto, se han ido, cántaros rotos al borde de la fuente cegada?
¿Sólo está vivo el sapo,
sólo reluce y brilla en la noche de México el sapo verduzco,
sólo el cacique gordo de Cempoala es inmortal?"

Octavio Paz
(El cántaro roto, 1955)

"Todo es andar a ciegas, en la
fatiga del silencio, cuando ya nada nace
y nada vive y ya los muertos
dieron vida a sus muertos
y los vivos sepultura a los vivos.
Entonces cae una espada de este cielo metálico
y el paisaje se dora y endurece
o bien se ablanda como la miel
bajo un espeso sol de mariposas"

Efraín Huerta
(El Tajín, 1963)

Índice

Presentación

Los acontecimientos ocurridos la noche del 26 de septiembre de 2014 en el municipio de Iguala, Guerrero -que dejaron un saldo oficial de seis personas asesinadas, veintisiete heridos y la desaparición de 43 estudiantes de la Escuela Normal Rural Raúl Isidro Burgos de Ayotzinapa-, han sido la razón de una serie de manifestaciones, demandas políticas y de justicia en los últimos meses. Esos acontecimientos han indignado a todo aquel que ha tenido conocimiento de ellos, pero también nos han interpelado a dar cuenta de su significado. Por ello, consideramos que es de vital importancia detenernos a pensar en lo que ha ocurrido en nuestro país. A este llamado ha respondido una serie de profesores y estudiantes de posgrado en filosofía de diversas universidades mexicanas, quienes se han dado a la tarea de reflexionar y dar inteligibilidad a los eventos de violencia que tocan hoy en día al país. La intención no es ofrecer *la* posición filosófica sobre el tema, sino comenzar a reflexionar desde distintas posiciones filosóficas sobre lo que ha ocurrido. Consideramos no sólo que desde la filosofía se puede decir algo al respecto, sino que este tipo de hechos son el motor de reflexión del pensamiento filosófico. Nuestra intención es dar los primeros pasos en esa dirección.

Ha pasado más de un año desde que los 43 estudiantes normalistas se encuentran desaparecidos, y en este lapso de tiempo mucha información se ha hecho pública. Los informes del Grupo Interdisciplinario de Expertos Independientes (GIEI) han sido muy valiosos para los interesados en reflexionar acerca de este tema. Desafortunadamente, los autores de los artículos aquí recopilados, por el momento en que han escrito sus colaboraciones, no han tenido acceso a esa investigación del grupo que ha surgido del acuerdo entre la Comisión Interamericana de Derechos Humanos, los representantes de las víctimas de Ayotzinapa y el Estado mexicano. La investigación judicial no ha concluido aún. Cada semana, cada mes, se hacen públicos nuevos elementos que permiten agregar y acumular información acerca de lo que ha tenido lugar en Iguala. Sin embargo, lejos de brindarnos tranquilidad o de dar por cerrado nuestro conocimiento acerca del caso Ayotzinapa, este cúmulo de información nos obliga a darle algún sentido, pues el caso Iguala no es un caso aislado; éste no es únicamente la serie de hechos sucedidos la noche del 26 de septiembre, sino todo el proceso que dio lugar a ese acontecimiento. En cierto modo, Iguala es el síntoma de la descomposición del ejercicio del poder político y gubernamental. La arbitrariedad del ejercicio del poder público en nuestro país parece desbordar cualquier principio ético, jurídico y normativo. Considerando esto, la pregunta sobre los fundamentos del poder resulta plenamente pertinente: ¿a qué categorías hemos de recurrir para pensar el problema del ejercicio de la política?, ¿cómo dar cauce racional a los sentimientos provocados por el terrible crimen de 2014 y demás hechos que dan cuenta de la crisis política de México? Estas son preguntas ineludibles hoy para todo aquel que se ocupa de la filosofía política.

Las reflexiones aquí presentadas comienzan con el artículo "Debilidades democráticas", de *Sergio Pérez Cortés*, quien busca dar cuenta de la racionalidad implicada en la violencia que se ha desatado en nuestro país en las últimas décadas. La respuesta a las razones de esta violencia, nos dice el autor, no debe centrarse únicamente en los agentes que la ejercen. Sí, los grupos de narcotraficantes han destruido la vida civil pacífica allí donde se establecen, pero lo que hay que preguntarse es ¿cómo fue posible su establecimiento?, ¿cuáles fueron las condiciones que lo permitieron? La fragilidad y debilidad de las instituciones democráticas han de ser puestas en primer plano para hacer inteligible no sólo que Ayotzinapa haya tenido lugar, sino toda una serie de problemas presentes en nuestra sociedad. No se trata de centrarse en los procedimientos formales de elección de autoridades, sino del ejercicio de la soberanía popular a través de sus instituciones. Sólo fortaleciendo esas instituciones es que resulta posible pensar en una solución que no sea peor que la enfermedad.

Por su parte, *Jorge Rendón Alarcón* busca dar cuenta de la situación de Ayotzinapa y del estado de Guerrero a través de un rastreo histórico de la situación en aquella región. "Guerrero y el régimen político mexicano" muestra que la serie de acontecimientos violentos y de problemas en Guerrero no se encuentran desvinculados ni son productos del azar o de la mala fortuna, sino que son resultado de los contenidos mismos del régimen político mexicano. El despotismo, el ejercicio arbitrario de los poderes públicos, la corrupción, la impunidad, etc., no son sino aspectos de una estructura política ilegitima, de la inexistencia de un Estado de derecho. La historia de caciques, gobernadores destituidos, etc., son el síntoma de esta ilegitimidad. La pregunta filosófica que problematiza la legitimidad y forma del Estado de derecho muestra su pertinencia no sólo académica o jurídica, sino que apunta justo en la sustancia del problema del poder político y su desempeño social, es decir, remite al modo en que vivimos y nos vinculamos como sociedad.

En ese mismo orden de ideas *Javier Balladares Gómez*, en su artículo "Es el Estado. Soberanía y normalidad", toma como punto de partida la consigna "Fue el Estado" surgida en las manifestaciones políticas de finales de 2014 para señalar que, en efecto, la desaparición de los normalistas de Ayotzinapa no es reductible a un mero caso judicial. Sí, se trató de un crimen terrible, pero lo que esto devela no es sólo la violación de la ley, sino la ilegitimidad de algunas instituciones del Estado mexicano. Utilizando a la soberanía como categoría filosófico-política, Balladares busca dar cuenta de esa ilegitimidad no mediante un enjuiciamiento extrínseco al funcionamiento de algunas instituciones del Estado, sino dando seguimiento precisamente a su modo de operar. La soberanía no es solamente la centralización del poder político, sino primordialmente el establecimiento de un espacio de normalidad en el que el ciclo de la ley se establece y funciona (*i.e.* permitiendo que cada violación de la misma sea castigada). ¿Qué significa que un Estado no castigue los crímenes? Justamente que no existe esa normalidad necesaria para una vida regulada por la ley.

Por su parte, *Roberto Hernández López* en "Iguala: Imperio de la excepción… y la (a)norma" da cuenta de un enfoque distinto de la soberanía. Guiado por la obra de Giorgio Agamben y su tesis del *estado de excepción* (exclusión-inclusión originaria), Hernández reflexiona sobre si los hechos de Iguala pueden considerarse propios de un estado de excepción, en el sentido dado por el filósofo italiano. El artículo problematiza tres aspectos de los hechos relacionados con la desaparición de los estudiantes: 1) La excepcionalidad de los normalistas, en tanto que se encuentran al mismo tiempo incluidos y excluidos de las instituciones del Estado; se trata de dar cuenta de la *anormalidad* civil en que se encuentran los mismos; 2) El *a-bandono* de Iguala, es decir, la puesta a merced de los normalistas a la precariedad que hizo posible el crimen mencionado. Esos crímenes no son accidentales, sino que ocurren en un horizonte preciso; y 3) la vinculación de la *nuda vida* y los *homo sacer* de los normalistas de Ayotzinapa con otros más que hallamos en nuestro país. Para Hernández, los desaparecidos serían el rostro sin cuerpo de los más de 23 mil desaparecidos en poco más de ocho años.

El ensayo de *Alejandro Nava Tovar* es una reflexión en torno a las consecuencias políticas y culturales de lo sucedido en Iguala. El autor parte de la indignación por la desaparición de los normalistas para mostrar la tesis de que una injusticia extrema unifica la opinión pública en su defensa de los derechos humanos. A pesar de la relativización moral contemporánea, hay una universalidad que impide relativizar estos crímenes. El escepticismo y la indignación de la ciudadanía manifestada bajo la forma de protestas o de reclamos por el respeto a los derechos humanos implican, para el autor, una crítica al relativismo moral. Pero esta crítica tendrá una dimensión real sólo si se ven transformadas las instituciones jurídicas, sólo si ocurren cambios que den cuenta de esa universalidad de los derechos humanos y si éstos se integran al derecho positivo. Estos cambios implicarían, para Nava, la legitimación del Estado mexicano.

Por su parte *Yared Elguera Fernández*, en su artículo "La injusticia de Ayotzinapa. Una consecuencia de las relaciones de poder en México", piensa el problema de cómo justificar los derechos humanos ante las relaciones de dominación presentes en toda sociedad moderna. Guiada por la teoría de la justicia inherentemente vinculada con los derechos humanos del filósofo alemán Rainer Forst, Elguera explora los contenidos de los derechos humanos con el modo en que éstos son justificados discursivamente. Tal aspecto formal debe ir acompañado de su elevación a norma jurídica. En tal sentido las demandas de justicia, argumentadas discursivamente, cuando llegan a ser norma jurídica subvierten las relaciones de poder que someten a partes de una sociedad. En tal medida, las demandas de justicia son demandas universales y no peticiones parciales de agentes particulares. Viendo las cosas de este modo, los derechos humanos deberían ser un contrapeso tanto a las relaciones de dominación como a los callejones sin salida del derecho positivo que permiten esa dominación. Y esa tarea es impuesta a los ciudadanos cuando casos como el de Ayotzinapa develan de manera incontrovertible la injusticia de las relaciones de poder y su estructura jurídica y política.

Otro aspecto importante es el de la memoria que *Zaida Olvera Granados* busca problematizar en su colaboración. Así, ella parte de la memoria y la historia a propósito del modo en que las investigaciones del crimen de Iguala han tenido lugar. "México y la gente sin historia" intenta dar cuenta de las estrategias de olvido puestas en marcha a través de los intentos de "superar" la indignación. Para Olvera, se trata de implementar aquello que Nietzsche llamó historia monumental y que despoja a la gente de su historia, y sostiene también que esa historia monumental (una historia basada en estrategias de olvido que generan una memoria compulsiva) pretende imponerse sobre el testimonio de las víctimas. Este tipo de historia se contrapone a las estrategias de memoria que pueden mantener vivo el recuerdo, haciéndolo operativo en el presente. La historia viva es entendida como una reconciliación entre el pasado y el presente hecha posible por una memoria que, en lugar de olvidar y repetir, recuerda.

Además del problema de la memoria hay que pensar el caso desde el aspecto económico, pues este ámbito no es ajeno al conjunto de condiciones que provocaron el crimen de Iguala. Con "Ayotzinapa y el cercamiento de los comunes", *Ricardo Bernal Lugo* nos propone reflexionar sobre los problemas implicados en una de las soluciones propuestas por el gobierno mexicano para salir de la crisis institucional y económica que provocó el caso Ayotzinapa. La creación de "zonas económicas especiales" busca impulsar la actividad económica en estados con altos índices de pobreza como Guerrero. Sin embargo, tras un análisis de lo que son esas zonas económicas especiales reconocemos no una solución, sino una radicalización del problema de la pobreza y la explotación, pues ellas, lejos de responder a los objetivos de un desarrollo económico sustentable para la población, responden a las necesidades del proceso de acumulación del capital. Finalizamos con un diagnóstico general de la crisis política, económica, cultural y educativa en México. "Ayotzinapa y México, México y Ayotzinapa", de *Mario Rojas Hernández*, proporciona elementos para reconocer la magnitud de la crisis en la que se encuentra el país.

La intención al reunir estas colaboraciones es, por supuesto, pensar y dar elementos para entender lo que ha ocurrido en nuestro país más allá del aspecto judicial del caso. Pensar los aspectos político, jurídico y económico nos puede dar un marco para hacer inteligible lo que ha ocurrido. Ello, además, nos permite mostrar que las categorías filosóficas, si bien pueden dar la impresión de ser categorías alejadas del mundo político-social, en verdad son indisociables del mundo que habitamos. En este sentido, las siguientes reflexiones desde la filosofía sobre el caso Ayotzinapa buscan dar cuenta de la realidad no sólo del crimen de Iguala, sino de la crisis política de México.

Javier Balladares Gómez/Yared Elguera Fernández

Enero, 2016

Debilidades democráticas

Sergio Pérez Cortés

Desde el punto de vista de la violencia, nuestro país empezó a resentir un cambio profundo a partir del fin de la década de 1980 cuando los cárteles mexicanos incrementaron su presencia en diversas regiones. Su actividad se hizo sentir gradualmente, primero bajo la forma de delincuencia común pero extrema; luego, esta presencia se hizo más visible a medida que tomaron el control de algunas zonas y ciudades dejando al descubierto la complicidad de algunas instituciones políticas. Un nuevo tipo de criminal, con su forma específica de violencia, se asentó en el país. Este invitado indeseable encontró tierra fértil en la debilidad de nuestra vida pública y lo ha puesto todo a prueba: el poder coercitivo del Estado, el tejido social y la civilidad. Pero sobre todo puso en evidencia -ésta es nuestra tesis principal- la fragilidad de las estructuras democráticas de México.

La violencia del narcotráfico tiene ya más de tres décadas en el país dando muestra de una inhumanidad inadmisible. No obstante, Ayotzinapa es un suceso que cimbró a la sociedad, ciertamente por su brutalidad, pero sobre todo porque dejó al descubierto la complicidad de las instituciones de gobierno con la delincuencia, la incapacidad de los gobiernos estatal y federal, el contubernio de los partidos políticos. Nuestra tesis es que hizo patente la brecha que existe entre las instituciones políticas y la sociedad civil que dicen gobernar y, con ello, hacen ver las tareas del futuro próximo si el país desea mantener un régimen aceptablemente democrático y una vida pública tolerable. No hablaremos pues en este trabajo de "estado fallido"[1] o de "estado débil", sino

---

[1] El término "estado fallido" tiene su origen en algunos reportes realizados por el Departamento de Estado norteamericano cuyo propósito era identificar aquellos gobiernos que representaban una amenaza para la paz internacional y su seguridad interna. El término se hizo más popular después de los atentados de septiembre del 2001 cuando Estados Unidos estableció una estrategia destinada o bien a intervenir, o bien a colaborar con aquellos países

del pobre estado de la democracia y de la vida política en diversas zonas del país.

Los responsables del crimen

Cuando se le examina con cierto detalle, un suceso como Ayotzinapa revela que en la sociedad nada acontece por azar: en ese preciso momento confluyen condiciones políticas y sociales las cuales, sin quitarle su dramatismo, permiten hacerlo inteligible, mostrando que es la cima visible de problemas de mayor alcance. Veamos algunas de esas condiciones políticas. Como hoy sabemos, el Sr. José Luis Abarca, cuya carrera política se había iniciado como candidato independiente a la alcaldía de la ciudad de Iguala en las elecciones de 2012, recibió el apoyo de diversas organizaciones de izquierda, especialmente del Partido de la Revolución Democrática (PRD), las cuales lo respaldaron bajo el demagógico lema de "Iguala nos une"; como resultado, el candidato obtuvo la presidencia municipal con el 39.7 % de los votos emitidos.[2] En una historia que se repite regularmente, el Sr. Abarca, originalmente un pequeño comerciante, acumuló en pocos años una fortuna considerable. Si se mira en retrospectiva, su gestión al frente del municipio se caracterizó por dos cosas: su corrupta opacidad económica y su violencia política: se acusa al Sr. Abarca de haber ultimado personalmente al Sr. Arturo Hernández Cardona, no sin antes pedir a otros cautivos que cavaran la tumba, una escena que cualquiera creería que pertenece a las viejas crónicas de la revolución mexicana.

---

potencialmente peligrosos para su territorio. Bajo esta denominación caen, por ejemplo, Siria o Afganistán cuyos conflictos internos han conducido al colapso de las instituciones jurídicas y políticas. A nuestro juicio, México no se encuentra en una situación equiparable. El fracaso del Estado mexicano no se debe al colapso de las obesas instituciones existentes, sino al hecho de que éstas no responden a los intereses de la sociedad sino a una dinámica perversa en la que están atrapadas. A esto llamamos una "frágil democracia".

[2] *Cfr*. Esteban Illades, "Iguala, el polvorín que nadie olió", en *Nexos,* México, octubre de 2014.

Todo esto era conocido por las instancias estatal y federal,[3] pero ante la complicidad de unos, la ineficiencia de otros y el desdén de todos, nada se había hecho. Entre todas las acusaciones destaca la que afirmaba que el Sr. Abarca tenía vínculos con los cárteles de la zona. Estos vínculos provenían de su esposa, la Sra. María de los Ángeles Pineda, candidata a sucederle en la alcaldía de Iguala, cuya familia tiene amplios antecedentes en el narcotráfico, incluido su padre acusado de ser un líder del grupo Guerreros Unidos, el grupo que se encargaría de la ejecución material de los jóvenes. Desde luego, nadie es responsable por los actos de los familiares cercanos, pero todo ello hace irrumpir la pregunta: en nuestra democracia, ¿quién controla al que gobierna?

Detengámonos en ello un momento: ¿cómo es posible que un país que se pretende democrático permita tal red de complicidades, tal abandono de los deberes de las instituciones judiciales y políticas? ¿Cómo puede un pequeño cacique local llegar a esos extremos de enriquecimiento e impunidad? La respuesta no es compleja: se encuentra en las formas de gestión pública del país. Sin duda, el municipio es una pieza esencial de la vida republicana en México cuyo propósito original es oponerse a una concentración excesiva del poder en los gobiernos estatal o federal. Desde el punto de vista formal el ejercicio de los derechos político-electorales está asegurado por instituciones que la sociedad ha construido laboriosamente: los procesos electorales son organizados y vigilados por el ostentoso Instituto Nacional Electoral y validados por el Tribunal Electoral del Poder Judicial de la Federación. Pero la democracia no se limita a una serie de procedimientos formales y requiere de un contenido real. Y aquí las cosas son diferentes. Seguramente un cierto número de municipios responde al propósito original de tener una forma de gobierno "popular", pero en muchos otros, sobre todo en las zonas pobres del país, prevalecen los cacicazgos fácticos que permiten toda clase de complicidades. La participación democrática es "encauzada" por diferentes medios económicos y políticos, incluidas las amenazas; prevalecen las prácticas de compra de votos, de intercambio del ejercicio de los derechos políticos por

[3] Por ejemplo, una de las funcionarias locales había denunciado al alcalde por el gasto excesivo del dinero público en una curiosa manía: el Sr. Abarca tenía una gran debilidad por los espejos y había hecho instalar una gran cantidad de ellos en las oficinas del municipio.

bienes a menudo miserables. No es extraña la presencia del clientelismo y los cacicazgos personales y familiares como estuvo a punto de suceder en Iguala. Históricamente, los gobiernos locales y federal no sólo no han impedido estas prácticas sino que hasta la fecha son sus principales promotores.[4] En nuestro país la democracia aún está luchando contra una doble pobreza: la material, que debilita el ejercicio libre del derecho a elegir, y la pobreza en la valoración que de sus derechos políticos hacen algunos ciudadanos. En estas condiciones, el ciudadano "virtuoso" al que se refieren algunas teorías de la democracia, tiene pocas posibilidades de aparecer.

Estas estructuras municipales, ya de suyo frágiles desde el punto de vista democrático, han sido sometidas a una dura prueba con la irrupción de los cárteles, mucho más poderosos económicamente y mucho mejor armados que cualquier autoridad local. Abandonados a sí mismos, los municipios tienen pocas posibilidades de resistencia. Los grupos de delincuentes no se proponen sustituir a las autoridades electas (lo que daría una dimensión enteramente distinta a sus actos); buscan más bien cooptarlas con dinero o someterlas si se resisten. Luego, ya no es sencillo distinguir entre una colaboración forzada y una complicidad abierta, pero la infiltración del narcotráfico es real y afecta toda la vida pública de la ciudad y de la región. Se comprende entonces la actuación de la fuerza pública de Iguala y Cocula: atenazada entre el poder del cacique local del que depende y la corrupción o la amenaza del narcotráfico, el poder coercitivo se disolvió, o mejor, se revirtió contra los ciudadanos. Esta perversión del uso de la fuerza pública es la prueba más patente de la ruptura de una sociedad con las instituciones que dicen gobernarla.

Si por democracia se entiende el procedimiento formal de elección de autoridades, entonces ésta se cumple. Pero si por democracia se entiende el ejercicio de la soberanía popular a través de sus instituciones, entonces ésta es una carencia, al menos en algunas regiones de México. Es por eso que los sucesos de Iguala

---

[4] Por ejemplo, el Sr. Aarón Urbina se ha mantenido en el poder del municipio de Tecámac (Estado de México) durante los últimos dieciocho años. Ha ocupado tres veces el puesto de alcalde municipal en períodos alternativos y pesan sobre él acusaciones de corrupción y despojo. No obstante, acaba de obtener por cuarta ocasión el mismo cargo postulado por el Partido Revolucionario Institucional (PRI).

han conducido a exigir una verdadera reforma constitucional que, sin alterar el espíritu republicano que anima al municipio, pueda hacer frente al estado de indefensión económica y social que lleva a los ciudadanos, a veces por propia iniciativa, a renunciar a sus derechos políticos. Naturalmente, el actual Estado mexicano no va tan lejos y ninguna reforma semejante está a la vista. Por ahora, una iniciativa presidencial propone simplemente eliminar las policías municipales en todo el país, especialmente en aquellas entidades más comprometidas con el narcotráfico. La figura del "mando único" es en realidad una forma de retirar al municipio el poder coercitivo de la violencia concentrándolo en el gobierno estatal y la policía federal. La solución es parcial pero el Estado mexicano no arriesga alterar la red de compromisos, poderes fácticos y caciques locales en la que descansa buena parte de su penetración en la sociedad. Por otra parte, tampoco es fácil: cualquier reforma requiere modificar diversos artículos de la Constitución a lo que se oponen algunos defensores de la vida republicana de nuestro país.

Si los sucesos hicieron visible la complicidad de las instituciones de gobierno, ellas no fueron las únicas culpables. En la elección del Sr. Abarca participaron diversas organizaciones de izquierda, especialmente su partido más importante. Por lo demás, a medida que los hechos eran revelados apareció un movimiento de auto-defensa por parte del PRD.[5] Aún hoy, después de una comisión especial, ese partido no ha sido capaz de exponer los mecanismos internos de selección de candidatos y menos aún las fuerzas que intervinieron en el caso de Iguala. A la exigencia de desaparición de poderes en el estado de Guerrero, dada su incapacidad y su negligencia, la dirección nacional respondió dejando en manos del gobernador la decisión de continuar hasta que juzgara que resultaba imposible seguir "gobernando". Finalmente, debió abandonar su cargo sin ninguna acusación en su contra y sin costo personal previsible. ¿Por qué un partido de izquierda lleva a puestos de representación popular a individuos de esta clase? La

[5] Hace pocos años, en este reflejo de autodefensa se vio a un grupo de diputados federales de izquierda introducir en el recinto de la Cámara de Diputados, oculto en la cajuela de un automóvil, a uno de sus miembros acusado de complicidad con el narcotráfico en el estado de Michoacán. Ahí permaneció varias semanas inmune a la persecución policíaca; posteriormente huyó convirtiéndose en simple prófugo de la justicia.

respuesta se encuentra en la situación actual de los partidos políticos en México.

Se ha llamado "transición a la democracia" al proceso que ha permitido a México dejar atrás 71 años de gobierno por parte de un único partido. Durante este período, los ciudadanos intercambiaron un período de estabilidad política y crecimiento económico contra el ejercicio de sus derechos políticos, cedido casi por entero al PRI. El camino para lograr recobrar esos derechos políticos ha sido arduo: antes de obtener la presidencia de la República en el año 2000, los partidos de oposición ganaron trabajosamente terreno haciendo frente al poder del Estado disfrazado de partido político. En esta transición naturalmente los partidos políticos, que son esenciales para la formación de una voluntad pública, debían jugar un papel preponderante; por ello la Constitución los ha declarado "instituciones de interés público", es decir, reciben financiamiento del Estado. La cantidad de recursos que reciben los 10 partidos políticos con registro oficial es colosal: el año de 2015 equivale a 5,356 millones de pesos. Esta enorme suma se justifica bajo la consideración de que el financiamiento público es lo que ha permitido la existencia de una oposición real, capaz de competir ante el que fue un partido de Estado. Según los documentos oficiales, el financiamiento tiene como objetivos: fomentar la participación ciudadana, una mejor difusión de las propuestas de cada candidato e inducir un mayor involucramiento de la ciudadanía en la vida interna de los partidos.

No obstante el dispendio de recursos ninguno de estos objetivos parece alcanzarse. Aunque la legislación permite que los partidos políticos reciban ingresos adicionales, continúan dependiendo mayoritariamente del dinero público como consecuencia de su pobre penetración en la sociedad. Dentro de este financiamiento público, con el fin de asegurar un punto de partida equitativo, el 30% del presupuesto anual se distribuye de manera uniforme a cada uno y el restante 70% se distribuye de manera proporcional al número de votos recibidos en la elección precedente.[6] Esta dependencia ha provocado tensiones internas porque agudiza la contradicción de que sus obligaciones democráticas sean derrotadas por la necesidad de obtener resultados electorales. La

[6] Así, en este 2015 el PRI recibirá 1,376 millones de pesos y, si agrega a los otros dos partidos dominantes, PAN y PRD, los tres partidos concentrarán casi el 80 % del total.

burocratización interna de los partidos políticos es un fenómeno antiguo que ha sido estudiado por teóricos de la democracia como Weber, Michels, Duverger u Ostogorski. La situación en nuestro país se agrava porque los recursos son administrados por los órganos directivos centrales, convirtiendo a la organización en una maquinaria burocrática y de empleo en la que la elección de los candidatos depende más de sus posibilidades de éxito que de su trayectoria política. Esto se hizo patente en el caso de Iguala: el PRD parecía dispuesto a continuar con el cacicazgo familiar prestando oídos sordos a toda clase de denuncias. El dispendio de recursos tampoco está cumpliendo el propósito de fomentar una mayor participación de la ciudadanía en la vida interna de esas organizaciones: por el contrario, hay una marcada tendencia a hacer carrera permanente por parte de pequeños grupos que se distribuyen periódicamente los puestos de elección popular. Hacer carrera pública con semejante botín en las manos es abandonar, de ser posible para siempre, el deslucido puesto de simple ciudadano. El resultado es que, entre todas las democracias de América Latina, México es el único país que no ha logrado una verdadera renovación de su clase política, que continúa con sus prácticas de enriquecimiento e impunidad. En nuestro país no se ha logrado crear un clima democrático de participación y esto debido a los obstáculos que erigen los mismos partidos que deberían asegurarla.[7] Ciertamente no existe un modelo único que defina la organización democrática de los partidos, pero las particularidades de nuestra historia reciente provocan que los derechos de los ciudadanos no coincidan con su injerencia en las decisiones partidarias.

Los ciudadanos en nuestro país valoran los progresos de su democracia, incluidos los partidos políticos.[8] Pero éstos no están cumpliendo con el papel de formadores de una voluntad popular.

---

[7] Las candidaturas independientes enfrentan enormes obstáculos debido a las barreras legales que los partidos establecieron después de la elección del 2010.

[8] El número de partidos políticos no cesa de crecer. Su lema común es que prometen no parecerse en nada a sus predecesores. Aunque se trata de organizaciones sociales con cierta influencia, normalmente no interesan a los ciudadanos. La legislación prevé que si en las siguientes elecciones no obtienen al menos un 3% de los votos pierden su registro. Es sencillo imaginar las maniobras que se ven obligados a realizar.

Los partidos políticos carecen de una visión a futuro para fortalecer la democracia en el país y viven en la coyuntura de su sobrevivencia privilegiada. Entre otras cosas, tampoco contribuyen a la educación democrática: en las campañas electorales presentes, en las que se acusan mutuamente de corrupción demostrable, el estrépito sustituye al contenido: la prueba es que los ciudadanos recibiremos en los meses de abril y mayo de 2015, por los oídos y la vista, la astronómica cantidad de 11.3 millones de mensajes promocionales, esto es, 92 000 horas de propaganda política por radio y televisión. El logro más grande al que aspiran no es una propuesta de gobierno sino superar la indiferencia ciudadana.

La actividad actual de algunos partidos políticos no fortalece sino que debilita la expresión de los intereses reales de la sociedad. Un índice de ello es una encuesta publicada recientemente por Transparencia Mexicana y que indica que 7 de cada 10 mexicanos no se sienten representados por sus diputados locales o federales. Como consecuencia, está generalizada la idea de que los partidos políticos reciben mucho más de lo que entregan a la sociedad. Esta profunda debilidad democrática se expresa igualmente en el hecho de que los "representantes del pueblo" ocupan el último lugar en la confianza ciudadana, por debajo incluso de la desprestigiada policía nacional. Esto, que afecta a todos, alcanza especialmente al PRD, el partido al que se deben algunos de los avances más significativos de la democracia nacional. Su reacción de autodefensa, su irresponsabilidad en la elección del Sr. Abarca, deja ver que ese partido se encuentra sumergido en mezquinos intereses de grupos internos cuyo oportunismo político condujo esta vez a resultados trágicos. Carente de autocrítica, este partido se ha visto fragmentado por la renuncia de sus líderes históricos, quienes consideran que la organización requiere de una refundación para reanudar su compromiso con las causas más progresistas del país. Por ahora, no hay indicios de semejante refundación y este sin duda es un serio riesgo para la democracia en México.

A pesar de todo, no deseamos dejar la impresión de que la sociedad mexicana sufre pasivamente esos males. Por el contrario, es una sociedad que gradualmente exige más de su vida pública y de sus instituciones. Los avances democráticos los ha obtenido en una lucha política frontal muchas veces contra las instituciones que dicen representarla. Los ciudadanos reclaman sus derechos por la vía institucional, pero si ella se muestra renuente, la resistencia no cesa y, como lo muestra la rabia homicida del Sr. Abarca, los ciudadanos son capaces de llegar hasta el heroísmo.

Las víctimas y su entorno

En un suceso cualquiera, especialmente si tiene una dimensión social, concurren factores de orígenes muy diversos, algunas veces originados en dominios muy lejanos de aquellos en los que tendrán repercusión. Las condiciones que hacen que un hecho suceda se forman en largos procesos de manera a veces imperceptible. Esto puede constatarse en Ayotzinapa donde, a las condiciones políticas ya referidas, se unen condiciones sociales que ayudan a explicar en buena medida lo sucedido: nos referimos a las formas que adoptan los conflictos sociales y las formas de marginación y desprecio social que aún perviven en el estado de Guerrero. Veamos.

Los jóvenes sacrificados provenían de una escuela normal rural. Diversos estudios[9] nos han dado a conocer las características de estas instituciones que se afincan desde el momento de su fundación, poco después de la Revolución mexicana. Estas escuelas provienen de una de las grandes contradicciones de la sociedad posrevolucionaria, entre la ideología declarada y los actos reales de gobierno. Es una contradicción porque de un lado el afán modernizador de formar individuos preparados capaces de influir en sus comunidades de origen se estrella con un campo abandonado a las formas de producción y de poder político más arcaicas. Es normal entonces que los enemigos naturales de esos jóvenes sean los caciques locales, los comerciantes acaparadores y las compañías extranjeras que explotan los recursos de la zona, lo mismo que los gobiernos estatal y federal, que están muy lejos de cumplir con los ideales de libertad e igualdad que animaron el movimiento rural revolucionario del siglo XX. ¿Alguien puede sorprenderse de que ahí hayan surgido líderes importantes de la oposición más radical como los dos últimos guerrilleros históricos del estado de Guerrero, Lucio Cabañas y Genaro Vázquez?

Debido a su ideología, la situación de estas escuelas normales se modifica de acuerdo a la orientación, liberal o conservadora, de los gobiernos federales. Considerada en el largo

---

[9] *Cfr.* Alicia Civera Cerecedo, "Normales rurales. Historia mínima del olvido", en *Nexos,* México, marzo de 2015.

plazo, la existencia de esas escuelas es una anomalía respecto a los objetivos de la política educativa nacional. No solamente su matrícula se ha reducido sino que en el caso de los planteles más combativos se procede simplemente a su clausura.[10] En este clima de tensión, las escuelas que sobreviven -como la de Ayotzinapa- deben movilizarse cada año mediante manifestaciones más o menos violentas para asegurar el presupuesto que permita su continuidad.[11] Tal tensión se expresa igualmente en las formas de manifestación a las que recurren: bloqueo de carreteras, recaudación forzada de dinero al ocupar las casetas de peaje en las carreteras,[12] saqueo de autobuses mercantiles. Todas estas estrategias conforman su arsenal de lucha: son simplemente delitos del fuero común, pero no son perseguidos: o bien son tolerados o bien son puntualmente impedidos sin ningún castigo por parte de las autoridades locales o federales. Tal situación no hace más que erosionar el ya débil Estado de derecho pero las autoridades, quizá íntimamente convencidas de su falta de legitimidad política, no ejercen ninguna acción jurídica, temerosas de agravar por la represión cualquier conflicto de apariencia menor. Estas derrotas del Estado de derecho son menores sólo en apariencia.

Esto es exactamente lo que sucedía la noche del 26 de septiembre de 2014. Aunque las condiciones generales del suceso ya estaban puestas, también intervino una cierta dosis de contingencia: sólo uno de los autobuses de estudiantes tomó la ruta hacia la ciudad de Iguala: eran sobre todo estudiantes de primer año que así recibían una suerte de "iniciación política" por parte de los más veteranos de la escuela. Visto a la distancia hay una nota trágica en que las víctimas se dirigían hacia una trampa compuesta por todo un tejido de complicidades: desde su arribo a la ciudad el autobús estaba siendo vigilado por los "halcones", es decir, cómplices en pequeño que por sumas insignificantes forman un cinturón de protección a los grandes delincuentes. Uno de ellos, que además de pertenecer a la delincuencia trabajaba para la Secretaría de Seguridad Pública de la ciudad, telefoneó a la policía local, al pre-

---

[10] *Cfr.* Tatiana Coll, "Las normales rurales: 90 años de lucha y resistencia", en *El Cotidiano*, núm. 189, México, enero-febrero de 2015.

[11] *Cfr.* A. Civera Cerecedo, art. cit.

[12] El año 2013, dos estudiantes de la misma escuela normal de Ayotzinapa fueron muertos por disparos de la policía del estado de Guerrero al intentar bloquear una carretera importante del suroeste del país.

sidente municipal y de paso a la policía de la vecina ciudad de Cocula. A cada particular esta complicidad parece no presentarle problemas éticos, pero sus actos minúsculos acaban contribuyendo a las grandes tragedias: cada uno antepone sus beneficios personales poniendo en peligro la vida pública de todos, lo que indica el poco valor que conceden a ésta. El alcalde, quien tenía razones para temer la presencia de los estudiantes, ordenó detenerlos a cualquier precio. Los alumnos fueron baleados, algunos encerrados en el autobús, y otros más que habían podido escapar rompiendo la ventanilla de emergencia, en la calle; los disparos alcanzaron ahí a una mujer y a un joven deportista que se encontraban casualmente en el lugar: ambos murieron, con esa muerte circunstancial que deja a cada uno la sensación de que en este país la vida pende de un delgado hilo que el azar puede romper.

La orden de disparar no puede ser comprendida sin este trasfondo de encono político, pero también del origen de los estudiantes, de su situación social. En el estado de Guerrero la confrontación en las calles es frecuente, con la impunidad de unos y de otros, pero además esta vez se trataba de estudiantes pobres de origen campesino. Esa orden brutal de asesinar no está exenta del desprecio racista que sufren los campesinos más pobres del país. Es difícil imaginar esa orden y su cumplimiento si estuviera dirigida contra otro grupo social. En México, el racismo no tiene orígenes étnicos (pues todos somos más o menos mestizos), y tampoco tiene orígenes religiosos, pero descansa en la extrema discriminación sustentada en las enormes desigualdades económicas que existen. Una encuesta publicada este mes de marzo (2015) acerca de la "Calidad de la Ciudadanía en México" revela que el 74% de los ciudadanos es proclive a la discriminación económica. Hay una real hipocresía social cuando los mexicanos se enorgullecen de su pasado prehispánico, pero desprecian a aquellos que sobreviven en las comunidades tradicionales; son éstos los que sufren un racismo de origen económico, discriminación que coincide con los grupos que tienen los rasgos más indios y que suelen ser monolingües en sus lenguas de origen. Nuestro país aún no aprende suficientemente a respetar a todo ciudadano y la educación cívica que poseemos no ha logrado contrarrestar la insolencia del dinero.

Si el racismo económico es una de las condiciones que se encuentran detrás de los acontecimientos, no es la única: la otra es la violencia constante en la zona. Una de las premisas de la vida democrática es la solución pacífica de los conflictos. En efecto, la democracia obliga a renunciar a la violencia directa entre los participantes e impone, a todos, una alta autocontención, cualesquiera que sean los resultados de las contiendas jurídicas o electorales. Pero esta premisa de civilidad no se cumple en el estado de Guerrero. Los diferentes gobiernos locales y federales son ampliamente responsables de esta situación porque históricamente ellos mismos han recurrido o tolerado abiertamente la represión violenta directa. En este estado prevalecen formas arcaicas de solución de conflictos. Las órdenes asesinas del Sr. Abarca pertenecen a esta caduca tradición y se ajusta perfectamente a la historia de los movimientos sociales en esta zona del país. Veamos.

El estado de Guerrero es rico en recursos naturales, sobre todo mineros, forestales y turísticos. Pero es uno de los tres estados más pobres del país, al lado de Oaxaca y Chiapas, y por ello concentra una población importante en pobreza extrema. La suya es la historia de los cacicazgos más primitivos, de los comerciantes más rapaces y las compañías trasnacionales más voraces; por eso tiene una larga tradición de movimientos en demanda de libertades civiles y democráticas y de la defensa de los recursos naturales que son propiedad de las comunidades. Pero estas demandas han enfrentado toda clase de represiones violentas, sea por parte de los poderes fácticos, sea por los gobiernos corruptos, cómplices u omisos que debido a la debilidad de la democracia encuentran políticamente más rentable el apoyo de estos poderes fácticos que el apoyo democrático de la sociedad. La ejecución de los 43 jóvenes es un eslabón más de la serie de represiones sangrientas de las que sólo se diferencia porque esta vez corrió a cargo de una autoridad de bajo nivel. Una de estas represiones que marcó la historia del estado de Guerrero ocurrió el año 1995, en un lugar llamado Aguas Blancas, cuando la policía local emboscó a un grupo de manifestantes provocando 17 muertos. Lo mismo que hoy, se produjo una conmoción en todo el país. El caso llegó a los tribunales federales pero el poder judicial quedó lejos de cumplir con sus obligaciones: una sentencia emitida contra 49 personas no sólo fue de una lentitud exasperante sino que permitió a la mayoría de los acusados abandonar la prisión poco tiempo después.[13] Tal

---

[13] *Cfr.* Carlos Illades, "Guerrero, la violencia circular", en *Nexos*, México, noviembre de 2014.

impunidad jurídica no sólo suscitó una nueva inconformidad sino que marcó el futuro de los conflictos sociales en el estado. Si merece recordarse es porque el Estado mexicano parece incapaz de comprender que restaurar el Estado de derecho es poner fin a un ciclo de violencia y venganza, es decir, es restablecer una premisa de la vida democrática, un bien que alcanza a todos y ha preferido la complicidad caciquil de los poderes fácticos. Lo que está en juego en estos momentos es más sustantivo que la complicidad con unos y el dolor de otros: es la construcción de un régimen que cancele la venganza privada y cree las bases de una solución no violenta a los conflictos sin la cual el crimen reaparecerá, tarde o temprano. Esta impunidad jurídica endémica es una de las más grandes debilidades de la democracia en nuestro país.

El ciclo de inconformidad-protesta-violencia-impunidad no ha cesado de repetirse en Guerrero y corre el riesgo de reabrirse. Es este ciclo el que explica el surgimiento de la guerrilla en los años 1970 y la reaparición esporádica de movimientos armados, afortunadamente menores, como el del Ejército Guerrillero del Pueblo Insurgente.[14] La represión violenta tiene como consecuencia directa una nueva ola de represión política y militar en el estado. La aparición de estos grupos tiene como consecuencia incrementar los abusos contra la población civil, el atropello a los derechos humanos y el reforzamiento de los poderes fácticos locales que aprovechan el revuelo para saldar sus cuentas con sus opositores, ya sean estos violentos o pacíficos. Estamos ante una nueva oportunidad de que ese ciclo continúe o encuentre solución: la sociedad exige que este crimen no quede impune, incluidos los responsables políticos: no se trata de un sencillo deseo de justicia, ni una suerte de venganza colectiva; se trata de hacer prevalecer el estado de justicia sin el cual la sociedad civil queda librada a sí misma, esto es, a expensas de los impulsos rabiosos de unos cuantos. El "estado de naturaleza", la guerra de todos contra todos, no está detrás de la instauración del derecho sino adelante, cuando el Estado de derecho se desvanece.

Sin embargo, es preciso insistir en que este ciclo ha sufrido transformaciones: la abrumadora mayoría de ciudadanos ya no ve en la vía de las armas una alternativa para el país. Las formas de organización y resistencia civil son institucionales y pacíficas. Lo notable en Guerrero es que, a pesar del fracaso reiterado de sus

---

[14] *Idem.*

instituciones y a pesar de los antecedentes sangrientos, permanece una oposición tenaz y decidida, tanto individual como comunitaria. Estos luchadores sociales hacen uso de todos los recursos institucionales a su alcance, pero su tenacidad ha costado la vida a un cierto número entre ellos. El papel de luchador social en Guerrero es ciertamente una de las vocaciones más peligrosas de nuestro país.

El invitado indeseable, el narcotráfico

Creemos haber dejado claro que no atribuimos al tráfico de drogas el deterioro de la vida pública, pero la situación actual sería incomprensible sin su irrupción. El poder económico y armado[15] que representa ha puesto a prueba todas las estructuras de la sociedad mexicana, especialmente las instituciones judiciales y políticas. El narcotráfico no es la causa de la debilidad de esas instituciones, pero su presencia vino a acelerar las cosas dejando al descubierto la magnitud de sus carencias.

Es importante subrayar que el tráfico de narcóticos es sólo la satisfacción (criminal) de una de las demandas propias de las sociedades del capitalismo avanzado. El consumo de drogas es un mal endémico de las sociedades modernas. Las razones pueden ser diversas: por placer, por estrés en el trabajo o simplemente por afán de experiencias, pero el consumo parece ser imposible de erradicar y está aún en expansión. Esto, que corresponde a las deformidades del capitalismo tardío, irrumpió en las estructuras de un capitalismo atrasado como es el de México, de manera que el país está atrapado entre dos inercias de la vida capitalista: los síntomas del capitalismo más moderno y los restos del capitalismo más retrógrado en algunas zonas del país. Lo primero está lejos de nuestro alcance, lo segundo está bajo nuestra responsabilidad.

---

[15] Debe tenerse presente el tamaño de la bestia: el tráfico de drogas en México representa unos 29,000 millones de dólares anuales, es decir, más que toda la inversión extranjera en el país entre los años 2007 y 2011. El volumen de armas introducidas de contrabando a México es igualmente astronómico: un estudio hecho por la Universidad de San Diego revela que desde 2010 a la fecha se han introducido por la frontera norte más de 250,000 armas: un enorme negocio de 127 millones de dólares del que depende el 46.7% de los productores y vendedores de armas del sur de Estados Unidos.

El tráfico de drogas tiene una larga historia en el país, especialmente en los estados del norte más próximos a la frontera con Estados Unidos, pero la situación se agravó en las últimas décadas: hacia finales de 1980, Estados Unidos tuvo la capacidad de cerrar la ruta que, a través del Caribe, permitía a los cárteles colombianos introducir la mercancía vía Miami. Después de los atentados del 11 de septiembre de 2001, la amenaza del terrorismo provocó que la frontera se endureciera aún más. Las cosas empeoraron cuando en el año 2007 Colombia empezó a tener éxito al hacer menos rentable la producción y distribución de drogas. Todo ello produjo un desplazamiento hacia otros países. Los llamados "cristalizaderos" (laboratorios clandestinos de producción) abandonaron Colombia y se asentaron en Perú, Bolivia, Ecuador, Venezuela y México. Este último, hasta entonces un país de tránsito, se convirtió en productor y ahora en consumidor. Los cárteles mexicanos adquirieron más fuerza, desplazando a veces y aliándose otras veces con los cárteles colombianos.

Su presencia criminal hizo su aparición paulatinamente en fenómenos que aparentaban una delincuencia común, pero que mostraban un aspecto terrible, como en el asesinato de más de doscientas jóvenes mujeres en Ciudad Juárez entre los años 2002 y 2008. Mientras los cárteles mexicanos eran poco poderosos, los gobiernos solían adoptar una cierta tolerancia: los negocios sucios podían llevarse a cabo siempre y cuando no perturbaran demasiado la vida civil. Sin embargo, hacia el año 2006 la situación era por completo diferente; el narcotráfico asolaba regiones y ciudades enteras, sus crímenes eran más visibles y cínicos, y era ya notable su incidencia en las estructuras judiciales y políticas del país. En diciembre del año 2006, como uno de sus primeros actos de gobierno, Felipe Calderón declaró "una guerra abierta al narcotráfico" que correría a cargo del ejército y la armada nacionales ante la falta de preparación, la corrupción y la desmoralización de las policías existentes. Era un cambio radical porque los gobiernos anteriores habían sido renuentes al uso abierto de la fuerza coercitiva pública y más bien se habían concentrado en medidas institucionales como la creación de la Agencia Federal de Investigación (una suerte de FBI a la mexicana), la profesionalización de la policía nacional y una serie de medidas de excepción, como la intervención de llamadas telefónicas.[16] Un intenso debate se abrió en el país: para muchos analistas el enfrentamiento se produjo prematuramente, sin preparación ni información suficiente acerca del poder del adversario. El ejército no estaba preparado y, además de exponerlo a la corrupción, se provocaba en los hechos una militarización que podía amenazar las libertades civiles. ¿Era la mejor decisión? ¿Había que preferir el orden a las libertades? Para muchos otros, entre los que yo me cuento, todos estos argumentos son poderosos, pero no consideran las alternativas reales que existían en ese momento. Las premisas para una estrategia más eficaz, esto es, contar con cuerpos judiciales y policíacos confiables, la reducción de las desigualdades económicas en esas zonas y un mejor conocimiento del adversario, requieren todas ellas de años de preparación (y como muestra el caso de Ayotzinapa, nueve años después de iniciada, aún no se ha logrado). El proceso de implantación social y política de los cárteles se cuenta en semanas o meses y el gobierno mexicano tenía en mente el caso de Colombia, cuya pasividad gubernamental condujo al país a un conflicto que, después de 30 años, no encuentra solución.

El resultado de esta lucha declarada fue un aumento vertiginoso de la violencia: de acuerdo con cifras de la oficina de Seguridad Pública, el número de muertos el año 2007 fue de 2,700, esto es, 600 muertos más que el año anterior y el doble de los registrados el año 2005; el año 2008 la cifra se elevó a 5,000 debido al incremento de las "narco-ejecuciones", producto de la intensificación de las luchas internas por una nueva distribución de territorios. Aún no hay datos que logren un acuerdo general, pero los más confiables indican 80,000 muertes. Hasta la fecha, México se encuentra entre los tres países con el mayor número de muertes por conflictos violentos. Es un magro consuelo pero es verdad que no es un reflejo del país en su conjunto. Tal violencia se concentra en seis estados, aquellos en los que concurren diversos factores: primero que sean rutas importantes del tráfico de drogas, segundo, que tengan zonas geográficas de muy difícil acceso, y tercero que sufran de una pobreza y una marginación significativa.[17] A pesar de ese número conmovedor de muertes, la tasa de criminalidad

---

[16] *Cfr.* Jorge Chabat, "Iguala, diagnóstico equivocado", en *Letras Libres*, núm. 192, México, diciembre de 2014.

[17] *Cfr.* Joaquín Villalobos, "Doce mitos sobre la guerra contra el narco", en *Nexos*, México, enero de 2010.

violenta en México se sitúa por debajo de otros países de la región comparables al nuestro, como Venezuela, Colombia o Brasil.

La democracia que está en juego

Cifras tan escalofriantes han obligado a considerar diversas alternativas ante la situación, en primer lugar, en la manera de comprender el conflicto. El alto número de víctimas ha llevado a analistas serios a definirla como una "guerra interna", una "narco-guerra".[18] A nuestro juicio el término de "guerra" no describe adecuadamente la situación, porque define mal la naturaleza de los adversarios y los fines que ellos se proponen. En efecto, no se encuentran frente a frente dos combatientes similares. Los narcotraficantes son numerosos y están fuertemente armados pero no son una organización militar, no poseen ni la estructura interna, ni el adiestramiento, ni la disciplina: son sencillamente delincuentes fuertemente armados cuyo núcleo original estuvo compuesto por desertores de ciertos cuerpos de élite del ejército mexicano, pero cuyo enrolamiento posterior descansa en civiles mediocremente entrenados. Desde luego esta es la peor pesadilla: un civil provisto de armas de alto poder, sin ningún ideal, movido por la codicia y probablemente con sentimientos de injusticia social. Los fines que persiguen explica la forma de violencia que ejercen: su propósito fundamental es paralizar mediante el miedo cualquier oposición eventual, primero entre otros grupos rivales potenciales y, luego, entre la población civil. Su violencia tiene un carácter "ejemplarizante": cada muerte es un mensaje disuasivo que quiere sembrar el terror por la desmesura, como lo muestra la destrucción de los cuerpos de los 43 estudiantes secuestrados. En consecuencia, estos grupos ignoran por completo las normas de contención de la violencia que existen en los conflictos armados entre ejércitos regulares; desconocen también la diferencia que se establece entre combatientes y no combatientes, la cual trata de circunscribir los blancos legítimos en cualquier guerra formal: los sicarios no distinguen sexo, edad u origen étnico.[19] Por lo demás, no combaten

---

[18] *Cfr.* Carlos Illades y Teresa Santiago, *Estado de guerra. De la guerra sucia a la narcoguerra*, Era, México, 2015.

[19] El año 2011, por ejemplo, aparecieron los cadáveres de 71 personas ejecutadas en el norte del país: eran inmigrantes centroamericanos que

sólo contra la fuerza pública sino que combaten entre sí, al punto que a medida que un grupo se debilita se acentúa contra éste la crueldad y la compasión desaparece. Aunque parezca trivial decirlo, para dirimir sus diferencias esos grupos no pueden recurrir al derecho institucional, de manera que cualquier diferencia entre ellos se resuelve con la muerte. Una muerte simplemente por codicia, por dinero, es decir la muerte más carente de nobleza, más sinsentido que puede existir. Por eso ha puesto a prueba los valores de la sociedad mexicana que se pregunta, asustada: ¿de qué somos capaces?

A fin de medir lo que está en juego en la vida pública es preciso comprender hacia dónde se dirige esta amenaza. Ante todo, no está en cuestión el poder político. Estos grupos armados no pretenden suplantar al poder del Estado: no son una guerrilla, no reclaman ningún fin político y tampoco han hecho suya ninguna reivindicación social: un criminal armado no es inmediatamente un guerrillero, ni un insurgente de manera que no conviene otorgarle ninguna simpatía política. Pero si no buscan apoderarse del poder político, en cambio sí buscan doblegarlo y si logran su complicidad socavan las débiles bases en las que descansa su legitimidad. En su progresiva implantación nadie está a salvo y su tarea es debilitar toda fuerza social susceptible de oponerle resistencia. Por la complicidad o por la amenaza, el hecho es que separan a la sociedad civil de las instituciones que pueden defender el orden democrático y libre. No son una amenaza al poder político, pero pueden diluir el orden político indispensable para asegurar la vida en común. El miedo disuelve la cohesión social porque borra cualquier sentido de destino común entre los ciudadanos. Por ello, la única posibilidad para la sociedad mexicana, si desea preservar la libertad, es fortalecer sus instituciones coercitivas, judiciales y políticas. Reducida a su último extremo, la existencia de una sociedad exige recuperar el poder coercitivo de la violencia legítima, asegurando además un sistema de procuración de justicia que cumpla sus objetivos. Sin esta premisa elemental, no hay un régimen de derecho que permita la vida en común.

---

trataban de cruzar la frontera con Estados Unidos en busca de trabajo. Un grupo de narcotraficantes los asesinó uno por uno, ante el temor de que se tratara de individuos que iban a enrolarse con las bandas rivales de delincuentes.

En segundo lugar, se ha vuelto más visible el gran peligro social que la desigualdad económica y la falta de educación trae consigo. En efecto, el narcotráfico está asociado con la pobreza porque pone a su disposición un amplio material humano no sólo de sicarios sino de cómplices en pequeño. Ciertamente, a lo largo del tiempo su reclutamiento cambia porque ingresan individuos cada vez más marginales, reclutados con dinero o con amenazas, los cuales no pueden asegurar su ascenso en la organización sino mostrando una mayor ferocidad.[20] Aquí la pobreza actúa con toda su fuerza. Pero la pobreza no es el único factor, porque el tráfico de drogas es un delito asociado a la codicia.[21] Diversos estudios han mostrado que el origen social de las bandas organizadas no se restringe a los más pobres sino que se extiende a todas las clases sociales, especialmente en sus capas menos educadas. Una sociedad democrática requiere sin duda la reducción de las desigualdades económicas, pero tiene necesidad de mecanismos de educación civil y de cohesión social sin los cuales aun esa premisa económica se revela insuficiente.

En tercer lugar, el número de víctimas ha llevado a algunos actores políticos a proponer una tregua, una suerte de pacto de tolerancia que establezca ciertos niveles de criminalidad tolerable a cambio de impunidad. Pero esta no es una alternativa: ningún régimen democrático de libertades puede convivir con esta delincuencia (y no se trata aquí de una afirmación meramente moral). Los cárteles no son un adversario organizado, sujeto a un mando único con el cual pactar. Aunque cada grupo minúsculo tenga una férrea disciplina interna, en conjunto no tienen control sobre sus propias estructuras, ni sobre otros cárteles, no poseen reglas internas y no conocen ningún límite a su acción. La ilusión de que anteriormente se podía "pactar" se debe simplemente a que en ese

---

[20] Es difícil imaginar cómo se produce esa deshumanización del criminal. No se trata de una guerra étnica, ni de una guerra religiosa como la que provocan los genocidios en otras regiones del mundo. Es sencillamente una deshumanización individual (quizá objeto del psicoanálisis): hace pocos años fue detenido un niño sicario de apenas 13 años, responsable ya de casi 200 ejecuciones. Interrogado, declaró lo mismo que otros, que en el momento de asesinar cancela todos los afectos del yo, todas las emociones que podían perturbar su acto: simplemente actúa, sin permitir que intervenga ninguna de sus emociones, en una suerte de parálisis afectiva.

[21] J. Villalobos, art. cit.

momento no eran tan poderosos como lo son hoy. La tolerancia anterior del Estado se debía a que representaban un problema de "seguridad pública" pero no, como lo son ahora, un problema de seguridad nacional. Es verdad que cuando se instalan en una ciudad o en una región imponen una pacificación a la violencia que ellos mismos generan. En esos momentos, con poco dinero obtienen apoyo, simpatías y hasta logran comprar algunas fidelidades y reina un ilegalismo "aceptable". No obstante, esta "pacificación" es ficticia porque se paga con el sometimiento más arbitrario: extorsiones, "impuestos", violaciones.[22] Incluso sus relaciones con los poderes fácticos y con los caciques locales suelen terminar dramáticamente: si en un primer momento pueden servir como sicarios a sueldo, muy pronto su propia lógica los lleva a concentrar todo el poder, sin admitir socios.

Finalmente, se han elevado voces que intentando poner fin a esta violencia proponen la legalización de las drogas en nuestro país. Pero ante ello se erige el contexto internacional. De hecho los países centrales, Estados Unidos y Europa, mantienen una política de gran tolerancia ante el consumo de drogas: lo hacen parte del derecho a la libertad individual (y por ello en ciertos casos legalizan el uso recreativo) y sólo penalizan el tráfico abierto; por otra parte, las políticas de castigo al tráfico o de prevención que aplican son cambiantes y a menudo insuficientes. Por ahora, en esos países el narcotráfico es un problema de "salud pública" y no amenaza su seguridad interna, de ahí su tolerancia. Una legalización de las drogas unilateral sería un suicidio (para cualquier país de América Latina) porque aquí la oferta es infinitamente mayor que la demanda y el crecimiento en el consumo interno provocaría un problema de magnitud impredecible, sin que desaparezca el tráfico ilegal hacia el norte. Es natural que nuestro país busque mitigar un problema que no creó y que no puede resolver. Por ahora está encerrado en una trampa del capitalismo contemporáneo: lo que de un lado de la frontera es placer, distracción o estrés, en el otro lado es violencia y dolor. Los Estados

---

[22] El año 2014, el Dr. Mireles, médico rural en el poblado de La Ruana, en el estado de Michoacán, decidió unirse a los grupos de autodefensa que, por medio de las armas, decidió expulsar de la localidad a los casi 100 delincuentes que la asolaban: la razón que lo impulsó es que en el curso de ese año había atendido a 37 jovencitas embarazadas que habían sido violadas por los delincuentes.

Unidos ponen los consumidores, el dinero y las armas, y México pone los muertos. La única solución a nuestro alcance para confrontar esta nueva delincuencia es fortalecer nuestra vida pública interna.

Históricamente, la incapacidad del Estado para hacer prevalecer las libertades básicas provoca su remplazo por otras formas de organización comunitaria. En nuestro país estas organizaciones espontáneas has sido llamadas "autodefensas": se trata de grupos de ciudadanos pobremente armados si se les compara con los grupos de narcotraficantes que deben enfrentar, pero que prueban todos los días que saben arriesgar la vida. Estos grupos están formados por hombres y mujeres (las cuales han mostrado, como siempre, su fortaleza y su liderazgo en todos los conflictos del país). Se puede encontrar a campesinos, amas de casa, profesoras de escuela elemental, pequeños comerciantes, todos armados e involucrados sin distinción en tareas de vigilancia. Han tenido mucho éxito no sólo en expulsar de sus comunidades a las bandas de narcotraficantes, sino también en contener el saqueo de sus recursos naturales, sobre todo forestales. Sus relaciones con el gobierno institucional no son sencillas: cuando atrapan a un delincuente, en ocasiones hacen las veces de "tribunal popular" y sólo con reticencia lo entregan a las autoridades gubernamentales, tratando de asegurarse que sea efectivamente sancionado. Existen casos en que aquellos que encabezan tales organizaciones se encuentran acusados de delitos dudosos y algunas veces infundados. Hasta ahora ninguna de ellas ha derivado en una organización paramilitar opuesta al poder político, pero son vistas como potencialmente peligrosas y el estado suele "regularizar" su presencia, sea exigiendo el registro de todas las armas con las que cuentan, o bien dándoles un estatuto oficial: el de "policías rurales". Tiene razón en temer, porque en cierto modo estos grupos hacen la experiencia de que un estado obeso, ineficiente y corrupto es simplemente una mala alternativa que merece ser desechada.

La irrupción de esta nueva criminalidad que es el narcotráfico ha puesto a prueba todas las estructuras del país. Desde luego, en el proceso ha quedado exhibida la debilidad del Estado mexicano. Pero creemos que no es un problema de debilidad institucional y nos hemos esforzado en señalar que indica la debilidad de la vida democrática en México, especialmente en algunas regiones tradicionalmente caracterizadas por la falta de respeto a los derechos civiles y políticos. La sociedad mexicana no ha alcanzado la fuerza suficiente para lograr que sus instituciones gubernamentales, pero también sus partidos políticos, sean representativas de sus intereses más significativos. Hay un déficit democrático en México y no hay otra opción que fortalecer las instituciones capaces de asegurar una vida democrática real. Pero esto no es suficiente: es preciso también crear una conciencia democrática más fuerte en la ciudadanía, que valore los principios de la civilidad, que sepa resistir la inhumanidad que cunde. Finalmente, también hemos querido dejar constancia de que, en medio del tumulto, la sociedad mexicana sigue luchando por alcanzar una vida democrática más lograda; lo hace en la vida cotidiana y común, pero si las cosas aprietan, es capaz de llegar al sacrificio. Esta es a nuestro juicio la apuesta que hoy se juega en México.

Bibliografía

Briones, Álvaro, Francisco Cumsille, Adriana Henao y Brice Pardo (eds.). *El problema de las drogas en las Américas*, Organización de los Estados Americanos. Secretaría General, Estados Unidos de América, 2013.

Echeverría, Martín, Rubén Reyes y Arcadio Sabido. *El malestar con la democracia: creencias políticas de la clase media en México*, Partido de la Revolución Democrática, Instituto Nacional de Investigación, México, 2012 (Formación política y capacitación en políticas y gobierno).

Gutiérrez L., Roberto. *Cultura política y discriminación*, Consejo Nacional para Prevenir la Discriminación, México, 2008 (Cuadernos de la Igualdad, núm. 3).

Illades, Carlos y Teresa Santiago. *Estado de guerra. De la guerra sucia a la narcoguerra*, Era, México, 2015.

Martínez Rivera, Gastón. *La lucha por la democracia en México,* Grupo Editorial México Cenzontle, México, 2009 (Colección: México nuestro).

Prud'homme, Jean-François. "La vida interna de los partidos mexicanos y la democracia (2000-2003)", en Castaños, Fernando, Julio Labastida y Miguel A. López. (coords.). *El estado actual de la democracia en México. Retos, avances y retrocesos*, Instituto de Investigaciones Sociales, UNAM, México, 2007.

Ziccardi, Alicia. "Políticas de inclusión social en la Ciudad de México", en Barba, Carlos (comp.). *Retos para la superación de la pobreza y la integración económica y social en América Latina*, CLACSO, Buenos Aires, 2009.

Hemerografía

Aparicio, Javier. "¿Cómo se financian los partidos en México?", en *Documentos de Trabajo*, Centro de Investigación y Docencia Económicas (CIDE), México, 2006. En http://investigadores.cide.edu/aparicio/Finan PartidosMex4.pdf.

Arteaga, Roberto y Francisco Muciño. "La historia no contada de Ayotzinapa y las normales rurales", en *Forbes México,* México, 09 de abril de 2015. En http://www.forbes.com.mx/la-historia-no-contada-de-ayotzinapa-y-las-norma les-rurales/.

Bartra, Roger. "La corrupción corroe la democracia", en *Letras Libres,* núm. 193, México, enero de 2015. En http://www.letraslibres.com /revista/dossier/ la-corrupcion-corroe-la-democracia.

Bolívar Meza, Rosendo. "El virtuoso-defectuoso divisionismo del Partido de la Revolución Democrática", en *Casa del Tiempo,* vol. 2, núm. 14-15, UAM, México, enero de 2008. En http://www.uam.mx/difusion/casadeltiempo/ 14_15_iv_dic_ene_2009/casa_del_tiempo_eIV_num14_15_21_26.pdf.

Chabat, Jorge. "Iguala: diagnóstico equivocado", en *Letras Libres*, núm. 192, México, diciembre de 2014. En http://www.letraslibres.com/sites/ default/files/convivio-chabat-mex.pdf.

Civera Cerecedo, Alicia. "Normales rurales. Historia mínima del olvido", en *Nexos,* México, 1 de marzo de 2015. En http://www.nexos.com.mx/? p=24304.

Coll, Tatiana. "Las normales rurales: 90 años de lucha y resistencia", en *El Cotidiano*, núm. 189, México, enero-febrero de 2015. En http://www.elcoti dianoenlinea.com.mx/pdf/18911.pdf.

EFE (Agencia). "ONU: El crimen organizado mueve US$870,000 millones al año", en *El Comercio,* Lima, 15 de mayo de 2014. En http://el comer cio.pe/mundo/onu/onu-crimen-internacional-mueve-us870-billones-cada-ano -noticia-1729574.

Guillén, Arturo. "Ayotzinapa: oligarquía, narcotráfico y Estado mexicano", en *Alai. América Latina en movimiento online*, Quito, 07 de febrero de 2015. En http://www.alainet.org/es/active/80681.

Hernández, Luis. "Ayotzinapa el dolor y la esperanza", en *El Cotidiano*, núm. 189, México, enero-febrero de 2015. En http://www.elcotidianoenlinea. com.mx/pdf/18902.pdf.

Hernández, R. "La historia moderna del PRI. Entre la autonomía y el sometimiento", El Colegio de México. En http://codex.colmex.mx:8991/ex libris/ aleph/a18_1/apache_media/74Q2N6EFJF4UV6U52S7MMQIT51C85V.pdf.

Hollander, Kurt. "The tragedy of Tampico, Mexico, a city of violence, abandoned to the trees", en *The Guardian*, Londres, 02 de junio de 2014. En http://www.theguardian.com/cities/2014/jun/02/the-tragedy-of-tampico-mexi co-a-city-of-violence-abandoned-to-the-trees.

Illades, Carlos. "Guerrero. La violencia circular", en *Nexos*, México, noviembre de 2014. En http://www.nexos.com.mx/?p=23092.

Illades, Esteban. "Iguala: el polvorín que nadie olió", en *Nexos*, México, 20 de octubre de 2014. En http://www.nexos.com.mx/?p=22904.

Instituto Nacional Electoral. "Acerca del INE", México, 2015. En http://www.ine.mx/archivos3/portal/historico/contenido/Que_es/.

Instituto Nacional Electoral. "Partidos políticos", México, 2015. En http://www.ine.mx/portal/PartidosPoliticos/PartidosCandidatosySusCampanias/.

Martín, Rubén. "El capital del narco sigue intacto", en *El Economista*, México, 24 de enero de 2012. En http://www.eleconomista. com.mx/columnas /columna-especial-politica/2012/01/24/capital-narco-sigue-intacto.

Mejía, Daniel y Juan Camilo Castillo. "Narcotráfico y evidencia en México: las razones más allá de Calderón", en *Foco Económico*, 23 de octubre de 2012. En http://www.focoeconomico.org/2012/10/23/narcotrafico-y-violen cia-en-mexico-las-razones-mas-alla-de-calderon/.

Vela Barba, Estefanía. "Discutiendo Ayotzinapa", en *Letras Libres*, núm. 193, México, enero de 2015. En http://www.letraslibres.com/sites/default /files/barba-mex.pdf.

Villalobos, Joaquín. "Doce mitos sobre la guerra contra el narco", en *Nexos*, México, enero de 2010. En http://www.nexos.com. mx/?p=13461.

Ward, Peter M. "Del clientelismo a la tecnocracia: cambios recientes en la gestión municipal de México", en *Política y Gobierno*, vol. V, núm. 1, CIDE, México, 1998. En http://www.politicaygobierno.cide.edu/index.php/pyg/ar ticle/view/511/418.

Guerrero y el régimen político mexicano

Jorge Rendón Alarcón

La violencia y el ejercicio arbitrario de los poderes públicos en Guerrero tiene que ser explicado en el marco de la configuración actual del ejercicio del poder en nuestro país y es que, en efecto, en la construcción política de México el acento se puso en el ejercicio discrecional del poder, por los supuestos alcances sociales de la Revolución, y no en las leyes e instituciones. En este sentido, el régimen de la Revolución impidió las legítimas expresiones de la sociedad mexicana con un sistema político corporativo que violentó la vida pública para mantener un país homogéneo configurado desde el partido oficial. Así, la inexistencia de un orden que por su legitimidad no tenga otro propósito que la salvaguarda y realización del ciudadano es y ha sido el origen de los problemas de violencia en la entidad.

Tragedias como la ocurrida a los 43 estudiantes de la Escuela Normal Rural de Ayotzinapa, resultado de la complicidad entre las instancias de gobierno y el crimen organizado, ponen de manifiesto la descomposición extrema del régimen de la Revolución hasta un punto tal en que hoy México se encuentra frente a la disyuntiva, impostergable, entre un Estado de derecho democrático o continuar con ese ejercicio del poder que en su supuesto contenido social dio lugar -en realidad- a un ejercicio arbitrario y discrecional del poder que terminó convirtiéndose en instrumento de corrupción y enriquecimiento de una burocracia siempre ajena a la legalidad constitucional. Lo anterior explica en buena parte, también, la situación de deterioro de la vida pública y su fragilidad ante el crimen organizado. El presente trabajo busca mostrar esa realidad social y política en un estado -Guerrero- que por sus características constituye uno de los ejemplos extremos de lo aquí mencionado.

La historia política reciente del estado de Guerrero ha sido una cadena ininterrumpida de violencia y arbitrariedad en el ejercicio del poder, uno y otro hecho han puesto reiteradamente de manifiesto la inexistencia de poderes legítimos conforme a su formal origen constitucional. En este sentido, bien puede decirse que el ejercicio de los poderes locales no ha hecho más que reproducir el despotismo del propio régimen político mexicano y su reiterado ejercicio al margen de la Constitución. Sólo de esta manera puede explicarse que durante el último medio siglo el estado de Guerrero se haya convertido en el escenario de una tragedia social y política sin fin que se inició por cierto, en los tiempos recientes, en medio de los mayores logros económicos del régimen surgido de la Revolución mexicana resultado de lo que se llamó el desarrollo estabilizador.

Cuando México conseguía sus mayores éxitos económicos con un crecimiento hasta del 8 por ciento anual el régimen mostraba ya en Guerrero la peor de sus caras: su carácter cerrado y autoritario y, por ello, un ejercicio del poder ajeno también a cualquier forma de legitimidad apegada al acuerdo constitucional. Tal estado de cosas se habría de poner de manifiesto con todas sus graves consecuencias en una de las entidades del sur del país más precarias, poniendo así también de manifiesto las profundas contradicciones del régimen surgido de la Revolución. En efecto, en los años sesenta del siglo pasado, habiendo dejado ya atrás lo que podría llamarse el periodo activo de ese movimiento y con la consolidación del carácter corporativo del mismo, ese ejercicio del poder se exacerbó hasta el límite del rompimiento con lo que hasta entonces podría haber sido considerada su base social.

Como consecuencia de lo anterior, tuvo lugar en la capital estatal -en Chilpancingo- la exacerbación del conflicto entre ciudadanos y el despotismo político del régimen hasta un extremo tal que el Ejército llegó a masacrar a una ciudadanía que, inerme frente a ley, se encontraba ahora además inerme ante las propias fuerzas armadas. De esta manera, uno de los diarios nacionales informaba un día después que la tarde del 30 de diciembre de 1960 había tenido lugar en Chilpancingo un trágico hecho de violencia resultado de dicho ejercicio arbitrario del poder: "Trece muertos y treinta y siete heridos hubo esta tarde aquí cuando elementos del 6o. y 24o. batallones del Ejército sostuvieron un encuentro a tiros con ciudadanos de esta capital".[1]

Los hechos tuvieron lugar como resultado de un ejercicio del poder -como decimos-, sin controles constitucionales; en este caso exacerbado por el gobernador en turno de la entidad, Raúl Caballero Aburto. Ese ejercicio arbitrario del poder y al margen de

---

[1] *Excélsior*, México, 31 de diciembre de 1960.

la ley sin otro beneficiario que quien detentaba el cargo, sus familiares y amigos -lo que se puede constatar hasta el cansancio en los diarios de la época- dio lugar a la exacerbación del conflicto y al trágico desenlace. Frente a ello, los poderes federales terminaron por desconocer a su gobierno pero dando clara muestra, también, de una incomprensión de fondo del problema político que todo ello planteaba: la puesta en cuestión de la legitimidad del régimen y, en consecuencia, la exigencia de poderes legítimos y como tales a favor de la realización de los propios ciudadanos.

En un régimen político donde las acciones de gobierno no se encuentran enmarcadas dentro de reglas legales ni sujetas al escrutinio público, es explicable que quien lo ejerza concentre un poder que va mucho más allá del ámbito político para inmiscuirse en la sociedad y en la economía en su conjunto, pervirtiendo así la vida pública y dando lugar, con ello, al debilitamiento y a la descomposición de la vida social: esto es exactamente lo que hemos tenido en el estado de Guerrero durante los últimos cincuenta años y lo que explica, también, los hechos y las circunstancias actuales.

Todo lo anterior porque el ejercicio del poder se convirtió, sobre todo a partir del último medio siglo, en un medio para afianzar poderes personales y ajenos a la ley que al transgredir los controles constitucionales permitían disponer discrecionalmente de los bienes públicos y, de esta manera, trastocar la vida pública, en este caso de la sociedad guerrerense. Sin embargo, a principios de 1961 y con una plena incomprensión del origen del problema el Senado de la República se limitaba a señalar, para justificar la desaparición de los poderes locales, que: "Se ha producido una incomprensión recíproca entre gobernantes y gobernados, de tal naturaleza que hace imposible entre ellos toda relación humana, social y constitucional, la cual es indispensable para la existencia del orden político y para la vigencia de la libertad de los individuos y de los grupos que integran la sociedad guerrerense [...] la sociedad guerrerense ha llegado a un estado de tensión, inconformidad y repudio... que impediría por completo la restauración del orden normal".[2]

Al limitarse a señalar eufemísticamente la *incomprensión* entre *gobernantes y gobernados,* el Senado de la República realmente eludía el problema de fondo, es decir, el ejercicio de poderes públicos ajenos a la ley y a la Constitución y, por ello,

---

[2] *Excélsior*, México, 5 de enero de 1961.

abiertamente ilegítimos. Debemos decir además, por otra parte, que tal reconocimiento era prácticamente imposible en un régimen que surgido de la Revolución mexicana había depositado ya el poder en el presidente de la República más allá también de todo control constitucional, por lo que incluso la prerrogativa de la desaparición de poderes se convirtió en una facultad discrecional del Presidente con el Senado como mero instrumento de esa voluntad. Finalmente, dicho ejercicio discrecional del poder terminó por convertirse, en el convulso estado de Guerrero, en una variable fundamental de la inestabilidad política local. Es a partir de esas circunstancias que una década después accedió al poder uno de los cacicazgos prototípicos del estado: el de Rubén Figueroa Figueroa (1 de abril de 1975-31 de marzo de 1981), quien por voluntad del presidente Luis Echeverría (su "compadre") llegaba a la gubernatura en abierta confrontación con el gobernador que le antecedió Israel Nogueda Otero; todo ello en medio del movimiento guerrillero de esos años y, por cierto, después de la liberación del propio Rubén Figueroa el 8 de septiembre de 1974.

Como testimonio de que nada realmente cambiaba en Guerrero, conforme a la propia naturaleza del régimen mexicano, Figueroa afirmó en su primer informe lo siguiente: "Nuestro estado era un caos, así en lo político como en lo económico, igual en lo social que en lo moral [...] el orden jurídico se vio quebrantado desde sus bases, con autoridades entregadas al peor desenfreno, irresponsables y corruptas, indiferentes al cumplimiento de su deber pero atentas al uso del poder para la realización de actos ilícitos y escandalosos".[3] Paradójicamente, Figueroa no sólo habría de continuar con los mismos vicios de poder sino que los habría acentuado, como lo dio a conocer una televisora francesa al mundo entero respecto de lo que era ese ejercicio del poder: una mezcla de arbitrariedad y barbarie. Por lo demás, hay que decir también que su testimonio en primera persona era en realidad una prueba inexcusable de lo que ha sido el régimen de la Revolución mexicana en Guerrero, mismo que se ha continuado hasta hoy, como dan fe los hechos de terrible violencia en la entidad.

En ese sentido la política local se ha convertido en una absurda tragedia de degradación, de dolor y de sangre, pues el hijo de Rubén Figueroa Figueroa (Rubén Figueroa Alcocer) accedió

[3] Primer Informe de Gobierno rendido ante la XLVIII Legislatura local, 1 de abril de 1976, Gobierno del Estado de Guerrero.

también a la gubernatura sólo para dar lugar, conforme a las prácticas de ese ejercicio del poder, a un nuevo y terrible hecho de violencia política por lo que terminó por ser relevado a causa de la muerte de 17 campesinos provocada por la policía estatal en Aguas Blancas, municipio de Coyuca de Benítez, el 28 de junio de 1995. Figueroa Alcocer (1 de abril de 1993-12 de marzo de 1996) fue substituido por Ángel Aguirre Rivero (12 de marzo de 1996-31 de marzo de 1999), quien fungía entonces como presidente del PRI en la entidad y era, por tanto, un apoyo incondicional del gobernador. Incluso dos días antes de la renuncia de Figueroa, Aguirre Rivero, en su condición de dirigente estatal del PRI, encabezó marchas tanto en Acapulco como en Chilpancingo en apoyo del todavía gobernador.

Que luego de unos años (en 2011) Aguirre Rivero haya sido postulado por el Partido de la Revolución Democrática (PRD) a la gubernatura del estado es revelador del rotundo fracaso de lo que se ha llamado la transición democrática de México, pues la misma más que impulsar la descentralización política del país lo que ha hecho es afianzar la arbitrariedad de los cacicazgos locales hasta el punto tal de condicionar incluso el papel en la identidad de los partidos políticos nacionales y al conjunto de las instituciones. Aun cuando la Comisión Nacional de Derechos Humanos, la Suprema Corte de Justicia e incluso lo que se llamó la Procuraduría Especial para el caso Aguas Blancas realizaron investigaciones sobre estos hechos de violencia, ha prevalecido otro de los gravísimos rasgos del régimen: la impunidad como consecuencia de la inexistencia de un Estado de derecho legítimo.

Podemos decir, en consecuencia, que la inexistencia de un orden que por su legitimidad no tenga otro propósito que la salvaguarda y realización del ciudadano es -y ha sido- el origen de los problemas de violencia en la entidad, pero ahora además de la perversión de la vida pública y de la descomposición de la vida social, es decir, de la destrucción de una convivencia civilizada y en favor del desarrollo material y humano de los guerrerenses, todo ello como resultado de ese ejercicio arbitrario del poder. El estado de Guerrero ofrece así hoy un panorama de lo más desolador desde el punto de vista social y humano, pues con recursos naturales generosos -incluyendo sus 500 kilómetros de litoral-, sus pueblos y ciudades viven todo tipo de carencias: desempleo, servicios públicos ineficientes, violencia e inseguridad. Todo ello agravado y propiciado por el despilfarro y el uso arbitrario de los recursos públicos en los distintos niveles de gobierno; al lado de ello se encuentra hoy una sociedad inerte e incapaz de generar riqueza y bienestar por la mediatización de que ha sido objeto.

De acuerdo con cifras del Consejo Nacional de Evaluación de la Política de Desarrollo Social (CONEVAL), impulsada sobre todo por los recursos federales la economía de Guerrero avanzó un 7% en el tercer trimestre de 2014. No obstante, el índice de tendencia laboral de pobreza creció un 4% durante el cuarto trimestre (frente al 2.8% a nivel nacional). Otras cifras señalan un incremento en el porcentaje de personas cuyos ingresos no les alcanza para comer diario (de 62.8% a 65.3% en 2014), así como la grave crisis de inseguridad que se vive en Guerrero, uno de los estados con más alta incidencia de los delitos denominados de "mayor impacto" según datos del Secretariado Ejecutivo del Sistema Nacional de Seguridad Pública: el homicidio llegó a 66.01 por cada 100 mil habitantes (2012), mientras que el secuestro fue 5.87 y la extorsión 4.94 por cada 100 mil habitantes (2013).[4] Por otra parte, Guerrero es uno de los estados con mayor rezago educativo a nivel primaria y secundaria. Según estudios realizados por la organización ciudadana "Mexicanos Primero", 8 de cada 10 niños de la entidad reprueban o con dificultades superan pruebas internacionales, el 51% de los jóvenes egresan de la secundaria y únicamente el 19% termina el bachillerato; además de que el 0.1% de los jóvenes de la entidad alcanza alto desempeño y sólo 2 de cada 10 de 15 años de edad comprenden lo que leen.[5]

Es así que la violencia y el ejercicio arbitrario de los poderes públicos en el estado de Guerrero tiene que ser explicado en el marco de la configuración actual del propio ejercicio del poder político en nuestro país y es que, en efecto, en la construcción política del México independiente el acento se puso en el ejercicio discrecional del poder, por los supuestos alcances sociales de la Revolución, y no en las leyes e instituciones. En este sentido, el

[4] Según la Secretaría de Hacienda, 26,700 millones de pesos fue el total de aportaciones federales a Guerrero en 2014, lo que supuso un incremento de 1,500 millones respecto de 2013, mientras en los ejercicios fiscales 2012-2013 la Auditoría Superior de la Federación detectó irregularidades por más de mil millones que recibió la administración estatal de fondos federales (*El Financiero*, 13 de febrero de 2015).

[5] Cifras que pueden consultarse en su Índice de Desempeño Educativo Incluyente.

régimen de la Revolución impidió las legítimas expresiones de la sociedad mexicana al mantener un sistema político corporativo que violentó la vida pública para mantener un país homogéneo configurado desde el partido oficial. Como lo señaló Arnaldo Córdova a principios de los años setenta (las mismas fechas en las que se desata la violencia política en Guerrero), "la política de la omnipotencia [...] basta y sobra para que las masas populares no sean capaces de trascender con la acción ni con el pensamiento el marco político institucional en el que se encuentran enmarcadas. Por lo demás, toda alternativa de cambio es desprestigiada de súbito cuando se la confronta con el poderío presidencial".[6] La idea de México que prevaleció fue la de la exigencia de un orden social y político impuesto desde las esferas de un poder centralista y jerárquico.

El despotismo político del régimen mexicano, es decir la monopolización del poder por reducidos grupos bajo la égida del Presidente en turno, resultó así cada vez más adversa a una política constitucional de leyes e instituciones con las consecuencias sociales y políticas que se manifestaron en Guerrero ya en los años sesenta. A las inercias del absolutismo y a la supremacía histórica del poder central se sumó, con el régimen de la Revolución mexicana, el ejercicio personalizado y autoritario del poder en el ámbito cerrado de las estructuras de la burocracia y el "oficialismo revolucionario", lo que dio lugar en nuestro particular siglo XX a una práctica de los poderes políticos ajena a la competencia y a los controles constitucionales del Estado moderno, que es precisamente lo que explica la peculiaridad del estado de Guerrero. De allí nos parece que el mayor de los retos de entonces -como el de ahora- siga siendo en lo esencial la contención constitucional en el ejercicio del poder a través de leyes e instituciones democráticas que den cabida a la realización de los ciudadanos en un sentido amplio y, por ello, más allá sólo de los derechos económicos.

Sin duda, a la consolidación del reformismo del régimen de la Revolución supuestamente -como decimos- en favor de las causas sociales contribuyó de manera decisiva el autoritarismo político y el carácter jerárquico del orden social heredados del pasado, pues frente a ellos el oficialismo revolucionario esgrimió no los derechos individuales y la construcción de instituciones democráticas y

---

[6] Arnaldo Córdova, *La formación del poder político en México*, Era, México, 1972, p. 60.

libres para destruir los privilegios del pasado e inaugurar así un nuevo régimen político, sino sobre todo la pretensión -como dice Alexis de Tocqueville respecto del "antiguo régimen"- de «abolir la forma antigua de la sociedad», lo que originó sin embargo en nuestro caso no sólo una nueva forma de centralización administrativa, sino también la idea del régimen de partido único, porque de acuerdo con esta práctica e idea del poder sólo desde el poder personalizado y centralista era realmente posible la construcción de la nueva nación mexicana. El problema es que la idea de la redención social y la concentración arbitraria del poder corrieron paralelas, además de que en Guerrero el ancestral atraso económico y la debilidad organizativa de la población campesina exacerbaron las estructuras jerárquicas y centralistas del régimen, convirtiendo así a los campesinos y la manipulación de la demanda social en base electoral del sistema político mexicano a nivel local.

El régimen de la Revolución demandó, en esas condiciones, la consecución de un "orden con justicia social" a través de un ejercicio del poder autoritario y personalizado y no en cambio a través de la ciudadanía y del ejercicio de sus derechos. El reformismo dentro de las estructuras del régimen se convirtió en bandera del conjunto de las fuerzas políticas del país, impidiendo con ello la transformación social por la vía democrática y de las garantías individuales. La debilidad y subordinación de la sociedad mexicana, también heredera de las injusticias del México colonial, se convirtió así en otro de los rasgos inherentes de nuestra realidad política.

En la tensión que es inherente en la historia del país respecto de las garantías y derechos individuales y el fortalecimiento del poder por sobre la Constitución, el régimen de la Revolución abiertamente promovió este último. Con ello, la subordinación y manipulación de la vida social se convirtió en un hecho reiterado, situación que durante la década de 1960 –e incluso ya antes en 1958- dio lugar al conflicto social y político con las trágicas consecuencias que tuvo en Guerrero, por ejemplo, con la represión arriba señalada. De esta manera el poder político que se ejerció durante los años del régimen de la Revolución fue casi siempre un poder ilimitado, también en cuanto a su capacidad de intervención e intromisión en la vida económica y social. La teoría constitucional misma del país quedó inserta en esta pretensión, desbordándola unas veces, y en otras más bien incluso distorsionándola, como se manifestó en esas fechas en el Senado de la República respecto del estado de Guerrero.

En suma, con la Revolución mexicana la vida política del país habitó abiertamente en dos mundos e incluso en dos realidades sociales y políticas contradictorias: por un lado la pretensión de un orden político normado por la Constitución pero, por otro, una práctica discrecional del poder cuya pretensión de legitimidad dependía de la abolición de las herencias del pasado a través del reformismo social.[7] Sin embargo, la desigualdad y el autoritarismo político minaron de manera creciente y definitiva ese régimen y desde luego su legitimidad misma, sobre todo porque con el carácter reformista del gobierno de la Revolución se afirmó otro de los rasgos que Tocqueville señala a propósito del "antiguo régimen": se trató también de sucesivos gobiernos que se propusieron "reformas" antes que hacer valer "las libertades y los derechos ciudadanos" conforme a una política fundada en la Constitución. Con esa pretensión reformista se consolidó entonces no solamente la centralización administrativa, sino además la personalización del poder para dar lugar a ese ejercicio discrecional del mismo que ha propiciado tanto el atraso social como la violencia política en Guerrero, hechos mismos que nos hablan del fracaso del régimen de la Revolución en cuanto a su propósito de promover la justicia social en el país.

Es esa doble herencia del pasado (el fortalecimiento de la centralización administrativa y, con el reformismo de la Revolución, la personalización y discrecionalidad del poder), lo que terminó por afirmar el carácter autoritario y despótico del régimen político mexicano con las consecuencias de las que el estado de Guerrero es hoy ejemplo paradigmático. La política del país se definió y se puso en práctica no desde el pacto constitucional y las instituciones que de él emanan, sino desde la sola voluntad de quien ejerce el poder. Discrecionalidad y corrupción habrían de correr así de manera paralela. Ello violentó y desgastó el orden político impidiendo el ejercicio de los derechos del ciudadano de participar como tal, es decir como ciudadano, en la vida pública. Es ese reformismo que dio origen a los privilegios de la burocracia

---

[7] "El programa de "modernización" [...] se convirtió en el dogma central del régimen... Es sabido lo que ocurrió después: la Revolución mexicana [fue] confiscada por una burocracia política". Octavio Paz, *El ogro filantrópico. Historia y política 1971-1978*, Joaquín Mortiz, México, 1979, p. 65.

el que hoy en día parecen disputarse los partidos políticos en México, distanciándose así de una política constitucional en favor de la transformación social del país conforme a los derechos ciudadanos y la soberanía popular.

Son, en resumen, esos viejos hábitos de un ejercicio del poder autoritario, despótico y fuera de la Constitución lo que ha prevalecido en Guerrero con las trágicas consecuencias que hoy conmueven, incluso, más allá de nuestras fronteras. A ello se suma la supremacía histórica del poder central y la discrecionalidad con que se ejerce y que, como decimos, no solamente no se debilitó con el régimen de la Revolución, sino que se potenció a través de un régimen corporativo y jerárquico que descansaba en la voluntad última del Presidente. Para desmontar todo ello ha resultado completamente insuficiente una "transición política" circunscrita, como ya había ocurrido con Madero, a sus contenidos electorales y en última instancia a la distribución de cuotas de poder entre los partidos, pues el problema como vemos se encuentra en una idea de México como nación que no ha sido postulada ni decidida por los mexicanos, sino desde un ejercicio del poder no subordinado a la normatividad constitucional.

El problema de la legitimidad en el ejercicio del poder no sólo no es una cuestión de orden formal, sino la sustancia misma del problema del poder político y su desempeño social, por cuanto da lugar al despliegue efectivo de las potencialidades ciudadanas en la vida social. Es la inexistencia de esa legitimidad lo que ha dado lugar al trastocamiento de la vida pública y al deterioro social en el estado de Guerrero como hoy ocurre, por cierto, en otros muchos lugares del país. En ese sentido, conviene destacar que Guerrero no es una excepción sino solamente la situación más extrema. Ya desde la presidencia de Miguel Alemán los gobiernos de la Revolución se limitaron a propiciar la especulación inmobiliaria en Acapulco en detrimento del desarrollo social y económico del estado en su conjunto. Frente al interés público, el ejercicio de poderes ajenos a la Constitución no ha hecho sino acrecentar los negocios y las fortunas privadas hasta un grado tal que la exclusión y la desigualdad social es hoy, en el siglo XXI, el mayor de nuestros problemas.

Bajo esas condiciones, lo que se gestó en el estado fue una concentración de la riqueza -que hoy nos equipara con las regiones más atrasadas del planeta- y es que las estructuras del régimen de la Revolución no hicieron sino inmovilizar el atraso social y económico del estado al imponer controles corporativos a la demanda campesina y afianzar así el centralismo del régimen. En este caso, el corporativismo resultó eficaz no para resolver las demandas sociales, sino para contenerlas y bloquear la acción organizada y autónoma de los propios ciudadanos, como se manifestó abiertamente en los años sesenta que aquí reseñamos.

*

De lo anterior que tengamos que insistir que la democracia efectiva, incluso en sus contenidos más radicales, desde el punto de vista social solamente puede conseguirse cuando se organiza políticamente bajo los presupuestos de la idea misma de la ley que den lugar a la autodeterminación del ciudadano. Sólo entonces parece posible la configuración de una ciudadanía efectiva comprometida con las prácticas e instituciones en las que se reconoce en cuanto resultado de su libre y autónoma decisión para afrontar los pormenores, las disputas y el conflicto de la vida pública y social. Cuando los retos del orden social y político se afrontan desde una ciudadanía que se reconoce en la legitimidad de las instituciones políticas y del derecho, entonces la ciudadanía no solamente se afirma en su propia condición, sino que da lugar también al impulso y desarrollo de la vida social. Lo que ha pasado en el estado de Guerrero -y en todo el país- es exactamente lo contrario: tenemos una sociedad que no solamente no se reconoce en sus prácticas e instituciones, sino que frente a los excesos y la corrupción del poder asume que la normatividad en su conjunto se encuentra viciada por los intereses de esa burocracia política. Es una sociedad desorganizada políticamente la que hoy ha sido sometida por la violencia criminal.

La trasgresión de cualquier forma de legalidad se ha convertido en parte de nuestra cotidianidad, lo que explica la penuria y los desequilibrios de la sociedad guerrerense. De allí también la extrema fragilidad del orden público actual. Cuando se reconoce, por el contrario, que las prácticas e instituciones políticas y el derecho mismo tienen un carácter civilizador en tanto la normatividad constitucional asegura formas de relación social con las que no solamente se identifica el ciudadano, sino que se reconoce en los hechos políticos a los que dan lugar esas normas, entonces el ciudadano puede afirmarse también en un conjunto de libertades que son el resultado de la vinculación de todos a la ley (y desde luego en primer término la subordinación a la ley de los propios poderes políticos), por cuanto todo ello significa la autónoma adhesión a una ley que es el resultado, como dice Jean-Jacques Rousseau, de la voluntad general.

Lo anterior no constituye una simplificación de la realidad política de Guerrero y del país en su conjunto. Por el contrario, reivindicar hoy la legitimidad del orden político como condición misma para afrontarlo es, desde nuestro punto de vista, situar el problema en sus verdaderas dimensiones. Con ello lo que hacemos es reconocer la gravedad de nuestro actual estado de cosas: un sistema educativo en crisis y heredero del corporativismo afianzado hoy por los gobiernos que tendrían que haber llevado a cabo la transición; el agotamiento de los programas sociales del gobierno por la corrupción a que han dado lugar y la inexistencia de instituciones y de un proyecto cultural en gran escala. Todo ello da lugar a la exacerbación de la crisis que vive la sociedad mexicana y en la que ya sólo parece quedar margen para las iniciativas de la misma sociedad.

El resultado -hasta ahora- de una transición circunscrita a la distribución del poder ha sido a lo sumo una nueva repartición del mismo entre los grupos políticos. Estos grupos y partidos políticos, sin el sustento de la legalidad constitucional, no sólo no han propiciado la participación política ampliada de los ciudadanos, sino que han hecho imposible también una nueva práctica del poder donde tengan justificación y cabida las libertades y los derechos ciudadanos: las campañas políticas que hoy tienen lugar en Guerrero, completamente vacuas y ajenas a los problemas de los guerrerenses, son fiel testimonio de lo que decimos.

Para romper con las herencias del pasado es entonces ahora indispensable un gobierno de leyes e instituciones, pues solamente una política constitucional democrática puede dar pie y cabida a la participación ampliada de la ciudadanía conforme a sus libertades y derechos en el ámbito de la vida política del país. Lo que podemos sostener en suma a propósito de la violencia y de un desarrollo social y político fallido en Guerrero, en el último medio siglo, es que ha sido la ausencia de un orden político propiamente constitucional en cuanto al ejercicio legítimo del poder lo que ha dado lugar a la leyenda negra de ese estado. Se trataría ahora, por todo lo anterior, de dar lugar al redescubrimiento ciudadano en la política, condición indispensable de la vida política constitucional.

Abrir la democracia a la participación del ciudadano para hacer valer así sus derechos frente a lo que ha sido un orden político cerrado y autoritario es pues, hoy, el reto de Guerrero y de México. El reclamo democrático consiste, por todo ello, en un orden social y político mediado por la legitimidad de la ley y por instituciones fundadas constitucionalmente para acceder -sólo así- a un ejercicio de gobierno y de realización de la sociedad civil fincados en un auténtico Estado de derecho.

En este sentido, la democratización del país solamente puede llevarse a cabo a través del protagonismo de los ciudadanos y de sus derechos, pues es el contenido y normatividad de los derechos fundamentales el que permite a los ciudadanos una nueva comprensión de su vida política y de cuándo esos derechos establecidos por la Constitución se transgreden. El ejercicio faccioso de los mismos resulta así a todas luces incompatible con el pacto de convivencia constitucional. El referente de los derechos garantizados constitucionalmente puede entonces permitirnos una nueva lectura y comprensión de nuestra historia política y de la crisis social y política recurrente inherente a las sociedades subdesarrolladas, donde la selectividad y la aplicación unilateral de esos derechos ha sido del todo incompatible con el sentido de esas mismas normas y su fundamento constitucional. Como concepto de gobierno, el Estado democrático de derecho tiene que partir, para la ciudadanía, de la lectura del contenido normativo de los derechos consagrados en la Constitución, pues ella misma es ya un concepto resultado de la modernidad política y, como tal, resultado en principio de un gobierno civil. De ahí que el ejercicio faccioso de los derechos, como lo que en la práctica hemos tenido, lo contravenga pues desvirtúa la idea del pacto constitucional y de la prioridad, racionalidad y legitimidad de la ley que le da origen.

Finalmente, debiéramos decir que la discusión sobre el Estado democrático de derecho conlleva, de manera ineludible, responder a la pregunta de orden filosófico-jurídica en torno al problema de la legitimidad de ese hipotético Estado de derecho, misma que no puede ser respondida sino desde el proceso de constitución del Estado moderno en el marco de la emancipación de la modernidad política y la exigencia de un orden propiamente civil más allá de su concepción liberal y, precisamente por ello, no circunscrita a la visión más estrecha como simple demanda de salvaguarda de los derechos privados frente al ejercicio despótico del poder inherente al absolutismo monárquico.

Por el contrario, en su contenido democrático el Estado de derecho tiene que partir del claro deslinde con esa concepción liberal del poder como salvaguarda de los derechos privados para situarse, más bien, en una concepción de la racionalidad y validez de la ley como condición de posibilidad de la realización del ciudadano. En este caso, es con la primacía de los derechos políticos que el Estado de derecho alcanza con Rousseau el impulso de su contenido propiamente democrático -y que es el que aquí reivindicamos. Así, el problema se centra en un sujeto político reivindicativo capaz de reconocerse como tal en la validez del orden que se impone por lo que no admite ya otro principio de validez que el que se da en cuanto sujeto políticamente emancipado: Hegel habrá de decir en cuanto sujeto *en sí* y *para sí* de conformidad con su propia y radical autonomía.

El legado de Hegel, en este sentido, consiste en la formulación del Estado en cuanto *idea* ética. Se trata, en este caso, de la autorreflexión y acción consciente del sujeto que se reconoce políticamente emancipado y capaz así de reconocerse en la validez y universalidad de los fines que se impone. Ciertamente tal principio de universalidad resulta aquí indisociable de ese sujeto capaz de reconocerse en la validez de sus fines (y como tal indisociable del proceso de emancipación de la modernidad política), pero significa también -como el mismo Hegel sugiere- la comprensión de la validez del orden jurídico-político desde la propia acción consciente de los seres humanos como hecho fundamental de la modernidad política.

El rasgo distintivo de la modernidad consiste para Hegel en la emancipación del sujeto político en cuanto capaz de decidir *en sí* y por *sí mismo* respecto de la validez del orden que se impone. Por esta razón, Hegel habrá de insistir en que la *libertad subjetiva* constituye el principio y la forma peculiar de la modernidad política por cuanto da lugar a la *reflexión* y, con ello, a la capacidad de enjuiciamiento propio y a la capacidad, también, de imponerse fines más allá del yo subjetivo, es decir, a la auto-imposición de fines universales como realización concreta de esa *libertad consciente* en cuanto voluntad políticamente libre, al reconocimiento, en todo caso, de la exigencia de *preceptos, leyes, decisiones generales y válidas para la generalidad* como condición de validez del orden jurídico-político. Tal es el fundamento del Estado como *idea* ética.

Bibliografía

Catalán Calvo, Rafael. *Problemas de Guerrero*, 3ª. ed., Gobierno del Estado de Guerrero/Instituto Guerrerense de la Cultura, México, 1986.

Córdova, Arnaldo. *La formación del poder político en México*, Era, México, 1972.

De la Peña, Moisés T. *Guerrero económico*, 2 tomos, Gobierno del Estado de Guerrero, México, 1949.

Fuentes Díaz, Vicente. *Historia de la revolución en el estado de Guerrero*, 2ª. ed., Instituto Nacional de Estudios Históricos de la Revolución Mexicana, México, 1983.

Hegel, G.W.F. *Principios de la filosofía del derecho o derecho natural y ciencia política*, 2ª. ed., Edhasa, Barcelona, 1999.

Jacobs, Ian. *La revolución mexicana en Guerrero. Una revuelta de rancheros*, Era, México, 1990.

Ochoa Campos, Moisés. *Guerrero: análisis de un estado problema*, Trillas, México, 1964.

Paz, Octavio. *El ogro filantrópico. Historia y política 1971-1978*, Joaquín Mortiz, México, 1979.

Rousseau, Jean-Jacques. *Del contrato social. Discursos*, tr. de Mauro Armiño, Alianza, Madrid, 1996.

Tocqueville, Alexis de. *El antiguo régimen y la revolución*, tr. de Jorge Ferreiro, FCE, México, 1996.

Hemerografía

Excélsior.

El Financiero.

Es el Estado. Soberanía y normalidad

Javier Balladares Gómez

"Fue el Estado". Eso es lo que se leía en una de las esquinas de la plancha del Zócalo de la Ciudad de México la noche del 22 de octubre de 2014, al final del *Día de Acción Global por Ayotzinapa*. Sin duda era una afirmación grave; pero, más allá de ello, era el único modo de dar cuenta del terrible crimen perpetuado contra los estudiantes de la Escuela Normal Rural "Raúl Isidro Burgos" en Ayotzinapa, Guerrero. Esto fue así porque dicha frase captaba lo esencial, la razón de ser de estas protestas. No se trataba únicamente de manifestar el rechazo generalizado a un acto criminal, de mostrar inconformidad o el anhelo de que esos crímenes no sucedan de nuevo. No se trataba de una demanda de justicia sólo en términos del castigo a los culpables: se trataba de una demanda de justicia que implicaba la transformación del propio Estado, porque había una sospecha -y en algunos casos certeza- de que algunas de sus propias instituciones estaban involucradas en ese crimen.

Por supuesto que la fuerza de esta frase tan corta se debió también a la multiplicidad de sentidos que podía abarcar: desde la acusación directa al gobierno como autor del crimen, hasta el señalamiento del desastre económico del país como condición ineludible de este tipo de acciones, pasando por el abuso de poder en distintos niveles de gobierno y la ineficacia gubernamental. Por eso mismo, la consigna fue desacreditada rápidamente si se tomaba únicamente como una acusación jurídica al gobierno federal como autor del crimen. Si fuese el Estado el autor del crimen, ¿a qué sujeto en específico se imputaría por el crimen? Esa fue la línea de argumentación de muchos que defendieron que era absurdo siquiera imaginar al Presidente del país como el responsable de este crimen. Generalizar la responsabilidad del crimen implicaba, en cierto modo, la exculpación de funcionarios específicos, decían. ¿Esto es realmente así? Es decir, ¿puede tratarse este caso como un mero crimen que ha de ser castigado y después volver a la normalidad, sin que esto afecte la forma en que se encuentra constituido el Estado? Intentaré seguir una vía que muestre cómo la consigna "fue el Estado" es algo más que una frase para exaltar los ánimos políticos, y que hay un núcleo en ella que da cuenta de la situación política en que nos encontramos. Esta vía implica un seguimiento a la transformación de la concepción de soberanía. ¿Cuál es la función del poder soberano en relación al derecho, al castigo de la violación de la ley?

¿Crimen de Estado?

María Amparo Casar, profesora del Centro de Investigación y Docencia Económicas (CIDE), escribió en noviembre de 2014 un artículo donde acusaba a los que utilizaban y defendían la tesis "fue el Estado", de cometer una deshonestidad intelectual, de ignorancia, o bien de tener fines ocultos distintos al del esclarecimiento de los hechos y el castigo de los responsables. Calificar lo ocurrido en Ayotzinapa de "crimen de Estado", escribió ella, es erróneo porque, si bien hay funcionarios públicos implicados (por ejemplo, el exalcalde de Iguala), ello no resulta suficiente para hablar de una política del Estado mexicano encaminada a realizar y justificar estos crímenes. Casar escribe que:

> Los crímenes de Estado son de destrucción masiva e indiscriminada. Van acompañados de un discurso justificatorio que "legitima" su comisión en aras de un bien mayor. Los acompaña también lo que los criminólogos llaman la "negación de la víctima" [...] En los crímenes de Estado no se rechaza la existencia de límites al poder; simplemente "se lamenta que no puedan ser respetados" en las circunstancias extraordinarias en las que "tuvo" que ordenarse la masacre. [...] Ninguna de estas características está presente en Ayotzinapa. No se ha buscado justificar la masacre, la autoridad no ha negado a las víctimas ni se ha insinuado su vinculación con el crimen organizado, la guerrilla o grupos terroristas. [...] Por el contrario, se ha condenado el crimen y se ha iniciado una investigación para dar con los responsables.[1]

[1] María Amparo Casar, "¿Crimen de Estado?", en *Excélsior,* [en línea], 12 de noviembre de 2014.

Lo que María Amparo Casar defiende es que, a pesar de lo terrible del crimen, no hay signos para designarlo como un crimen de Estado, ni como un crimen de lesa humanidad.[2] Casar exculpa al Estado no porque no haya funcionarios implicados, sino porque considera que no hay una política sistemática de desaparición forzada de personas o de asesinato de estudiantes. El hecho de que haya una posible tardanza y negligencia por parte del gobierno federal en la investigación, responsabilidad penal de algunos funcionarios, omisión de otros, etc., no implica para ella una política sistemática que lleve a pensar en un crimen de Estado. La responsabilidad de funcionarios, por tanto, habría de seguir los cauces legales establecidos. Si todo esto es así, dice Casar, la conclusión es que seguir afirmando que "fue el Estado", lejos de ayudar a resolver el crimen y castigar a los culpables, lo que logra es más bien enturbiar el ya extraño clima político y entorpecer las investigaciones.

¿Qué se ha respondido a esto? Ha sido Ernesto Hernández Norzagaray quien ha dado una primera respuesta en un artículo titulado "Si no es crimen de Estado, ¿entonces es un crimen del fuero común?". El autor del artículo defiende la idea de un crimen de Estado en Ayotzinapa, resaltando el hecho de que el Presidente es tanto el representante del gobierno como del Estado y, por ello, responsable de la acción u omisión del sistema de seguridad implicado en el crimen de Iguala: "Veamos más de cerca, si estamos ante una «crisis de seguridad» producto entre otras cosas de la complicidad de políticos, autoridades y criminales, y esto ocasiona masacres frecuentes, los límites que separan un delito de fuero común y un crimen de Estado, serían prácticamente ine-

---

[2] En el "Estatuto de Roma de la Corte Penal Internacional" de la ONU se reconoce la desaparición forzada de personas como un crimen de lesa humanidad siempre y cuando "se cometa como parte de un ataque generalizado o sistemático contra una población civil y con conocimiento de dicho ataque". El sujeto del crimen, por supuesto, ha de ser el Estado, aunque no excluye otras organizaciones: "Por «ataque contra una población civil» se entenderá una línea de conducta que implique la comisión múltiple de actos mencionados [...] contra una población civil, de conformidad con la política de un Estado o de una organización de cometer esos actos o para promover esa política". Texto disponible en http://www.derechos.net/doc/tpi.html.

xistentes".[3] Ernesto Hernández Norzagaray busca desmontar algunas características que Casar da de todo crimen de Estado. Por ejemplo, el discurso justificador de los crímenes -una doctrina que intente darles coherencia-, o bien la negación de las víctimas. Ejemplos como el de la guerra sucia de los años setenta en México (en los cuales jamás se aceptó la persecución y asesinato de opositores) mostrarían que hay crímenes realizados desde las instituciones estatales que no cumplen con las características antes señaladas. Concuerda con Casar en que no hay una política encaminada a un exterminio, pero le crítica reducir este crimen a un hecho aislado:

> Entonces, ¿cómo clasificar teóricamente estos crímenes [en Michoacán, Morelos, Estado de México, Tamaulipas, Sinaloa, Coahuila, Veracruz o Guerrero] que por acción u omisión de las autoridades se han dado en muchas partes del país? ¿Hasta dónde escala cada uno de ellos y compromete a responsables institucionales? ¿Por qué es mejor para el análisis ver cada uno de estos crímenes en forma aislada con responsabilidades locales y no como lo animan las circunstancias, como un entramado de fuerzas institucionales y criminales que se han apropiado literalmente de regiones enteras del país? O acaso lo ocurrido en Iguala ¿no es lo que pasó antes en otros lugares del país?[4]

Si bien Hernández considera que demostrar que la serie de crímenes mencionados forman parte de una política de Estado no está aún demostrado, ello no significa que esa tesis deba desecharse tan fácilmente.[5] De cualquier modo, lo ocurrido en Ayotzinapa, dice Hernández, no puede ser tratado como un crimen de fuero común. Y su principal crítica a la postura de Casar es que, si bien aplica de manera estricta conceptos jurídicos, actúa como

---

[3] Ernesto Hernández Norzagaray, "Si no es crimen de Estado, ¿entonces es un crimen del fuero común?", en *Sin Embargo*, [en línea], 21 de noviembre de 2014.

[4] *Idem.*

[5] Se apoya en la opinión de "Baltazar Garzón, especialista en estos temas [quien] asombrado alertó: «México se encuentra cerca del genocidio». Y los genocidios son crímenes de Estado con todas las letras y procesos que se sabe dónde terminan, pero no dónde empiezan". *Idem*

"juez y parte" al exculpar al gobierno y pedir una investigación apegada a derecho… Él escribe: "En definitiva, las reflexiones de María Amparo tienen un desenlace contrario a lo que piensan hombres y mujeres irritados por las cuentas oficiales de Iguala y el reduccionismo de la verdad oficial, busca convencer que la teoría siempre será más compleja que la realidad y el sentido común".[6]

Así pues, nos encontramos ante un horizonte en el que intentar aplicar la ley de manera normal resulta algo que está fuera del "sentido común". O, para expresarlo en otros términos, la aplicación de la ley carece de legitimidad. Pero, ¿a qué se debe esa falta de legitimidad? ¿No alcanzaría la ley su legitimidad resolviendo justo un caso criminal como éste? ¿Por qué ocurre que cada nueva versión de los hechos dada por la Procuraduría General de la República es asumida en general como una construcción inverosímil? Esto tiene que ver, por supuesto, con lo descuidado de las investigaciones, pero también con la distancia que encontramos entre tratar el caso como un crimen más y la excepcionalidad de éste. El caso de los estudiantes de Ayotzinapa no puede ser tratado como un caso más porque para ello debería existir antes un estado de *normalidad* en que el derecho, en efecto, regula las acciones de los ciudadanos; en el que el crimen es castigado. Pues la ley no es únicamente un enunciado o prohibición jurídica, sino también es su aplicación. Y justo lo que no hay -en Iguala y muchos otros lugares de México- es esa normalidad. Lo que hay en su lugar es un abismo entre lo legislado y el campo de acciones criminales que ni siquiera son investigados. El grado de violencia presente, la participación y omisión de funcionarios públicos, así como el clima de impunidad, hacen que este caso difícilmente pueda ser tratado como un caso más, como parte de la normalidad.

El Estado, castigo y soberanía

El castigo del criminal ha sido uno de los ejes más importantes en la construcción del Estado moderno y de los propios sistemas legales. Independientemente de las razones para dar cuenta del castigo (desde el restablecimiento del orden o la justica, hasta la educación de los ciudadanos mediante el castigo ejemplar o la readaptación del criminal), éste es un elemento ineludible del

[6] *Idem.*

Estado moderno. Desde los pensadores de la soberanía como Jean Bodin, Thomas Hobbes y Carl Schmitt, hasta los modelos del imperio de la ley y el Estado de derecho, se ha de poner en primer plano la necesidad de que la ley alcance su cumplimiento y que su transgresión criminal sea castigada. Me centraré en los primeros porque con el concepto de soberanía es pensable el tema de las condiciones necesarias para la aplicación de la ley, para el establecimiento de una *normalidad* en la que la propia norma tiene no sólo sentido, sino que es posible el castigo de su transgresión criminal.

En *Los seis libros de la república* (1576) de Jean Bodin (para quien "la soberanía es el poder absoluto y perpetuo de una república")[7] tenemos expresada la idea de que es un atributo del soberano el ser él la última instancia en los procedimientos y pleitos legales entre los súbditos de su reino. Si bien hay funcionarios que deciden sobre la aplicación de la ley, "el príncipe ni puede atarse las manos ni privar a los súbditos de las vías de restitución, súplica o demanda".[8] Es decir, el castigo y las formas de evitarlo recaen en última instancia en la voluntad de quien detenta el poder soberano. Si esto no fuera así, escribe Bodin, "el príncipe soberano cede al vasallo la última instancia y soberanía que le corresponden, convierte al súbdito en príncipe soberano".[9] Para Bodin es importante no diluir el poder soberano en facciones o en poderes regionales. Esto es así no porque tenga él una pulsión centralizadora, sino debido a que en el mundo en que él vive la dispersión del poder provoca un estado precario en que los fines de una comunidad política no pueden realizarse. Así, no es extraña su definición de república: "República es un recto gobierno de varias familias, y de lo que les es común, con poder soberano".[10] Con *familias* Jean Bodin se refiere a las familias señoriales que ejercen su poder en sus propios territorios. El recto gobierno es la búsqueda del espacio ordenado en que lo común puede tener lugar. Bodin polemiza con otras definiciones de república en donde se añade que la sociedad reunida en una república debe vivir bien y ser feliz. Considera que es suficiente con que la comunidad política esté rectamente gobernada. Se desmarca así de modelos de república

---

[7] Jean Bodin, *Los seis libros de la república,* Tecnos, Madrid, 2006, p. 47.

[8] *Ibid.*, p. 79.

[9] *Ibid.,* p. 80.

[10] *Ibid.,* p. 9.

ideales. Podríamos señalar que lo que él busca es establecer una normalidad guiada por el *recto gobierno.*

Setenta y cinco años después, en su *Leviathan* (1651), Thomas Hobbes argumenta en torno a la soberanía con propósitos distintos. Él ya no está preocupado primordialmente por gobernar familias, sino ciudadanos. Su argumentación está dirigida a convencer a los individuos que es mejor un estado ordenado que un mundo en el que el derecho individual al uso de la fuerza no está regulado; ese estado no regulado es el *estado de naturaleza.* Para dejar este último estado y establecer un Estado civil es necesario la instauración de un soberano. Por eso, es una conclusión lógica que Hobbes conceda al soberano la autoridad para ejercer el castigo. El de Malmsbury escribe: "Un castigo es un mal infligido por autoridad pública a quien ha hecho u omitido algo que esa misma autoridad juzga ser una transgresión de la ley, con el fin de que la voluntad de los hombres esté por ello mejor dispuesta a la obediencia".[11]

Cuando nos posicionamos en el pensamiento de Jean Bodin estamos aún en un horizonte en el que se debate quién ha de castigar. A lo largo de su obra puede seguirse una línea argumentativa que va en dirección de argumentar en favor de arrebatar a las distintas instancias de aplicación de la ley (desde magistrados y funcionarios designados por el propio soberano, hasta al aún en ese entonces presente poder señorial), la decisión última acerca del castigo. Por ello, el tema es puesto en términos de una última instancia. En cambio, con Hobbes la cuestión principal no es si hay otra autoridad más allá del príncipe para castigar, sino las razones que el ciudadano ha de considerar para aceptar la legitimidad del castigo. El soberano ha de castigar porque si se le regateara tal capacidad estaríamos no en un Estado, sino en lo que él llamó *estado de naturaleza.* El castigo evita el perpetuo ciclo de injurias y venganzas privadas y al mismo tiempo moldea la voluntad de los ciudadanos. En la línea hobbesiana, los ciudadanos renuncian a su derecho natural a defenderse no para beneficiar directamente al soberano, sino para que haya paz; es decir, para un beneficio propio. Esta capacidad del soberano es indispensable porque de otro modo no pueden borrarse las condiciones del estado de naturaleza. Sin ello, los poderes dispersos seguirían en el incesante estado de guerra de todos contra todos. Para Hobbes, el poder del

---

[11] Thomas Hobbes, *Leviatán*, Alianza, Madrid, 2004, p. 265.

Leviatán debe ser más grande que cualquier otro en el reino. De lo que se trata en ese mundo es de convencer a los ciudadanos a renunciar al uso de la fuerza. Si bien es cierto que no hay duda alguna acerca de que el estado de naturaleza es hipotético, ello no cancela la necesidad de pensar en cómo modificar las condiciones que imperan en ese estado: es decir, pasar de un estado de naturaleza que es precario, a uno donde el uso de la fuerza está regulado, donde se establece un estado civil que es distinto al estado de naturaleza. Nuevamente, la soberanía establece un estado donde las leyes civiles tienen vigencia. El estado civil no elimina la violencia ni el crimen, lo regula mediante leyes y castigos.

Lo que estas dos referencias teóricas nos muestran es la necesidad de una agencia que tenga la autoridad para establecer una normalidad en la que castigar el crimen sea posible. Para ello es necesario, por supuesto, una legislación. Pero la presencia de una legislación no garantiza su puesta en práctica, pues castigar el crimen no es algo automático. Primero ha de establecerse un estado de cosas en el que se acepte esa instancia que castiga. En Hobbes, por supuesto, ello está referido bajo el nombre de un pacto. Ello puede entenderse también como el establecimiento de una normalidad en la que el castigo puede tener lugar y ser legítimo. Para estos autores, que pensaron la soberanía en el contexto de Estados monárquicos, el castigo aparece como el ejercicio propio del poder soberano personalizado. Este poder funge como un centro que actúa en aras de moldear al ciudadano. Por supuesto, aquel mundo ya no es el nuestro. ¿Qué puede decirnos su obra a nosotros, ciudadanos de Estados que buscan ser democráticos? Lo que hemos de reconocer es que, si bien en Estados democráticos ya no es posible pensar la soberanía como el ejercicio del poder público absoluto por una persona, sí es necesario establecer un estado de normalidad en el que el cuerpo de leyes tenga vigencia. ¿Cómo es esto? Antes de abordar esto, consideremos con algunos detalles adicionales cómo es que la soberanía se relaciona con la ley y el establecimiento de un espacio donde efectivamente el derecho es vigente y se efectúa.

Ha sido Carl Schmitt quien ha teorizado acerca del significado del concepto de soberanía (en el modo usado por Bodin, Hobbes y otros) en la relación entre la ley y la normalidad. Para el jurista alemán, “Soberano es quien decide sobre el estado de excepción".[12] ¿Qué quiere decir esto? Para Schmitt la soberanía es un concepto límite, en el sentido de que establece una delimitación, una distinción entre el caso excepcional y el caso normal. ¿Cómo distinguir entre estos dos? La distinción última, responde él, es determinada por la decisión del soberano. A primera vista suena a una concepción unilateral, a un intento de justificación de las decisiones unilaterales ante casos "extremos". Sin embargo, lo que busca señalar Schmitt es algo distinto a la mera justificación de ciertas acciones arbitrarias del detentador de la soberanía. Lo que él busca es dar cuenta de cómo se soluciona el atolladero en el que se cae cuando reconocemos que el caso o situación excepcional es irreductible al caso o situación normal: "En efecto, una norma general, la representada, por ejemplo, en un principio jurídico válido normal, nunca puede captar una excepción absoluta ni, por tanto, fundar la decisión de que está dado un caso excepcional auténtico".[13] La posición de Schmitt es la del *decisionismo*.[14] Él asume esta postura porque muestra de manera directa que los conflictos graves -por ejemplo, la disputa sobre lo que ha de ser el fin de un Estado, lo que es lo mejor para éste, etc.,- se resolverán no mediante leyes positivas -pues justo su contenido es lo que puede estar en disputa- o mediante un saber o un conocimiento del objeto en disputa, sino mediante una decisión. Sin embargo, más allá de la decisión del estado de excepción, lo que se ha de resaltar aquí es la función de la excepción. Ella no es necesariamente la que establece la normalidad ni la que "demuestra la regla", sino más bien el *síntoma* de que la normalidad no es un estado ya dado.

Por tanto, cuando se vincula la soberanía con la excepción no se hace con el fin de justificar la suspensión arbitraria de la ley, sino más bien para mostrar la necesidad de establecer una normalidad en la que el cuerpo de leyes tenga vigencia. Esa normalidad es externa a la argumentación jurídica propiamente dicha. Por ello

---

[12] Carl Schmitt, *Teología política*, Trotta, Madrid, 2009, p. 13.

[13] *Idem*.

[14] El decisionismo implica la afirmación de una instancia soberana que tiene el poder último de decisión ante los casos que impliquen una excepción al sistema de leyes o de derecho en su estado de normalidad. La frase hobbesiana *Autoritas, non veritas facit legem*, o "es la autoridad, no la verdad, la que hace la ley", es leída por Schmitt como parte de una tradición que afirma que la autoridad y no la verdad o consistencia formal es lo que da presencia efectiva al derecho.

en general es pensada como algo externo a las propias teorías formales del derecho. Eso no resta debilidad a su necesidad, pues sin esa normalidad no es posible aplicar ninguna ley. No se aplican leyes al caos, dice Schmitt:

> Toda norma general requiere que las relaciones vitales a las cuales ha de ser aplicada efectivamente y que han de quedar sometidas a su regulación normativa, tengan configuración normal. La norma exige un medio homogéneo. Esta normalidad fáctica no es un simple «supuesto externo» que el jurista pueda ignorar; antes bien, es parte de su validez inmanente. No existe una sola norma que fuera aplicable a un caos. Es menester que el orden sea restablecido, si el orden jurídico ha de tener sentido. Es necesario de todo punto implantar una situación normal, y soberano es quien con carácter definitivo decide si la situación es, en efecto, normal. El derecho es siempre «derecho de una situación». El soberano crea esa situación y la garantiza en su totalidad. Él asume el monopolio de la última decisión.[15]

En el mundo monárquico de los siglos XVI y XVII, el problema principal es terminar con el poder señorial que impedía la constitución de un poder único, así como la formación de derechos ciudadanos. Por ello, no es extraño que para los pensadores preocupados por la soberanía en ese momento la cuestión esté centrada en resolver el problema de la centralización del poder. En ese sentido, a propósito de Bodin, Schmitt dice que: "[él] ilustra su concepto [de soberanía] con muchos ejemplos prácticos y siempre viene a parar a la misma pregunta: ¿Hasta qué punto está el soberano sujeto a las leyes y obligaciones frente a los estamentos sociales?".[16] Si el soberano está al mismo tiempo dentro y fuera de la ley, esto no es con la finalidad de minar la ley, sino de establecerla o hacerla consistente, pues la ley no puede auto-sostenerse. Puede tal vez buscarse un modo de derivar lógicamente leyes secundarias de leyes primarias, pero eso no incluye el hecho de que la ley se vuelva efectiva, operante. Eso es lo que está en juego con esta conceptualización de soberanía: "[El soberano] asume el monopolio de la última decisión. En lo cual estriba precisamente la esencia de la soberanía del Estado, que más que monopolio de la

---

[15] C. Schmitt, *op. cit.*, p. 18.

[16] *Ibid.*, p. 15.

coacción o del mando, hay que definirla jurídicamente como el monopolio de la decisión",[17] escribe Schmitt. El monopolio de la fuerza no sería ya una determinación esencial de la soberanía. La función más importante de la soberanía es más bien establecer el marco de la normalidad. Cuando estamos en la normalidad, ésta es invisible. Sólo se hace visible cuando falla, cuando es necesario establecer que no hay normalidad; es decir, cuando se declara el estado de excepción. Por eso el estado de excepción es un síntoma de que la normalidad no es un estado dado. Ese es el argumento del jurista alemán.

De suyo, el estado de excepción es una muestra de que algo falla en el ordenamiento jurídico-político. Por eso, la afirmación de que el poder soberano está dentro y fuera de la ley -a la que brinda un espacio de aplicación-, no implica que se conceda una licencia al soberano para suspender arbitrariamente la ley, sino más bien el reconocimiento de que la ley no es un sistema jurídico auto-fundado y auto-sostenido. Sin embargo, es sabido que hay un cierto uso ideológico de esta tesis, según la cual, la soberanía se mostraría en su majestuosidad en la suspensión de la ley, abriendo paso ahora sí al uso arbitrario de la ley. ¿No hemos visto esto en nuestro país? No hay que ir demasiado lejos. No hay que retroceder hasta la guerra sucia de los años setenta. El propio presidente Enrique Peña Nieto afirmó, en campaña electoral, que la actuación violenta de la policía contra la población de Atenco en 2006 era producto del "legítimo uso de la fuerza" que detentan las instituciones gubernamentales. Repitió una fórmula similar ante las protestas por el caso de Ayotzinapa: de gira en China dijo que "el Estado está legítimamente facultado para hacer uso del mismo cuando se ha agotado cualquier otro mecanismo para restablecer el orden. Aspiro y espero que no sea el caso de lo que el gobierno tenga que resolver o no lleguemos a este extremo de tener que hacer uso de la fuerza pública".[18]

Este discurso no sólo utiliza mal el concepto de soberanía como capacidad de establecer un estado de excepción, sino que también lo hace anacrónicamente. En aras de establecer el orden y la paz, se usa la fuerza institucionalizada del Estado de manera indiscriminada… ¿No es ésta una estrategia muy similar a la que

---

[17] *Ibid.*, p. 18.

[18] Francisco Reséndiz, "Condena EPN violencia y vandalismo por Iguala", en *El Universal*, [en línea], 16 de noviembre de 2014.

encontramos en los crímenes de Estado? María Amparo Casar nos daba una serie de características que se encontraban en los crímenes de Estado. Ella rechazaba que las mismas se encontraran en el caso de los 43 normalistas desparecidos. Y he aquí que estas características (usar la fuerza por un bien mayor -la paz y el orden-, la negación de la víctima -"son anarquistas, etc."-), reaparecen en otros sitios bajo la forma de una amenaza tras las protestas a propósito de Ayotzinapa.

Por otro lado, este modo de utilizar esta característica de la soberanía -e incluso en algunos casos del propio Estado- de otorgar legitimidad al uso de la fuerza resulta anacrónico. ¿Por qué se afirma esto? Porque el soberano como agente que legítimamente usa la fuerza para asegurar el orden es propio de un mundo que no es el actual. Evidentemente el Estado aún hoy ha de utilizar la fuerza para castigar el crimen, pero no para excluir a un grupo o resolver disputas políticas. La legitimidad en un mundo pretendidamente democrático no transita por el uso de la fuerza. En los Estados monárquicos de los siglos XVI y XVII la legitimidad del poder soberano es pensada y derivada de modo distinto que en la actualidad. Ello debe considerarse antes de asumir como algo dado el "uso legítimo de la fuerza" por parte del Estado.

El mal empleo de la excepcionalidad en casos como los mencionados líneas atrás no debe conducirnos a la idea de que hemos de desechar esta noción por "peligrosa" pues, como veíamos, el aspecto más fuerte del carácter a la vez interno y externo del poder soberano no es el uso indiscriminado de la ley, sino el establecimiento de un espacio para el ejercicio de la normalidad, para la superación de la anomia. Si la soberanía es asumida así, el pensamiento sobre la soberanía en Bodin, Hobbes y Schmitt tiene aún mucho que decirnos hoy. Hay que separar del uso de esta noción -que es propia del mundo monárquico- su utilización pervertida -en un mundo político que busca ser democrático- que conduce al uso autoritario de la fuerza de la ley. Regresemos al caso del crimen de Ayotzinapa. Como dice Casar, no resulta claro que el gobierno federal busque justificar oficialmente los hechos (a pesar de la evidencia de la participación de funcionarios e instituciones públicas). Pero ello no resulta para nada tranquilizador. Héctor Schamis, a pesar de compartir algunas premisas de Casar, saca conclusiones muy distintas:

> Si fue el Estado, entonces eso se llama terrorismo de Estado, como Videla y Pinochet, sólo que [aquí] es peor porque en muchos sentidos es incomprensible. Aquello se podía explicar -o al menos se intentaba racionalizar- por la lucha ideológica, las disputas políticas o las estrategias de dominación hegemónica de las superpotencias. Pero, ¿y esto? ¿Cómo se entiende y se explica que los carteles persigan aterrorizar a la sociedad, si sólo se trata del mercado, demanda, consumo?[19]

Si no hay un discurso oficial que intente justificar o dar cuenta del crimen de Ayotzinapa, si no hay una razón por un bien obtenido de ese hecho, estamos muy lejos del uso perverso de la soberanía. El problema es que también estamos muy lejos de la soberanía como concepto delimitador de lo normal y la excepción. Esto nos conduce a pensar esta situación en el sentido correcto del concepto del poder soberano como aquello que, al delimitar lo excepcional de lo normal, establece esa normalidad. Surge entonces la pregunta: ¿ha actuado el Estado, en su aspecto institucional, de acuerdo a su función delimitadora? ¿No ha ocurrido justo lo contrario?, es decir que ha operado de tal modo que la distinción entre lo normal y la excepción se ha difuminado.

Proceso de normalización en Estados democráticos

Giorgio Agamben dice que hay una paradoja en el concepto de soberanía: "El soberano está al mismo tiempo, fuera y dentro del ordenamiento jurídico".[20] El filósofo italiano aprovecha este carácter paradójico para consolidar su tesis de la *nuda vida*. Aquí, sin embargo, nos ocupamos de otro aspecto resultante de la soberanía de estar al mismo tiempo fuera y dentro del ordenamiento jurídico: el establecimiento de una normalidad. "En la excepción soberana se trata, en efecto, no tanto de neutralizar o controlar un exceso, sino, sobre todo, de crear o definir el espacio mismo en que el orden jurídico-político puede tener valor",[21] escribe Agamben.

---

[19] Héctor Schamis, "Fue el Estado", en *El País,* [en línea], 24 de octubre de 2014.

[20] Giorgio Agamben, *Homo Sacer I. El poder soberano y la nuda vida*, Pre-Textos, Valencia, 2003, p. 27.

[21] *Ibid.*, p. 31.

Lo que subyace a esta tesis, decíamos antes, es que la normalidad jurídica no puede sostenerse únicamente en la lógica jurídica bajo la que opera la ley. O, para decirlo de otra manera, la normalidad nunca es algo ya dado. Se requiere del proceso que genere las condiciones de esa normalidad. Es en ese proceso generador de una normalidad en donde ha de buscarse la actualidad de la soberanía. Es un error buscar en sociedades democráticas a un agente portador del poder soberano. Por supuesto que el propio pensamiento filosófico-político ha definido al pueblo como el sujeto de la soberanía. Jean-Jacques Rousseau en su obra *Del contrato social* ha concluido que el poder no se personaliza en un individuo sino en la voluntad general. Rousseau escribe que:

> Cada uno de nosotros pone en común su persona y todo su poder bajo la suprema dirección de la voluntad general; y nosotros recibimos corporativamente a cada miembro como parte indivisible del todo [...] Esta persona pública que se forma de este modo por la unión de todas las demás tomaba en otro tiempo el nombre de *ciudad,* y toma ahora el de *República* o de *cuerpo político*, al cual sus miembros llaman *Estado* cuando es pasivo, *Soberano* cuando es activo, *poder* al compararlo con otros semejantes. Respecto a los asociados, toman colectivamente el nombre de *Pueblo,* y en particular se llaman *Ciudadanos* como partícipes en la autoridad soberana.[22]

Con Rousseau hemos arribado a un modo distinto en que se concibe la soberanía. Pero como ya adelantábamos, el problema de la normalidad no desaparece. En lo que Carl Schmitt llama la época clásica del Estado, la soberanía ha sido el concepto que ha dado cuenta de la transformación tanto del ordenamiento jurídico-político (desde el mundo medieval estamental al moderno Estado centralizado), como de las transformaciones en el carácter de los sujetos a ese ordenamiento. En la época de la Ilustración este último aspecto, el del papel de los ciudadanos, cobra especial relevancia. Darle la forma de ciudadano a todo individuo -y no sólo a un estamento o a un grupo privilegiado- es una de las tareas

---

[22] Jean-Jacques Rousseau, *Del contrato social,* Alianza, Madrid, 2000, pp. 39-40.

que aparecen bajo este nuevo horizonte. Schmitt lo pone de este modo:

> El racionalismo de la Ilustración consideraba al hombre necio y rudo por naturaleza, pero susceptible de educación. Y justificaba su ideal del «despotismo legal» con razones pedagógicas: la humanidad inculta es educada por un *législateur* (capaz, según el *Contrato social*, de Rousseau, de «changer la nature de l'homme» [cambiar la naturaleza del hombre]), o según Fichte, la naturaleza es doblegada por un «déspota»; El Estado se convierte, como reza una expresión ingenuamente brutal de Fichte, en una «fábrica de educación».[23]

Schmitt no acepta la solución ilustrada, en gran medida porque disuelve su apuesta teórica decisionista. Sin embargo, este pasaje muestra claramente cómo se borra el espacio de la decisión de una sola voluntad. Como ya no hay una persona que detente el monopolio de la decisión, la cuestión imperante ahora es cómo los ciudadanos, que conforman la voluntad general, pueden arribar al estatuto de ciudadanos que participan de la soberanía. El problema ahora es la educación. Pero no sólo la educación científica, sino también y principalmente la educación civil.

Así es como a partir de ese momento podemos hablar de otros procesos que establecen la normalidad. No ya únicamente la decisión (del pueblo, que ahora debe ser construida), sino más bien ahora de procesos disciplinarios, así como de otros dispositivos de subjetivación (de los cuales dan cuenta, por ejemplo, los trabajos de Michel Foucault). Estos procesos operan en la misma dirección del proceso de normalización que la soberanía en su acepción anterior buscaba establecer. Como la soberanía ahora pasa por los ciudadanos, éstos deben -no mediante un pacto, sino bajo la aceptación o aprobación- reconocer cuando el estado de cosas jurídico-político es normal o excepcional. El primero se mostraría bajo la forma de un Estado legítimo, el segundo, ilegítimo.

Sin este proceso que hace posible, no la aparición positiva de normas y leyes, sino la sujeción del sujeto a una normativa, y de los contenidos de ésta misma normatividad a su realización, la normalidad no puede ser posible. Por ello, el concepto de soberanía sigue siendo un concepto de utilidad más allá de haber sido un

---

[23] C. Schmitt, *op. cit.*, p. 51.

concepto surgido de condiciones históricas muy específicas. Como ya señalábamos, Bodin y Hobbes escribieron en condiciones en que el Estado buscaba su centralización. No era extraño que esto se viera representado en la figura personalizada del monarca. Hoy esa figura en gran medida ha desaparecido, o debilitado donde aún existe. Pero el problema de establecer una normalidad está muy lejos de haber desaparecido. Aun así, pensar lo excepcional de un caso suele estar cargado de una valoración negativa debido a que se relaciona la excepción con suspensión de la validez del derecho, o con un intento de intrusión en los contenidos propios de las leyes. En el mundo monárquico de los siglos XVI y XVII la excepción es la suspensión de la ley porque está en disputa con otros poderes. En la actualidad eso ha de repensarse.[24]

Como primera conclusión, habría que afirmar que ningún crimen de Estado puede justificarse haciendo referencia al soberano como aquel que decide sobre el estado de excepción. Cuando en un Estado se justifican los crímenes hechos desde la mano gubernamental apelando a un bien común, en cierto modo se apela a una purificación del cuerpo social, como en las dictaduras militares latinoamericanas. Se apela a la extirpación de un elemento o grupo que la facción en el gobierno considera dañino para esa sociedad. Decíamos que este es un uso erróneo de la soberanía porque este tipo de acciones lejos de establecer una normalidad, la minan. Si la normalidad es la serie de condiciones para que la normatividad sea aceptada y realizada por los ciudadanos, los crímenes provocan un estado en que la ley no es aceptada por los ciudadanos, sino que éstos -o un grupo de ellos- son aplastados por ella. El uso autoritario de ordenanzas fuera de la ley deslegitima el orden jurídico-político. Esto se ve de manera más clara si consideramos que la normalización incluye hoy la aceptación voluntaria del ciudadano del mundo político-jurídico que habita. Pero entonces, ¿lo ocurrido en Ayotzinapa sí fue un crimen de Estado? Evidentemente aquí no se puede determinar ello. Tampoco en las instituciones de justicia mexicanas. En todo caso ello

---

[24] Por supuesto que en un mundo democrático aún ocurren estados de excepción o de suspensión de ciertos derechos y garantías. Casos concretos de este mismo siglo así lo atestiguan. No se está diciendo que el estado de excepción haya desaparecido, sino que incluso cuando este ocurre es necesario convencer a los ciudadanos de que ese estado de excepción es necesario por un bien común.

correspondería a un tribunal internacional. Sin embargo, lo que sí podemos señalar es que lo que ha ocurrido con el crimen de Ayotzinapa es muestra de la falta de legitimidad del orden jurídico-político del Estado mexicano. Las características del crimen así como sus consecuencias nos muestran cómo se ha quebrado lo que pudo ser un estado de normalidad.

Nulidad del Estado

No hace falta que el gobierno federal niegue a las víctimas o busque justificar el crimen para que la legitimidad de un estado de normalidad se venga a pique. "¡Todos somos Ayotzinapa!", gritó Enrique Peña Nieto en un acto público.[25] El que semejante arenga no tuviera ningún efecto se debió a que tal posición de enunciación carecía de legitimidad. Pero, ¿de dónde procede esa falta de legitimidad? Los llamados a considerar lo ocurrido con los estudiantes normalistas de Ayotzinapa como un crimen más que debe ser encausado por las vías institucionales establecidas es tomada por un gran sector de la sociedad mexicana como una afrenta, no debido a que no deseen que se haga justicia y se castigue a los culpables y responsables, sino porque no existen las condiciones para que ello ocurra. No existe una normalidad jurídico-política. Una resolución judicial en esas condiciones no sería sino meramente un simulacro.

Uno de los aspectos en que esta carencia de normalidad se hace patente es en la falta sistemática del castigo de los crímenes. Por supuesto, hay ya personas bajo proceso jurídico (el exalcalde José Luis Abarca y su esposa María de los Ángeles Pineda, policías municipales y miembros del grupo criminal "guerreros unidos", etc.), pero no hay propiamente un proceso de transformación o disolución de las condiciones que provocaron este crimen. En efecto, son sujetos -y no una institución impersonal- quienes perpetraron la desaparición de 43 normalistas y el asesinato de otras 6 personas (cuatro de ellas también normalistas). Pero la magnitud del crimen exige necesariamente que la justicia sea algo más que la aplicación normal de los procesos judiciales. No puede caer dentro de la normalidad que los mismos

[25] Rosa Elvira Vargas, *et. al.*, "Peña Nieto hace suyo el grito: «¡Todos somos Ayotzinapa!»", en *La Jornada*, [en línea], 28 de noviembre de 2014.

funcionarios del Estado participen en delitos contra los ciudadanos. Por supuesto que casos así están contemplados en el propio sistema de derecho, pero también su contrario es contemplado (piénsese en la figura del fuero o inmunidad de los servidores públicos). Sin embargo, ello no implica que la participación de funcionarios de gobierno en delitos esté fuera de lo que hemos de considerar la normalidad.

Se suma a lo anterior la constante falta de voluntad del aparato gubernamental ya no digamos por castigar, sino por establecer ese espacio de normalidad: durante las primeras semanas de búsqueda de los 43 normalistas desaparecidos se encontraron en las inmediaciones de Iguala fosas clandestinas. La principal acción de las autoridades a cargo de la investigación fue la de descartar los cuerpos hallados como los de los normalistas desaparecidos. Lo que quedaba excluido era que esos cuerpos eran también ciudadanos que habían sido asesinados. Señalarlos como probables víctimas de la lucha entre grupos de narcotraficantes lejos de amortiguar los hallazgos destruía más la legitimidad de un posible estado de normalidad. En general se carecía de expedientes que dieran cuenta de lo que había conducido a la existencia de dichas fosas clandestinas. En algunos casos se reconoció la identidad de los cadáveres, y quedó al descubierto el olvido en que esas víctimas habían caído. Sólo por mencionar dos casos: el cuerpo de John Ssenyondo, sacerdote nativo de Uganda, fue localizado en una fosa común junto a otros 12 cuerpos. No había búsqueda del sacerdote que había sido secuestrado en abril de ese mismo año.[26] También en una fosa clandestina con 38 cadáveres fueron reconocidos por pruebas de ADN "un padre y un hijo", originarios del Estado de México, de quienes se sabía que habían sido detenidos en un retén en Iguala meses atrás.[27]

¿Qué significa qué los crímenes no sean castigados? Que no hay un estado de normalidad establecido en el que las penas se apliquen cuando las leyes son violentadas mediante el delito. Pero, ¿qué causa esto? ¿No hay una normalidad y por ello no se aplican las penas, o viceversa, debido a que no se aplican las penas es que no hay normalidad? La circularidad de la pregunta nos muestra en

---

[26] AP, "Hallan en fosa de Guerrero a misionero de Uganda", en *Excélsior*, [en línea], 14 de noviembre de 2014.

[27] Redacción, "PGR identifica cuatro de los 38 cuerpos de fosas en Iguala", en *Excélsior*, [en línea], 7 de noviembre de 2014.

todo caso un sólo eje: que aquí no existe la delimitación entre la normalidad y la excepción. Justo lo que no hay es aquello a lo que Schmitt se refirió con "poder soberano". Ya lo hemos advertido antes: no se está diciendo que hace falta un poder fuerte más allá de la ley, el cual debido a su misma fortaleza puede "poner las cosas en orden" y aplicar la ley. Lo que se está diciendo es que en tanto no hay delimitación, no hay normalidad. Y esa función delimitadora corresponde a la soberanía (que en las condiciones actuales necesariamente ha superado la identificación de esta función con una persona). Sin normalidad todo caso es excepcional. Jugando con las palabras, incluso la aplicación de la ley se vuelve excepcional. Tal vez así deba interpretarse el clima autoritario de los gobiernos federal y locales ante las protestas ciudadanas: en vez de escuchar los reclamos, su respuesta fue un llamado amenazante al orden y la detención arbitraria de manifestantes.

Por eso, el llamado -como el que hace toda "voz serena"- a evitar la politización del caso, a mantener la demanda de justicia dentro de los "cauces legales e institucionales", no deja de sonar como un llamado a mantener intacto el estado de cosas que hicieron posible esta serie de acontecimientos, un llamado a aceptar la ilegitimidad. Esto es así porque se pide tratar con normalidad algo que no es tal.

Ahora bien, ha de señalarse que el crimen por sí mismo no es *anormal.* Por supuesto que todo crimen, delito, fraude, etc., sin importar su grado de violencia, es una ruptura del orden. No cabe ninguna duda acerca de eso. Pero justo una de las funciones del Estado (en su aspecto jurídico) es volver nulas esas acciones criminales transgresoras de la ley mediante el castigo. Desde el punto de vista de la ley, el castigo borra la finalidad del crimen; hace que ella misma -la ley- como norma general prolifere sobre las violaciones particulares. La existencia del derecho implica la presencia de las violaciones criminales de la ley porque sin ello no sería normativa sino descriptiva. En ese sentido, la ruptura del orden no es algo excepcional. *Eso es justamente la normalidad.* Arribamos a una idea de normalidad que no es un estado utópico donde la violación de la ley es inexistente, un orden angelical en el que el mal es erradicado. Justo porque hay libertad es posible el crimen, el delito, etc. Pero esas violaciones han de ser sofocadas. En ello radicaría un estado de normalidad: el movimiento que va de la afirmación de la presencia del derecho, su subversión y el restablecimiento del derecho mediante el castigo. Desde el punto de vista del sujeto, o mejor, del ciudadano, la normalidad (que de suyo implica ser un estado de normalidad legítimo) implica que las normas han sido aceptadas por ellos. El estado de normalidad es entonces un estado legítimo en el que la ley opera sobre los casos particulares y que, en lo general, el ciudadano acepta.

¿Puede decirse que el crimen de Ayotzinapa cae bajo el conjunto de las rupturas normales del orden? Nuevamente la respuesta es no. Y esto es así no sólo por la gravedad, violencia y número de víctimas, sino también por la participación y responsabilidad de autoridades de los tres niveles de gobierno. Aunado a ello, la ya citada serie de crímenes a los que se enlaza: ejecuciones sumarias en diversos estados, fosas clandestinas, etc., todos estos últimos crímenes sin castigo. La impunidad no es un accidente, sino un estado permanente. Walter Benjamin en su *Crítica de la violencia* señala que todo crimen tiene un destino. Y no es otro que su disolución mediante el castigo:

> Pues la violencia conservadora de derecho [*rechtserhaltende Gewalt*] es amenazadora. Pero su amenaza no tiene el sentido disuasorio [*Abschreckung*] con que la interpretan los teóricos liberales. La disuasión, en su sentido exacto, es una determinación que contradice la esencia propia de dicha amenaza, no siendo alcanzable por la ley, por cuanto se alberga la esperanza de escapar de su brazo. La ley se nos revela amenazante, al igual que el destino, del que depende que el criminal sea atrapado. Pero el sentido más profundo de la indeterminación de la amenaza jurídica nos lo aclara el análisis de la esfera propia del destino, de la cual procede. Una valiosa indicación respecto a ella se encuentra en el ámbito de los castigos.[28]

El castigo no cumple la función de disuadir a los sujetos de cometer un crimen sino, como el destino, de anular el crimen. Durante el lapso de tiempo transcurrido entre la ejecución del crimen y el castigo efectivo, parece que la finalidad del crimen ha logrado imponerse. Sin embargo, pesa sobre él un destino inevitable, dice Benjamin. Pero ¿qué ocurre cuando ese crimen es invisible, es decir, cuando no cuenta, cuando ni siquiera se busca

---

[28] Walter Benjamin, "Hacia una crítica de la violencia", en *Obras,* libro II, vol. 1, Ábada, Madrid, p. 191.

su resolución? Allí, más que acentuar el triunfo de la finalidad de los criminales ante lo que estamos es ante la disolución del propio Estado, ante su nulidad. En su filosofía del derecho, Hegel señala que el derecho en su aspecto abstracto logra su efectividad en el castigo. No antes. El crimen es algo que no tiene subsistencia, pero sólo se vuelve algo nulo cuando es castigado:

> Con un delito se altera algo, y en esta alteración la cosa existe, pero esta existencia es lo contrario de ella misma y por lo tanto en sí misma nula. Lo nulo es haber eliminado el derecho en cuanto derecho. El derecho, en cuanto absoluto, no puede eliminarse, por lo cual la exteriorización del delito es en sí nula y esa nulidad es la esencia del actuar delictivo. Pero lo que es nulo debe manifestarse como tal, es decir, ponerse a su vez como lesionable. El hecho delictivo no es un primero, positivo, al que seguiría la pena como su negación, sino que es un negativo, por lo que el castigo es sólo una negación. El derecho efectivo es pues la eliminación de esta lesión; precisamente en ello muestra su validez y se acredita como una existencia necesariamente mediada.[29]

En la medida en que los fines del acto criminal subvierten directamente los fines universales, el crimen de suyo es nulo. Lo que está en juego en este pasaje de Hegel no es únicamente la oposición entre el derecho, pretendidamente bueno, y lo criminal, decididamente malo. No se trata de juicios morales, sino de la distinción entre los fines universales y los particulares. Lo particular no necesariamente se opone a lo universal, pero puede hacerlo. No se puede suprimir lo particular por sí mismo, por ser tal. Sólo cuando lo particular suprime lo universal afirmándose a sí mismo como universal es que ese fin en sí mismo es nulo. Pero esa nulidad tiene presencia en el crimen, y únicamente con el castigo el crimen es nulificado efectivamente; es decir, se desvanece. *Mutatis mutandis*, lo que ocurre cuando no hay una búsqueda por nulificar el castigo lo que aparece es el desvanecimiento del Estado, o para decirlo más propiamente, el Estado en su aspecto abstracto -para usar la terminología de Hegel-, no puede alcanzar su efectividad, no puede realizarse.

---

[29] G.W.F. Hegel, *Principios de la filosofía del derecho*, Edhasa, Barcelona, §97 (agregado), p. 184.

Evidentemente, en todo crimen hay un tiempo transcurrido entre este último y su castigo. Pero no es lo mismo este lapso de tiempo que el estado de impunidad como el que se vive en México. No sólo no existe la voluntad de castigo, sino que existen elementos para sospechar de la implicación en estos crímenes de algunos funcionarios, así como de la omisión y por tanto responsabilidad del propio aparato gubernamental del Estado y muchos de sus funcionarios; por ello no es un crimen dentro del estado de normalidad. Y por eso la acusación "fue el Estado" no es solamente una consigna para politizar un caso particular (y obtener un beneficio partidista o generar un clima para poner en la agenda política "intereses oscuros"); tampoco es una mera acusación de responsabilidad penal de ciertos funcionarios públicos. En gran medida lo que esta frase muestra es el declinamiento del propio Estado, su incapacidad para instaurar un estado de normalidad. Lo que aquí está en juego es el propio Estado. *Es el Estado de lo que se trata.* Lo acontecido lo implica a éste en su totalidad (no solamente es que no funcione el aparato judicial, o de este o aquel funcionario), porque, como vimos, la normalidad es lo que da legitimidad a un Estado democrático.

Bibliografía

Agamben, Giorgio. *Homo Sacer I. El poder soberano y la nuda vida*, tr. de Antonio Gimeno Cuspinera, Pre-Textos, Valencia, 2003.

Benjamin, Walter. "Hacia una crítica de la violencia", en *Obras*, libro II, vol. 1, tr. de Jorge Navarro Pérez, Ábada, Madrid, 2007, pp. 183-207.

Bodin, Jean. *Los seis libros de la república*, tr. de Pedro Bravo Gala, Tecnos, Madrid, 2006.

Hegel, G.W.F. *Principios de la filosofía del derecho,* tr. de Juan Luis Vermal, Edhasa, Barcelona, 1999.

Hobbes, Thomas. *Leviatán, o la materia, forma y poder de un estado eclesiástico y civil*, tr. de Carlos Mellizo, Alianza, Madrid, 2004.

Rousseau, Jean-Jacques. *Del contrato social*, tr. de Mauro Armiño, Alianza, Madrid, 2000.

Schmitt, Carl. *Teología política,* tr. de Francisco Javier Conde y Jorge Navarro Pérez, Trotta, Madrid, 2009.

Hemerografía

AP. "Hallan en fosa de Guerrero a misionero de Uganda", en *Excélsior*, [en línea], México, 14 de noviembre de 2014. En http://prodigy.msn.com/es-mx / noticias/mexico/hallan-en-fosa-de-guerrero-a-misionero-de-uganda/ar-BBdLiML?ocid=mailsignout.

Casar, María Amparo. "¿Crimen de Estado?", en *Excélsior,* [en línea], México, 12 de noviembre de 2014. En http://www.excelsior.com.mx/ opinion/maria-amparo-casar/2014/11/12/991928.

Hernández Norzagaray, Ernesto. "Si no es crimen de Estado, ¿entonces es un crimen del fuero común?", en *Sin Embargo*, [en línea], México, 21 de noviembre de 2014. En http://www.sinembargo.mx/opinion/21-11-2014 /29324.

Redacción. "PGR identifica cuatro de los 38 cuerpos de fosas en Iguala", en *Excélsior*, [en línea], México, 7 de noviembre de 2014. En http:// www.excel sior.com.mx/nacional/2014/11/07/991180.

Reséndiz, Francisco. "Condena EPN violencia y vandalismo por Iguala", en *El Universal*, [en línea], México, 16 de noviembre de 2014. En http: //www.eluniversal.com.mx/primera-plana/2014/impreso/penia-nieto-advierte -que-puede-usar-fuerza-47581.html.

Schamis, Héctor. "¿Fue el Estado?", en *El País,* Madrid, [en línea], 24 de octubre de 2014. En http://internacional.elpais.com/internacional/2014/ 10/24/actualidad/1414117500_643938.html.

Vargas, Rosa Elvira, *et. al.* "Peña Nieto hace suyo el grito: «¡Todos somos Ayotzinapa!»", en *La Jornada,* [en línea], México, 28 de noviembre de 2014. En http://www.jornada.unam.mx/2014/11/28/politica/003n1pol.

Iguala: Imperio de la excepción... y la (a)norma

Roberto Hernández López

> *No se puede decir de manera más clara que el fundamento primero del poder político es una vida a la que se puede dar muerte absolutamente, que se politiza por medio de su posibilidad de que se le dé muerte.*
>
> Giorgio Agamben, *Homo sacer*, p. 115

> *La excelencia de la elocución consiste en que sea clara sin ser baja. Ahora bien, la que consta de vocablos usuales es muy clara, pero baja [...] Es noble, en cambio, y alejada de lo vulgar la que usa voces peregrinas; y entiendo por voz peregrina la palabra extraña, la metáfora, el alargamiento y todo lo que se aparta de lo usual. Pero, si uno lo compone todo de este modo, habrá enigma o barbarismo; si a base de metáforas, enigma; si de palabras extrañas, barbarismo.*
>
> Aristóteles, *Poética*, pp. 208-209

Con tantas metáforas encima, con tantas declaraciones y versiones, verdades y consignas a cuestas, la noche más oscura de Iguala sigue siendo un enigma. Desde aquella noche, las sombras son más largas y el aire más espeso. Se ha dicho mucho, pero todavía falta por decir.

En su *Poética*, Aristóteles sugiere que las metáforas son enigmáticas y luego define -siguiendo la traducción de Valentín García Yebra- la forma del enigma: "unir, diciendo cosas reales, términos inconciliables";[1] el filósofo Giorgio Colli lo traduce de otro modo: "decir cosas reales juntado cosas imposibles".[2] Tal parecería nuestro caso: cosas existentes o reales para decir, o unir, con cosas imposibles o inconciliables: la "verdad histórica" (basada en la desaparición forzada y asesinato de los 43 normalistas)

---

[1] Aristóteles, *Poética*, edición trilingüe, Gredos, Madrid, 1974, p. 209.

[2]. Traducción de Colli en *El nacimiento de la filosofía*, Tusquets, Barcelona, 2000, p. 60 («il concetto dell'enigma è questo: dire cose reali collegando cose impossibili», Giorgio Colli, *La nascita della Filosofia*, Adelphi Edizioni, Milano, 1975, p. 56).

con la consigna "Vivos se los llevaron, vivos los queremos" (que supone que los jóvenes están con vida), con todo lo que ello plantea en términos de suspender el duelo, o intentarlo *absente corpore*.

A las preguntas sin respuestas y a las respuestas sin sustento, que abultan el enigma, habría que sumar esas razones hasta ahora insondables acerca de por qué los 43 de Ayotzinapa detonaron una crisis política y social que enterró en definitiva, dio la puntilla, al llamado *Mexican moment* -esa *narrativa*, por literaria, que el gobierno construyó a fuerza de *spots* y de reformas. No es que la desaparición de los normalistas no sea razón suficiente para detonar una crisis mayúscula, sino que antes de cumplirse los dos primeros años de este sexenio ya eran casi 10 mil los "desaparecidos", y más de 23 mil si retrocedemos en la cuenta hacia 2006.

Coordenadas como éstas no dejan demasiado espacio para la candidez o la franca hipocresía, que se expresan en preguntas más bien huecas: ¿cómo llegamos -el país, la sociedad- a este punto?, ¿cómo entender la crueldad de los victimarios, definir su "patología"? En otro plano, igualmente limitado, se inquiere ¿cómo poner coto a la *colonización* de los partidos políticos por parte de la delincuencia organizada?, ¿a qué facción política de la izquierda le endosamos la responsabilidad?, ¿frente a qué grado de debilidad institucional del Estado mexicano nos encontramos?

Preguntas huecas porque anticipan respuestas veniales; cuestionamientos limitados porque no miran más allá de la coyuntura. Frente a ello, quizás convendría, como primer paso metodológico, hacerse eco de esa estrategia que sigue Marx en su tan célebre como celebrado análisis de la coyuntura política: al estudiar la revolución de 1848, contrario a otras interpretaciones, Marx sugiere que esta lucha no cayó sobre los franceses "como un rayo en cielo sereno"; rechaza la sorpresa frente a este acontecimiento: "No basta con decir, como hacen los franceses, que su nación fue sorprendida. Ni a la nación ni a la mujer se les perdona la hora de descuido en que cualquier aventurero ha podido abusar de ellas por la fuerza. Con estas explicaciones no se aclara el enigma; no se hace más que presentarlo de otro modo".[3]

---

[3] Karl Marx, *El dieciocho brumario de Luis Bonaparte*, Progreso, Moscú, s/f, p. 14.

La noche más oscura de Iguala no cayó, como si cualquier cosa, sobre el cielo sereno de México. Factores estructurales y formaciones históricas, algunos de ellos trascienden al Estado mexicano, permiten formular ciertas hipótesis. Entre otros referentes, en este ensayo se sigue la tesis del estado de excepción (exclusión-inclusión originaria, fundacional) como modelo de la soberanía *biopolítica* en Occidente, y el concepto de *nuda vida*, íntimamente asociado a este planteamiento, formulado por Giorgio Agamben, para analizar si los hechos de Iguala -y no sólo- pueden considerarse una nueva expresión del estado de excepción. ¿Acaso sea necesario recordar que, hacia el final de su *Homo sacer*, Agamben plantea el *campo de concentración* como paradigma moderno del Estado de excepción y, teniendo en mente la guerra que puso fin a Yugoslavia, advierte sobre la "aparición de nuevos campos"? Incluso, en una obra posterior que forma parte del mismo proyecto teórico identifica la *Military order,* decretada por el presidente George W. Bush en noviembre de 2001, como expresión biopolítica del Estado de excepción.[4] Uno de esos nuevos *campos*, con ciertas peculiaridades, asoma en México. Tal es la intuición que subyace a estas páginas.

I. Estado de excepción

Para definir soberanía, Carl Schmitt alude a un concepto igualmente enrevesado: estado de excepción. "Es soberano quien decide el estado de excepción", señala en una obra de 1922.[5] De su pluma, un año antes se publicó *La dictadura*, donde aparece por vez primera esta noción (como "derecho" o "situación" de excepción).

Al explicar la naturaleza y definir los tipos de *arcana* -esas fórmulas y maquinaciones que tenemos por esotéricas, secretos a veces rodeados de halos místicos-, Schmitt distingue -siguiendo a Arnold Clapmar- entre *arcana imperii* y *arcana dominationis*. Los primeros se refieren al Estado, "es decir, a la situación de poder existente de hecho, en los tiempos normales". Los segundos, "en

[4] Véase Giorgio Agamben, *Estado de excepción. Homo sacer 2. 1*, Adriana Hidalgo, Buenos Aires, 2005, p. 26.

[5] Carl Schmitt, "Teología Política I", en Héctor Orestes Aguilar (comp.), *Carl Schmitt teólogo de la política*, FCE, México, 2001, p. 23.

cambio, se refieren a la protección y defensa de las personas que ejercen la dominación durante acontecimientos extraordinarios, rebeliones y revoluciones, y a los medios para arreglárselas con estas cosas".[6]

Añade, sobre esta *terra ignota,* que para una mayor diferenciación se puede considerar la oposición entre los *jura imperii* y los *jura dominationis*: aquéllos "son los distintos derechos de soberanía, enumerados desde Bodino como característicos del *summum imperium*, especialmente el derecho de dar leyes; constituyen los fundamentos (*fundamenta*) de los *arcana*, y son los mismos en cada Estado, mientras que los *arcana* tienen que cambiar según la situación de las circunstancias; no pueden ser cedidos a otros, como es el caso de los *arcana*; finalmente, y esta es la diferencia esencial, son derecho, *fas e in conspicuo*, mientras que los *arcana* son planes y prácticas secretos, con cuya ayuda son mantenidos los *jura imperii*".[7] Se introduce la *exceptio*: "Comprende bajo los *jura dominationis* el derecho público de excepción, que consiste en que su titular puede apartarse del *jus commmune* en caso de necesidad y en interés de la existencia estatal y la tranquilidad y la seguridad pública (*tranquillitas, pax et quies*). La guerra y la insurrección son los dos casos más importantes en que son de aplicación. En cuanto derecho de excepción es un *jus speciale*, frente al derecho de soberanía normal, que es un *jus generale*".[8]

Aún no la ecuación primigenia, pero a partir de este planteamiento de Schmitt ya contamos con los principales factores: Estado, soberanía y ley que asumen distintas formas según lo señale la normalidad y su excepción, la generalidad y la especialidad, según lo impone cada tiempo. Se abre un cierto espacio para una suerte de doble indeterminación, a saber:

1) *entre lo normal y su excepción*, entre la "situación de hecho" y la que no lo es, esa "situación de hecho" sobre la que el propio Schmitt hace descansar la soberanía: la decisión sobre el estado de excepción, que encuentra en la guerra y la insurrección, las rebeliones y revoluciones, sus "casos" más importantes pero no los únicos; y

[6] Carl Schmitt, *La dictadura,* Alianza, Madrid, 2007, pp. 46-47.

[7] *Ibid.*, pp. 47-48.

[8] *Ibid.*, p. 48.

2) *respecto de los límites dentro de lo excepcional*: una vez dejada atrás la frontera que delimita el derecho general, el derecho común, ¿hasta dónde extiende su dominio el derecho de excepción, hasta dónde llega el poder soberano en una "situación de hecho"? La respuesta de Schmitt es que "el derecho de excepción solo debe respetar al *jus divinum*; en lo demás, por el contrario, son inoperantes para él todas las barreras jurídicas".[9] No hay límite para esa soberanía de excepción más que en los cielos, ya que de alturas hablamos: soberanía, *superanius, superius*. Pero entre la tierra y el cielo se abre un espacio demasiado amplio.

En febrero de 1978, en la "advertencia" a la cuarta edición de su obra de 1921, Carl Schmitt consignaba que "desde 1969 han aumentado de forma inesperada los trabajos sobre el problema del *estado de excepción en el derecho*. Obedece esto a la dinámica de un desarrollo que ha convertido las emergencias y crisis en elementos integradores o desintegradores de una *anómala situación intermedia* entre guerra y paz".[10] Poco más de tres lustros después aparecerá acaso el libro más relevante sobre esa "anómala situación": *Homo sacer. El poder soberano y la nuda vida,* del filósofo Giorgio Agamben (Roma, 1942).

Apenas publicado en septiembre del 2014, en Italia, con *L'uso dei corpi* se cierra el proyecto *homo sacer*, que inició, precisamente, con *El poder soberano y la nuda vida* pero que incluye quizás lo mejor de la obra de este autor: *Estado de excepción* (Homo sacer 2, 1); *El reino y la gloria. Una genealogía teológica de la economía y del gobierno* (Homo sacer, 2,2); *El sacramento del lenguaje. Arqueología del juramento* (Homo sacer 2, 3); *Opus Dei. Arqueología del oficio* (Homo sacer 2, 4); *Lo que queda de Auschwitz. El archivo y el testigo* (Homo sacer 3); *Altísima pobreza. Reglas monásticas y forma de vida* (Homo sacer 4, 1); y el mencionado *El uso del cuerpo* (Homo sacer 4, 2).

Iniciado hace dos décadas, en la obra con la que abrió este proyecto Agamben planteaba no sólo la hoja de ruta sino el punto de partida: siguiendo al Foucault de la *Historia de la sexualidad*, en particular el primer tomo *La voluntad de saber*, subraya un acontecimiento mayúsculo: la aprehensión política de la vida

---

[9] *Idem.*

[10] *Ibid.*, p. 11.

humana en su estatuto biológico, prácticamente en tanto cuerpo viviente… el nacimiento de la *biopolítica,* que Foucault sitúa en la modernidad -significativamente a partir del siglo XVII.

Tras argumentar el paso del histórico derecho de vida y muerte (hacer morir o dejar vivir por parte del poder soberano) hacia el derecho sobre la vida (hacer vivir o arrojar a la muerte), Foucault sostiene que:

> Desde el siglo pasado, las grandes luchas que ponen en tela de juicio el sistema general de poder ya no se hacen en nombre de un retorno a los antiguos derechos ni en función del sueño milenario de un ciclo de los tiempos y una edad de oro. Ya no se espera más al emperador de los pobres, ni el reino de los últimos días, ni siquiera el restablecimiento de justicias imaginadas como ancestrales; lo que reivindica y sirve de objetivo es la vida, entendida como necesidades fundamentales, esencia concreta del hombre, realización de sus virtualidades, plenitud de lo posible. Poco importa si se trata o no de utopía; tenemos ahí un proceso de lucha muy real; la vida como objeto político fue en cierto modo tomada al pie de la letra y vuelta contra el sistema que pretendía controlarla. La vida, pues, mucho más que el derecho, se volvió entonces la apuesta de las luchas políticas, incluso si éstas se formularon a través del derecho.[11]

Agamben no sólo continuaría por esta senda abierta por Foucault sino que le enmendaría la plana en el siguiente sentido. A decir del filósofo y filólogo romano, esta forma biopolítica de la soberanía no es un invento moderno sino su forma originaria: "*Se puede decir, incluso, que la producción de un cuerpo biopolítico es la aportación original del poder soberano*. La biopolítica es, en este sentido, tan antigua al menos como la excepción soberana. Al situar la vida biológica en el centro de sus cálculos, el Estado moderno no hace, en consecuencia, otra cosa que volver a sacar a la luz el vínculo secreto que une el poder con la nuda vida, reanudando así (según una correspondencia tenaz entre moderno y arcaico que se puede encontrar en los ámbitos más diversos) el

---

[11] Michel Foucault, *Historia de la sexualidad. 1 La voluntad de saber,* Siglo XXI, México, 2011, p. 135.

inmemorial de los *arcana imperii*".[12] Es en este preciso sentido que se propone la enmienda:

> La tesis foucaultiana debe, pues, ser corregida o, cuando menos, completada, en el sentido de que lo que caracteriza a la política moderna no es la inclusión de la *zoe* en la *polis*, en sí misma antiquísima, ni el simple hecho de que la vida como tal se convierta en objeto eminente de cálculos y de las previsiones del poder estatal: lo decisivo es, más bien, el hecho de que, en paralelo al proceso en virtud del cual la excepción se convierte en regla, el espacio de la nuda vida que estaba situada originariamente al margen del orden jurídico, va coincidiendo de manera progresiva con el espacio político, de forma que exclusión e inclusión, externo e interno, *bíos* y *zoe*, derecho y hecho, entran en una zona irreductible de indiferenciación. El estado de excepción, en el que la nuda vida era, a la vez, excluida del orden jurídico y apresada en él, constituía en verdad, en su separación misma, el fundamento oculto sobre el que reposaba todo el sistema político.[13]

No es un prurito historiográfico el de Agamben. No se trata sólo de datar con precisión, sino de replantear una tesis general, a partir de la cual asoman novedosas líneas de investigación cuyas repercusiones alcanzan, desde luego, a la modernidad y, significativamente, a las democracias contemporáneas, o digamos su ocaso y sus oscuros, pero no menos efectivos y visibles, vasos comunicantes (formaciones, prácticas, instrumentos...) con regímenes totalitarios; lo que permite entender la emergencia de nuevos "estados de excepción", nuevos campos de concentración, nuevos espacios soberanos de indeterminación jurídico-política... De esa envergadura son las consecuencias políticas del replanteamiento teórico que propone Agamben.

---

[12] Giorgio Agamben, *Homo sacer. El poder soberano y la nuda vida*, Tecnos, Valencia, 1998, p. 16.
[13] *Ibid*, pp. 18-19.

II. Excepción, inclusión, paradoja...

Del amplio instrumental teórico desplegado por Agamben en la obra de marras, dos tesis son de peculiar relevancia para este análisis: 1) el estado de excepción como paradigma de la soberanía y 2) la *nuda vida*, en tanto producto biopolítico del estado de excepción.

La excepción es una paradoja y el estado de excepción es una paradoja de la soberanía. Y "la paradoja de la soberanía se enuncia así: 'El soberano está, al mismo tiempo, fuera y dentro del ordenamiento jurídico'".[14] Afuera y adentro: el soberano proclama el estado de excepción -como sostiene Schmitt-, suspende el antiguo orden y dicta uno nuevo por lo que se coloca fuera del orden, pero su decisión es dictada desde dentro de ese orden jurídico. Está en ambos lados, al mismo tiempo, como en toda paradoja.

Gérard Pommier (Francia, 1941), psicoanalista lacaniano, recuerda que muchos siglos antes que Bertrand Russell y su famosa paradoja (del barbero) que emplea para criticar la teoría de los conjuntos de Cantor, el cretense Epiménides de Cnosos (Siglo VI antes de nuestra era) formuló algo muy similar: "miento", dijo simplemente. Si miento, entonces mi confesión de que miento me hace decir la verdad; no sucede así, si ese miento está relacionado únicamente con la enunciación y no con el sujeto de la enunciación. "Cuando Russell evidenció la inconsistencia de su paradoja tuvo que definir la noción de 'impredicable'. Se trata de una propiedad que no podrá predicarse a sí misma. La propiedad de 'concreto', por ejemplo, no puede ser predicada porque es una idea abstracta".[15]

Bajo la misma lógica, el soberano está incluido-excluido del régimen jurídico, pertenece y se sustrae -para fundarlo-, como sucede con el lenguaje y el hablante, según nos recuerda el propio Pommier: "el lenguaje no incluye a quien lo utiliza sino al precio de una exclusión".[16] Excepción y regla en un nuevo acomodo: la excepción no sólo explica la regla, sino que es la condición de posibilidad de la regla: su excepcionalidad (inclusión-exclusión) es

---

[14] *Ibid.*, p. 27.

[15] Gérard Pommier, *La neurosis infantil del psicoanálisis*, Nueva Visión, Buenos Aires, 1992, p. 99.

[16] *Ibid.*, p. 101.

la condición de posibilidad del orden jurídico; la excepción soberana explica la normalidad jurídica.

A través de Schmitt, Agamben recupera una certera intuición de Kierkegaard: "La excepción explica lo general y se explica a sí misma. Y si se quiere estudiar de verdad lo general, no hay sino que mirar a la excepción real. Más nos muestra en el fondo la excepción que lo general".[17] Apenas enunciada incluso, la tesis de la excepción ya deja ver su potencial. Se impone hacer un corte.

Iguala es excepción y estado de excepción. Es una excepción que deja ver la inconsistencia de la norma. Es estado de excepción porque Iguala emerge como un campo de indeterminación-determinada, tierra de nadie pero soberanía de alguien, *a-bandono* en tanto puesta de un grupo en un bando.

La excepción-Iguala nos muestra la normalidad-México. Si la excepción explica lo general y, al tiempo, se explica a sí misma, ¿qué explica esa excepción-Iguala? Si no explica por completo, al menos abona a entender, echa no poca luz, sobre tres rasgos de los hechos relacionados con la desaparición de los 43 normalistas y el asesinato de otros 6 que desarrollaremos en las páginas que siguen: 1) La excepcionalidad de los normalistas, en tanto inclusión-exclusión, o lo que podría plantearse, igualmente, como la *anormalidad de los normalistas*; 2) El *a-bandono* de Iguala, por decir la puesta en bando, la puesta a merced; y 3) La *nuda vida*, esa segunda tesis a recuperar de especial relevancia en este análisis: los *homo sacer* de Iguala-Ayotzinapa son el rostro sin cuerpo de más de 23 mil desaparecidos en poco más de 8 años.

1. La anormalidad de los normalistas

El punto no puede pasar de largo. Cuestión de geografía y de historia: mientras que en Francia la voz *normaliens* refiere la comunidad de estudiantes y maestros de su universidad más prestigiada (la Escuela Normal Superior), en México los normalistas son la encarnación del fracaso educativo nacional -como lo sostienen las miradas más simplistas-, la viva imagen de un anacronismo -como lo dijo una lideresa magisterial hoy caída en desgracia que, ya encarrerada, propuso reconvertirlos en "técnicos en turismo"- o bien, y sobre todo pensando en los normalistas

[17] G. Agamben, *Homo sacer…*, p. 29.

rurales, *carne de cañón*: aprendices de guerrilleros, o por lo menos subversivos, o más recientemente víctimas propiciatorias de su propia tragedia.

Producto genuino de una etapa histórica nacional, el normalismo mexicano hunde sus raíces en el liberal y positivista siglo XIX, señaladamente el último tercio, pero se institucionalizará con el proyecto educativo vasconcelista -sin omitir la contribución de Justo Sierra, Ezequiel Chávez, Alberto J. Pani, antes, y de Moisés Sáenz, después-;[18] y se convierte en orgullo de la política educativa de la posrevolución (las escuelas rurales fueron recogidas incluso en uno de los impresionantes murales de Diego Rivera, pintado en aquellos años en que no era conocido como "esposo de Frida Kahlo"). Desdeñado durante varios sexenios y venero real y ficticio de movimientos y organizaciones de muy diversa laya, hace años que se discute de forma recurrente su obsolescencia, su inviabilidad, su caducidad frente a los retos educativos que plantea la globalización.

Lastre o no de un país que ya no somos, hoy, a la luz de la coyuntura actual, las escuelas normales -incluidas las rurales- siguen siendo una institución educativa vigente y, todo apunta a ello, con vistas a un relanzamiento. En la actualidad, de acuerdo con cifras de la Secretaría de Educación Pública (SEP), se tiene registro de 444 escuelas normales en el país, de ese universo, 262 son públicas y 178 privadas. Como ha sido documentado a raíz de los hechos de Iguala, desde hace tiempo que las normales rurales están en peligro de extinción. El cardenismo fue la *edad dorada* del normalismo rural mexicano (el plan de estudios incluía, además de la formación de maestros, la capacitación de técnicos agrónomos para los ejidos). Pero no bien terminó el sexenio del general Cárdenas cuando el presidente Ávila Camacho las homologó con las urbanas y les recortó el plan de estudios y, sobre todo, el presupuesto.[19]

Prácticamente desde su origen, las normales rurales conformaron, en junio de 1935, la Federación de Estudiantes

---

[18] Véase Patricia Ducoing, "Origen de la Escuela Normal Superior de México", en *Revista Historia de la Educación Latinoamericana*, vol. 6, núm. 6, 2004, pp. 41 y *ss*.

[19] Véase Adriana Téllez Pérez, *Un panorama histórico del normalismo rural. El caso de "El Mexe": el conflicto estudiantil y político de 2003-2005*, Tesina de licenciatura, UAM, México, 2005.

Campesinos Socialistas de México (FECSM), que en los hechos ha sido una línea de defensa político-ideológica de las normales rurales.[20] Otro duro golpe al normalismo rural fue durante el sexenio del presidente Gustavo Díaz Ordaz; las cifras lo ilustran: "Al principio de su administración (1964), 37 escuelas estaban organizadas en torno a la Federación de Estudiantes Campesinos Socialistas de México: 29 normales rurales, dos centros normales regionales, tres normales urbanas federales y tres normales urbanas federalizadas. Al final de su mandato (1970) sólo sobrevivían 15".[21] Hoy son 16 las escuelas normales rurales que existen en el país y su distribución, capacidad y costo por alumno se ilustran en la gráfica al final de este trabajo (página 95).

El cuadro documenta lo que ya se sabe o se intuye: la condición miserable de estos centros de formación de maestros. En promedio, cada estudiante de las normales rurales le "cuesta" 39 pesos diarios a la Federación. Si consideramos que el número promedio de estudiantes por "establecimiento escolar" es de 356, entonces el Estado mexicano "gasta" 13,884 pesos diarios en las 16 normales rurales del país, es decir, 416,520 pesos mensuales, poco menos de cinco millones al año (4,998,240).

A efecto de contrastar, este año el sueldo de cada uno de los seis ministros de la Suprema Corte de Justicia de la Nación (Juan Silva Meza, José Ramón Cossío Díaz, Margarita Luna Ramos, Fernando Franco González, Olga Sánchez Cordero y Sergio Valls Hernández) que asumieron el cargo antes de la reforma a la Ley de salarios máximos (agosto de 2009), será superior al presupuesto destinado a las 16 normales rurales en su conjunto: cada uno de estos ministros ganará a lo largo del año 18,523 pesos diarios, esto es, 555,690 pesos mensuales, es decir, 6,668,280 pesos anuales.[22]

---

[20] *Ibid.*, pp. 26-28.

[21] Zósimo Camacho, "'Golpe de mano' contra el normalismo rural", en *Contralínea*, 30 de noviembre de 2014: http://contralinea.info/archivo-revista/index.php/2014/11/30/golpe-de-mano-contra-el-normalismo-rural/.

[22] Elizabeth Cáceres, "Peña Nieto ganará menos en 2015, pero ministros ganarán más", en *El financiero*, México, 17 de noviembre de 2015, http://www.elfinanciero.com.mx/economia/salarios-2015-ministros-suprema-corte-presidente-pena-nieto-diputados.html; y Carmen Luna, "Los 7 puestos del gobierno que más ganarán en 2015", en *CNN Expansión* (en línea), 1 de

Además de atender a alumnos provenientes de regiones marginadas y "grupos vulnerables", las 16 normales rurales comparten, asimismo, la precariedad de su infraestructura y la astringencia económica: en por lo menos 10 de las 16 rurales los alumnos comparten camas individuales, en la mayoría los alumnos generan recursos para ayudar a "mantener" sus escuelas (en ruinas en la mayoría de los casos).

Por si no fuera suficiente, recientemente se documentó el dolo de las autoridades al no ejercer recursos etiquetados para las normales rurales: "en la Dirección General de Educación Superior para Profesionales de la Educación (DGESPE) se etiquetaron 195 millones de pesos (mdp) en el ciclo lectivo 2012-2013 para el subsidio Fortalecimiento de la Calidad en las Escuelas Normales. De esos 195 mdp, sólo se gastaron 7 566 928.04 de pesos, es decir, no se utilizaron 187 433 071.96 pesos, según los documentos de ese apoyo, en el Portal de Obligaciones y Transparencia (POT)".[23] ¿No es esto un mecanismo de inclusión-exclusión, de inclusión marginal, de exclusión dentro de la propia normalidad? El precio de la inclusión de los normalistas es su propia exclusión. Anormalidad normalista.

Las escuelas normales rurales como una suerte de contenedores sociales de *bajo costo*. Centros de inclusión-exclusión. Los normalistas rurales están incluidos en el sistema de normales en el país, como parte del engranaje educativo, pero su inclusión es, a un tiempo, exclusión: convocados a ocupar un lugar marginal en el proceso de formación docente que les anticipa un espacio igualmente marginal en su labor magisterial; confinados a escuelas rurales, las más precarias y marginadas del país. La inclusión-exclusión que se alimenta a sí misma; que se ceba de sí.

2. El *a-bandono* de Iguala

Va más allá del sentido común. El concepto es "bando" y su etimología muestra su complejidad. No es fortuita, claro está, la

---

octubre de 2014, http://www.cnnexpansion.com/economia-insolita/2014/09/29/los-7-puestos-mejor-pagados-en-el-gobierno-federal.

[23] Linaloe R. Flores, "El plan para ahogar Ayotzinapa", en *Sin Embargo*, México, 19 de noviembre de 2014, http://www.sinembargo.mx/19-11-2014/1171167.

elección por parte de Agamben. Podría decirse que bando es una paradoja y en su seno late la contradicción del estado de excepción: la exclusión-inclusión.

En una nota impagable no sólo por pertinente sino por erudita, Antonio Gimeno, traductor del *Homo sacer* para la editorial Pre-textos, rastrea esta paradoja en el bando, en cuyo seno, como se adelantó, coexisten exclusión e inclusión: "junto a los significados predominantemente inclusivos o integradores (la proclama, la orden o el mandato, que se dirigen a un grupo para tutelar o mantener el orden jurídico establecido; la enseña o bandera, que le singularizan o identifican frente a otros, o determinados bienes y objetos a disposición de todos los miembros de una colectividad, de uso común en el sentido *banal* medieval francés recibido mucho más tarde en castellano...) conviven desde un principio los explícitamente excluyentes (que tienen su cifra en el término *abandono*) incluso en sus formas más extremas, que son justamente los que en castellano han experimentado una erosión semántica severa".[24]

Erosión visible, por ejemplo, en la ausencia, en el castellano, de frases como la italiana *mettere al bando,* o su equivalente francés *mettre au band,* con un claro sentido -recuerda el citado Gimeno Cuspinera- de marginar, excluir, expulsar... En castellano, sin embargo, esta raíz no oculta una huella, profunda, con uno de sus significados más fecundos:

> En cuanto a los verbos, el italiano 'bandire' (que cuenta con el precedente arcaico de 'bannire') tiene las acepciones de notificar públicamente determinados actos, de eliminar, abolir o terminar con, y la correspondiente al 'porre o mettere al bando' que acabamos de ver, por mucho que algunos diccionarios autorizados noten esta última de anticuada. En castellano, por el contrario, su homólogo *bandir* aunque sigue figurando en la última edición del DRAE, lo que hace a título de voz anticuada -condición que se mantiene desde hace mucho- y su significado le resulta decididamente ajeno al lector contemporáneo. La definición que nos procura, 'publicar bando contra un reo con sentencia de muerte en su rebeldía', es prácticamente idéntica a la que nos ofrece María Moliner, que lo emparenta con *pregonar, encartar*, poner precio a la cabeza de alguien y, lo

[24] G. Agamben, *Homo sacer...*, p. 248.

> que más nos interesa aquí, proscribir: 'Antiguamente declarar malhechor público a alguien, *autorizando a cualquiera para matarle* y, a veces, ofreciendo premio a quien lo entregue vivo o muerto.' [...] Hay que destacar, pues, que *bandir* no se refiere al hecho de publicar un bando (del echar bando o pregonar el bando de nuestra lengua tradicional), salvo en el caso de que ésta se traduzca en un acto de exclusión (destierro, apartamiento), y en su acepción más radical y mejor decantada, en la exposición absoluta a recibir la muerte a manos de cualquiera e impunemente como consecuencia de una proclamación oficial del poder.[25]

De lo anterior se sigue que abandonar no significa sólo dejar, apartarse o desamparar sino poner en bando, es decir, poner a alguien a merced de cualquiera.

La etimología nos lleva a la noche más oscura de Iguala. Aún no llegamos a su problematización teórica, pero este *a-bandono* empieza a mostrar su potencial analítico. Por ejemplo, pocos días después de la tragedia de Iguala se instaló la discusión sobre la responsabilidad del Estado mexicano en la desaparición y asesinato de los normalistas de Ayotzinapa. Desde las páginas del diario *La Jornada*, Imanol Ordorika y Adolfo Gilly calificaron los hechos como un "crimen de Estado".[26] Voceros oficiales y oficiosos refutaron la interpretación a partir de varias líneas de defensa (fueron policías municipales quienes participaron, arguyeron; no existe una política sistemática de exterminio o represión por parte del Estado mexicano contra un colectivo determinado, complementaron).

Si se asume esta noción de *bando,* la discusión sobre la responsabilidad del Estado mexicano en los crímenes de Iguala modifica radicalmente sus términos: al margen de la responsabilidad jurídica, la noción de bando y, en el fondo, la tesis del estado de excepción como paradigma estructural de la soberanía política, exhibe que la forma de intervención del Estado mexicano -más allá de su participación por omisión o no- no es otra que la del *bando*, es decir, la de *a-bandonar* a los normalistas de Ayotzi-

---

[25] *Ibid.*, pp. 249-250.

[26] Imanol Ordorika y Adolfo Gilly, "Ayotzinapa, crimen de Estado", en *La Jornada*, México, 6 de octubre de 2014. http://www.jornada.unam.mx/ 2014/ 10/06/politica/007a1pol.

napa no a su suerte, sino de ponerlos a merced de corporaciones policiacas y organizaciones criminales, de colocarlos en un espacio de indeterminación respecto de la ley.

De la filología a la filosofía: Agamben sostiene que "El que ha sido puesto en bando no queda sencillamente fuera de la ley ni es indiferente a ésta, sino que es *abandonado* por ella, es decir que queda expuesto al peligro en el umbral de la vida y del derecho, exterior e interior se confunden".[27] No hay omisión ni indiferencia del Estado: *poner-en-bando* es el resultado topológico de la forma de la soberanía política -según hemos seguido la tesis de Agamben. "La relación originaria de la ley con la vida no es la aplicación, sino el Abandono".[28] Siendo así, el Estado mexicano *a-bandonó* a los normalistas de Ayotzinapa, es decir, los colocó a merced de una *banda*, en manos de *bandidos*.

3) *Nuda vida*

Descripción primera, pero del todo cabal y certera, Giorgio Agamben define la *nuda vida* como "la vida a quien cualquiera puede dar muerte sin cometer delito y sin ser sacrificable." Esa vida es la del *homo sacer,* una vida sagrada (*nuda vida*) colocada en una doble excepción, a saber, 1) jurídica, en tanto se ofrece a la violencia de cualquiera que puede darle muerte sin cometer delito; y 2*)* religiosa, por cuanto se le excluye del sacrificio, de ser consagrado a Dios; una vida sagrada pero insacrificable: expuesta a la muerte por cualquier, pero no consagrada a Dios.

El *homo sacer* es, pues, el resultado de la puesta *en bando*, es el habitante de ese espacio de excepción, de exclusión-inclusión estructural propia de la forma de soberanía. En palabras de Agamben: "Soberana es la esfera en que se puede matar sin cometer homicidio y sin celebrar un sacrificio; y sagrada, es decir, expuesta a que se le dé muerte, pero insacrificable, es la vida que ha quedado en esta esfera".[29] Esta singular topología permite entender, a las claras, los lugares del soberano y del *homo sacer*: "soberano es aquél con respecto al cual todos los hombres son

---

[27] G. Agamben, *Homo sacer…*, p. 44.
[28] *Idem.*
[29] *Ibid.*, p. 109.

potencialmente *hominis sacri,* y *homo sacer* es aquél con respecto al cual todos los hombres actúan como soberanos".[30]

En la Roma arcaica el *homo sacer* es el delincuente que por *plebiscitum* llega a ser tal, en el siglo XX lo es el judío de los campos de concentración y en este siglo lo es el musulmán de Guantánamo… pero no sólo, también lo han sido las víctimas de la ex Yugoslavia y la población civil palestina atrapada en los operativos militares de Israel. ¿Son los normalistas de Ayotzinapa una figura más de esta larga serie de *homo sacer*?

El estado de excepción es un espacio de exclusión, una estructura que aprehende, o mejor, produce *homo sacer*; una zona de indeterminación habitada por la *nuda vida.* ¿Es Iguala un estado de excepción donde se puede desaparecer a 43 normalistas y dar muerte a otros 6? El estado de excepción no es una zona de impunidad sino de no punibilidad ni imputabilidad en tanto no hay ilegalidad en dar muerte a ese sujeto *puesto en bando*. Iguala es la impunidad pero no sólo. Iguala es la excepción de la regla México, donde la cuenta macabra de desapariciones ya alcanza la cifra escalofriante de 23,270 -cifra al 31 de octubre de 2014, de acuerdo con el Registro Nacional de Datos de Personas Extraviadas o Desaparecidas.

En la última década México se ha vuelto una fosa común gigantesca donde se ocultan cadáveres a la vista de todos: el exterior se incluye en el interior; lo contiene, lo encierra, lo entierra. "Al 25 de septiembre de 2014, un día antes de los acontecimientos en Iguala, había en México 22 mil 268 desaparecidos".[31] Desagregados por sexenio, el paisaje es el siguiente: "12 mil 930 con Felipe Calderón y nueve mil 384 hasta la fecha con Peña Nieto, junto con 897 para los que no tenemos año o es un año previo a 2006. Con Calderón desaparecieron 5.9 personas cada día de su administración; con Peña Nieto han desaparecido 13.4 personas cada día".[32] En Argentina, por ejemplo, la Comisión Nacional sobre la Desaparición de Personas documentó casi nueve mil desapariciones durante la dictadura militar (1976-1983), cifra que años más tarde la Secretaría de Derechos Humanos elevó a 13 mil.

---

[30] *Ibid.*, p. 110.

[31] Véase José Merino, Jessica Zarkin y Eduardo Fierro, "Desaparecidos", en *Nexos*, núm. 445, México, enero de 2015, p. 11.

[32] *Ibid.*, p. 12.

Prácticamente un escenario de guerra, un estado de sitio o quizás de excepción... un espacio de indeterminación en el que la impunidad se acerca tanto a la no punibilidad y a la imputabilidad que tal parece ser el mensaje: sujetos expuestos a la muerte sin consecuencias para sus verdugos, vidas sagradas, pero no consagradas ni garantizadas por el poder soberano, *homo sacer*. ¿No dejan ver todas estas cifras de desapariciones y homicidios la figura del *homo sacer*? ¿No es, todavía de forma más conspicua, la idea que subyace en el pragmatismo con el que las autoridades, comunicadores y otros se refieren a las víctimas de la guerra *narca*, como vidas sin valor, que no merecen siquiera contarse o identificarse, mucho menos hacerles justicia, dar con sus asesinos?

Según la versión oficial, los normalistas fueron confundidos por enemigos de una *banda* rival, miembros de un cartel adversario y, en esos términos, sicarios contra sicarios, esos que el gobierno y franjas no menores de la sociedad dicen con ingenuo realismo, con perverso ingenuidad: si es entre ellos, que se maten. Vidas sagradas. Es como si esa confusión -normalistas que fueron tomados como miembros de la banda de los Rojos, por parte de Guerreros Unidos- lo explicara todo: si hubiera sido así -narcos contra narcos-, entonces no habría pasado nada, una estampa más del paisaje cotidiano, una expresión más del estado de excepción habitual.

III. Nuevos campos

Iguala no es la excepción que confirma la regla: "nunca se presentan acontecimientos como éste, salvo por excepción, y cuando lo hacen, se castigan"; tampoco en el sentido inverso, como lo han planteado quienes colocan los hechos de Ayotzinapa como una suerte de espejo del país. Más que lógica, desde una perspectiva topológica -como la que hemos pretendido seguir-, Iguala es la excepción en tanto condición de posibilidad de la regla: la creación de un espacio de indeterminación (político-jurídica), en el que es aprehendido/producido -como efecto de la propia estructura- el *homo sacer*. Más que una práctica sistémica del Estado mexicano (la represión contra estudiantes, su participación criminal por omisión...), se trata de la operación de la estructura de la soberanía.

En este preciso sentido, las tesis de Agamben permiten problematizar o de plano controvertir la hipótesis de Iguala como crisis de Estado. En un artículo ya citado y que recuperamos a guisa de ejemplo, se enuncia el planteamiento de la crisis de Estado: "En la matanza de estudiantes de Ayotzinapa la represión gubernamental contra una movilización social ha puesto también a su servicio la violencia del crimen organizado. Se trata de un crimen de Estado. La actitud omisa del Poder Ejecutivo federal y el autismo de la clase política en su conjunto le dan además la dimensión de una crisis de Estado".[33]

Sin duda, crisis, pero quizás más bien crisis política o de la clase política -en la medida en que debe responder a estos hechos- más que crisis de Estado, porque el Estado mexicano no habría entrado en crisis en relación con los normalistas de Ayotzinapa y los hechos violentos de Iguala; antes bien, habría respondido conforme la estructura de esa forma de soberanía que es el estado de excepción, que no es otra que la del *bando,* esa zona dc indeterminación en la que *a-bandona* al sujeto, lo coloca a merced de otro *bando*.

Como señalan algunas voces, Iguala es síntoma, pero no de crisis sino de la operación de la forma de la soberanía construida sobre el paradigma del estado de excepción. Es síntoma de un "nuevo campo", de esas formaciones sobre las que nos advierte Giorgio Agamben. Una normalidad excepcional, podría decirse, donde la frontera entre la excepcionalidad y la norma se diluye.

Nuevos campos que no son propiedad exclusiva de regímenes totalitarios ni de democracias con estados fallidos, como lo demuestra la historia reciente de Estados Unidos. No sólo nuevos campos, alerta Agamben, sino también "nuevas y más delirantes" definiciones normativas y formas del estado de excepción. Según hemos argumentado, Iguala es la viva expresión de uno de ellos.

[33] I. Ordorika y A. Gilly, art. cit.

Escuela Normal Rural/Entidad	Capacidad	Fundación	Costo diario*
Justo Sierra Méndez (Ags.)	400 (alumnas)	1937	$30
Justo Sierra Méndez (Camp.)	300 (alumnos)	1930	$50
Mactumaczá (Chis.)	240 (estudiantes)	1931	---
Ricardo Flores Magón (Chih.)	511 (alumnas)	1930	$40
José Guadalupe Aguilera (Dgo.)	400 (estudiantes)	1926	$40
Raúl Isidro Burgos (Gro.)	400 (estudiantes)	1926	$30
Miguel Hidalgo (Jal.)	530 (alumnos)	1936	$50
Lázaro Cárdenas (Edo. de Méx.)	550 (alumnos)	1927	$45
Vasco de Quiroga (Mich.)	150 (alumnos)	1922	$30
Emiliano Zapata (Mor.)	372 (alumnas)	1974	$40
Vanguardia (Oax.)	150 (alumnas)	1925	$25
Carmen Serdán (Pue.)	400 (alumnas)	1925	$30
Plutarco Elías Calles" (Son.)	252 (alumnas)	1931	$50
Lauro Aguirre (Tamps.)	212 (alumnos)	1976	$50
Benito Juárez (Tlax.)	342 (alumnas)	1931	$30
Matías Ramos Santos (Zac.)	500 (alumnos)	1933	$45

*Costo promedio diario.

FUENTE: Elaboración propia con base en: "Directorio Completo de las Escuelas Normales de la República Mexicana", Dirección General de Educación Superior para Profesionales de la Educación. Personal de las Normales Rurales, SEP, http://www.dgespe.sep.gob.mx/rs/ens/directorio/escuelas?page=7, 4 de marzo, 2015.

Bibliografía

Agamben, Giorgio. *Homo sacer. El poder soberano y la nuda vida*, tr. de Antonio Gimeno Cuspinera, Tecnos, Valencia, 1998.

Agamben, Giorgio. *Estado de excepción. Homo sacer 2. 1*, tr. de Flavia Costa e Ivana Costa, Adriana Hidalgo, Buenos Aires, 2004.

Aristóteles. *Poética*, tr. de Víctor García Yebra, Gredos, Madrid, 1992 (Biblioteca Románica Hispánica).

Colli, Giorgio. *El nacimiento de la filosofía*, tr. de Carlos Manzano, Tusquets, Barcelona, 2000 (*La nascita della filosofia*, Adelphi Edizioni, Milano, 1975).

Foucault, Michel. *Historia de la sexualidad. 1 La voluntad de saber*, tr. de Ulises Guiñazú, Siglo XXI, México, 2011.

Marx, Karl. *El dieciocho brumario de Luis Bonaparte*, Progreso, Moscú, s/f.

Pommier, Gérard. *La neurosis infantil del psicoanálisis*, tr. Nilda Prado, Nueva Visión, Buenos Aires, 1992.

Schmitt, Carl. "Teología Política I. Cuatro capítulos sobre la teoría de la soberanía", en Orestes Aguilar, Héctor (comp.). *Carl Schmitt teólogo de la política*, tr. de Angelika Scherp, FCE, México, 2001, pp. 19-62.

Schmitt, Carl. *La dictadura. Desde los comienzos del pensamiento moderno de la soberanía hasta la lucha de clases proletaria*, tr. de José Díaz García, Alianza, Madrid, 2007.

Téllez Pérez, Adriana. *Un panorama histórico del normalismo rural. El caso de "El Mexe": el conflicto estudiantil y político de 2003-2005*, Tesina de licenciatura, UAM, México, 2005.

Hemerografía

Cáceres, Elizabeth. "Peña Nieto ganará menos en 2015, pero ministros ganarán más", en *El Financiero*, México, 17 de noviembre de 2014. En http://www.elfinanciero.com.mx/economia/salarios-2015-ministros-suprema-corte-presidente-pena-nieto-diputados.html.

Camacho, Zósimo. "'Golpe de mano' contra el normalismo rural", en *Contralínea*, México, 30 de noviembre de 2014. En http://contralinea.info/archivo-revista/index.php/2014/11/30/golpe-de-mano-contra-el-normalismo-rural/.

Ducoing, Patricia. "Origen de la Escuela Normal Superior de México", en *Revista Historia de la Educación Latinoamericana*, vol. 6, núm. 6, México, 2004, pp. 41 y *ss*.

Flores, Linaloe R. "El plan para ahogar Ayotzinapa", en *Sin Embargo*, México, 19 de noviembre de 2014. En http://www.sinembargo.mx/19-11-2014/1171167.

Luna, Carmen. "Los 7 puestos del Gobierno que más ganarán en 2015", en *CNN Expansión* (en línea), 1 de octubre de 2014. En http://www.cnnexpansion.com/economia-insolita/2014/09/29/los-7-puestos-mejor-pagados-en-el-gobierno-federal.

Merino, José, Jessica Zarkin y Eduardo Fierro. "Desaparecidos", en *Nexos*, núm. 445, México, enero de 2015.

Ordorika, Imanol y Adolfo Gilly. "Ayotzinapa, crimen de Estado", en *La Jornada*, México, 6 de octubre, 2014. En http://www.jornada.unam.mx/2014/10/06/politica/007a1pol.

Ayotzinapa y la crisis de legitimidad institucional

Alejandro Nava Tovar

> *Without dignity our lives are only blinks of duration. But if we manage to lead a good life well, we create something more. We write a subscript to our mortality. We make our lives tiny diamonds in the cosmic sands.*
>
> Ronald Dworkin, *Justice for hedgehogs*, p. 423

> *En memoria de todos aquellos estudiantes que hicieron de sus vidas diamantes diminutos en las arenas cósmicas.*

Introducción

Este ensayo[1] pretende llevar a cabo una reflexión filosófica en torno a las consecuencias políticas, jurídicas y culturales del crimen de Iguala, surgidas a partir de mi indignación como ciudadano, más que como un académico ilustrado. Mientras que en algún otro momento me he dedicado a analizar la cuestión de la violencia estatal desde el punto de vista de la criminología y el derecho penal,[2] ahora pienso enfocarme más desde la filosofía política y jurídica. Para ello plantearé en un primer apartado el

---

[1] Agradezco a José Lira Rosiles, Carlos Manuel Morales y a Francisco Morales por sus comentarios críticos y observaciones hechos a la versión preliminar. También agradezco a José Roldán Xopa por sus conversaciones que de muy diversas maneras me han motivado a reflexionar un poco más en torno al *síndrome de Foucault*. Finalmente agradezco profundamente a Eber Betanzos por compartirme su visión de la racionalidad institucional y la lucha por una nueva cultura de la legalidad, la cual, por fortuna, comparto también.

[2] *Cfr*. Alejandro Nava, "Hacia una crítica del derecho penal del enemigo y de la criminología mediática: consecuencias locales de la actual política criminal global", en Victoria Borsò, Gustavo Leyva y Yasmin Temelli (eds.), *Democracia y violencia entre lo global y lo local. Demokratie und Gewalt zwischen dem Globalen und Lokalen*, Düsseldorf University Press, Düsseldorf, 2014, pp. 167-181.

escenario político y cultural provocado por este crimen; en un segundo apartado me enfocaré en la crisis social, el escepticismo e indignación de la ciudadanía frente a las autoridades y una crítica al relativismo moral, terminando así, en el tercer y último apartado, con una reflexión sobre el problema acerca de si es posible la autoridad del derecho en México después de este crimen.

1. "Vivos se los llevaron, vivos los queremos". El reclamo y la esfera pública

Los lamentables acontecimientos ocurridos a los estudiantes de la Escuela Normal Rural Raúl Isidro Burgos de Ayotzinapa durante la noche del 26 de septiembre y la madrugada del 27 de septiembre de 2014 en Iguala marcaron un punto de no retorno en la sociedad mexicana. No podría ser de otro modo. Aunque en México la violencia proveniente de las instituciones gubernamentales y de los poderes fácticos ha sido una constante en nuestra historia política y social, a tal grado que hemos aprendido a tolerarla mientras no nos afecte de modo directo, después de este hecho la sociedad tuvo una reacción de repudio en la esfera pública que pocos hubiesen imaginado.

A partir de esa fecha hemos presenciado toda una serie de movimientos sociales dentro y fuera de la ciudad de México -y muchos más en otros países- los cuales, al grito de "vivos se los llevaron, vivos los queremos", claman justicia, entendida como tal encontrar con vida a los jóvenes estudiantes y castigar a los responsables. Lo que más me sorprendió de este movimiento ha sido la multiplicidad de grupos sociales que han clamado justicia en la esfera pública por los jóvenes de Ayotzinapa. Durante estas exigencias de justicia he visto protestar desde el tradicional joven de izquierda proveniente de alguna universidad pública (identificable por su ropa, corte de cabello y consignas), pasando por el no tan joven militante de izquierda (también reconocible por las mismas características del primero), hasta la aparición de subjetividades que difícilmente pensaríamos que protestarían en las calles, al lado de los manifestantes habituales.

Durante los movimientos de protesta por Ayotzinapa ha sido frecuente ver la unión de importantes sectores de la sociedad civil en apoyo de esta reacción frente a estos crímenes. Dichos movimientos me han permitido, en calidad de participante y observador, ver protestar en las calles tanto a grupos tradicionales de este tipo de actos políticos, a los que me referí antes, como a gente de clase media y media-alta, quienes en buena medida se han caracterizado por su previa indiferencia, esto es, desde el activista implacable de las redes sociales, pasando por estudiantes de universidades orgullosamente "elitistas", consumidores de modos de vida supuestamente alternativos, hasta académicos superficiales. Es más, hasta los políticos se culpaban los unos a los otros por este crimen, al mismo tiempo que expresaban su indignación política en la esfera pública. Es decir, este acto de barbarie provocó una reacción de indignación y solidaridad hacia las víctimas y familiares que persiste hasta hoy.

No era para menos. En el caso de Ayotzinapa la sociedad civil logró unirse en buena medida para exigir en las calles la aparición con vida de los estudiantes y el castigo a los responsables del asesinato de otros de éstos. El reclamo de la sociedad civil, independientemente de las diferencias entre los grupos que protestan en las calles, suele ser el mismo: "vivos se los llevaron, vivos los queremos". Los efectos del reclamo social no se limitaron a exigirle a las autoridades su deber legal y moral de presentar con vida a los estudiantes, o de explicar qué pasó con ellos, sino que esta exigencia tuvo un efecto de irradiación hacia la crítica de los poderes mediáticos, los cuales suelen exponer una visión parcial de diversos conflictos políticos y sociales. Es decir, los poderes mediáticos tradicionales se vieron cuestionados profundamente por la sociedad civil, la cual hasta ahora ha encontrado en las redes sociales un medio de comunicación alternativo y, hasta cierto punto, libre en cuanto al flujo de información, aunque no así de objetividad plena. Sin duda, las redes sociales contribuyeron de manera decisiva a dar a conocer al mundo el crimen cometido en Guerrero, a tal grado que en algún momento hubiese sido imposible para las autoridades o los medios negarlo o minimizarlo.

La respuesta oficial del gobierno tampoco ha sido la que todos quisieran escuchar. La constante falta de credibilidad en las instituciones -a la que me referiré más adelante- y su respuesta tardía frente a los hechos han terminado por generar un ambiente de tensión social sin precedentes en la sociedad mexicana. Como puede verse, buena parte de la sociedad civil ha reaccionado de manera crítica frente al violento crimen. No obstante, esto me lleva a cuestionar qué efectos políticos y morales ha tenido y tendrá este crimen en la sociedad mexicana, así como reflexionar en torno a la crisis institucional por la que pasa el país a partir de tan terrible acto de violencia desnuda y pensar qué hacer para que el derecho pueda recuperar su autoridad legítima para bienestar de la sociedad misma, si es que aspira a ello todavía el poder político. Por ello es pertinente llevar a cabo ahora un ejercicio filosófico en torno al universo de significados producido desde que fuimos testigos del crimen hasta las últimas reflexiones que han surgido. Comenzaré primero con las consecuencias de éste.

2. El crimen de Iguala. Entre el *Homo Sacer* de Iguala, el *síndrome de Foucault* y cierta dosis necesaria de universalismo moral.

Comparto la opinión de Stanley Cohen respecto a que no es posible pensar el castigo sin la obra de Michel Foucault,[3] especialmente su *Vigilar y castigar. Nacimiento de la prisión*, si bien ésta debe ser vista como un estudio acerca del poder de normalización y la formación de saberes en la modernidad, de acuerdo con el mismo Foucault.[4] La obra comienza con uno de los relatos más explícitos en torno a una ejecución pública: la ejecución de Robert François Damiens, acusado de parricidio por intentar asesinar a Luis XV. La descripción de Foucault del suplicio de Damiens se ha vuelto una parte esencial del discurso crítico acerca de la sociedad disciplinaria,[5] y de la microfísica del poder, aun si la imagen de este ejercicio se reducía a la imaginación del lector.

Pues bien, inmediatamente después de saber que "algo había ocurrido" en el estado de Guerrero, apareció en diversos medios el rostro desollado de Julio César Mondragón, uno de los estudiantes que fueron víctimas de este acto criminal, y quien había emigrado a Ayotzinapa. La imagen de su rostro desollado apareció en diversas redes sociales. Lo que es peor de este asesinato es que tal vez Foucault hubiese preferido describir el suplicio de Damiens que el de Julio César. A diferencia del suplicio de Damiens, que podemos imaginar, el suplicio de Julio César pudimos verlo en

---

[3] Stanley Cohen, *Visions of social control: Crime, punishment and classification,* Cambridge University Press, Cambridge, 1985, p. 10.

[4] *Cfr.* Michel Foucault, *Vigilar y castigar. Nacimiento de la prisión,* Siglo XXI, México, 2013, p. 359.

[5] *Ibid.*, pp. 11-14.

diversas páginas virtuales, dejándonos muy poco a la imaginación en torno a la tortura que sufrió.

La imagen del rostro de Julio César ejemplifica con brutal claridad el rostro de la miseria y violencia humanas, así como el de la impotencia frente a la barbarie. Pero hay más: el rostro de Julio César también puede ser visto como el rostro del *homo sacer de Iguala*. El *homo sacer*, vale la pena recordarlo, es una figura antigua del derecho romano según la cual un sujeto acusado de algún delito puede ser asesinado por cualquiera, y ésta constituye el punto de partida de las reflexiones filosófico-políticas de la obra de Giorgio Agamben.[6] Las cuencas vacías de los ojos de Julio César, su quijada y dientes al descubierto -notablemente contraídos por el dolor- y la mayor parte del rostro descarnado exhiben así la *violencia conservadora* del poder de los grupos criminales sobre la *vida desnuda* de este estudiante.

El poder soberano de los grupos criminales y políticos en Iguala -el grado de complicidad con el gobierno es tal que es difícil saber con precisión cómo distinguir a un grupo del otro- mostró con el rostro de Julio César el ejercicio punitivo de quienes atenten contra sus intereses, llevándonos a pensar en un poder que va más allá de toda limitación jurídica y moral. Tal vez incluso a considerar que en algunos estados de la República mexicana existen poderes salvajes capaces de decidir sobre un *estado de excepción* (*Ausnahmezustand*)[7] *de facto* sobre la comunidad política. La respuesta tardía de las autoridades, junto con las imágenes brutales de estos acontecimientos y la falta de credibilidad en los medios de comunicación tradicionales contribuyeron a potenciar el *síndrome de Foucault* en la sociedad mexicana. Ahora bien, ¿en qué consiste este síndrome?

Confieso que no es tan sencillo definir el síndrome de Foucault sin considerar que de alguna manera no estoy haciéndole justicia al pensamiento de este singular filósofo. Después de todo Foucault describió con gran lucidez el poder disciplinario ejercido en un sinnúmero de instituciones modernas, las cuales forman parte del proyecto claustrofóbico del gran encierro. No obstante, algunas lecturas de Foucault han dado origen a este síndrome que

---

[6] *Cfr*. Giorgio Agamben, *Homo sacer. El poder soberano y la nuda vida*, Pre-Textos, Valencia, 1998.

[7] *Cfr*. Carl Schmitt, *Politische Theologie. Vier Kapitel zur Lehre von der Souveranität,* Duncker & Humblot, Berlín, 2004, p. 13.

permanece en nuestro imaginario social. Gracias a diversas pláticas que he tenido con Roldán Xopa, destacado colega del ámbito jurídico, he llegado a la conclusión de que este síndrome es parte fundamental en la comprensión de nuestra desconfianza institucional.

El síndrome de Foucault lo defino como una forma de pensamiento crítico según la cual detrás de toda forma jurídica, norma, funcionario gubernamental o institución legalmente establecida se encuentra una forma negativa y represiva de poder, el cual carece de fundamento legítimo y aspira a ejercer una función biopolítica de dominación sobre el cuerpo de los sujetos. Esta forma de pensamiento crítico suele basarse en cierta concepción filosófica sobre el poder estatal y tiene como referencia fáctica ciertas normas, funcionarios e instituciones que contribuyen a mostrar una imagen negativa de estos elementos del orden social, a tal grado que se vuelve incuestionable la falta de legitimidad de la dimensión autoritativa de las instituciones jurídicas y políticas de la sociedad. Este síndrome tiene, obviamente, fundamento en algunos textos y citas aisladas de Foucault y tiene la función de darle un fundamento a esta forma de pensar al Estado y sus instituciones.

A partir del crimen de Iguala este *síndrome de Foucault* ha acrecentado la falta de credibilidad en las instituciones y funcionarios que han participado en la investigación, a tal punto que hemos entrado en una grave crisis de legitimidad institucional que no ha pasado desapercibida para la sociedad civil mexicana y el ámbito internacional. Y es que ante algunas evidencias que muestran la complicidad de grupos criminales con policías y políticos, ¿cómo no considerar que vivimos en un narco-estado en el que la brutalidad y las medidas excepcionales se han vuelto la regla? ¿Cómo no pensar que las autoridades no van a darnos una respuesta objetiva a este crimen? ¿Cómo no creer que nuestras instituciones están irremediablemente podridas?

El crimen de Ayotzinapa ha tenido consecuencias políticas y morales de un costo acaso impagable para el gobierno mexicano. Al menos las actuaciones del poder judicial, los cuerpos policíacos y los encargados de las instituciones de impartición de justicia no han ayudado a disminuir los efectos de este síndrome, sino que parecen operar en la dirección contraria. Pero también este crimen nos ha mostrado algo rescatable: la racionalidad de la moral, expresada mediante la demanda de exigirle al gobierno el respeto a los derechos humanos y el respectivo castigo a quienes fueron responsables de tales actos criminales.

Con relación al problema de la moral rara vez son aceptados puntos intermedios, consensuales, es decir, o se acepta la universalidad y racionalidad de la moral o se afirma el relativismo o escepticismo morales. La primera postura reconoce la fundamentación de la moral. La segunda la rechaza tajantemente. También, la primera postura lleva a realizar juicios morales sobre lo que es correcto, debido o justo. La segunda lleva a abstenernos de hacer tales juicios, puesto que los valores son inconmensurables y no hay mejores formas de vida. Con frecuencia estas dos posturas están en conflicto hasta que sucede algún hecho trágico o lamentable que pone en duda el estado de *confort* del relativismo o escepticismo. Este fue el caso del crimen de Iguala, el cual, por momentos, me ha hecho pensar en la filosofía jurídica de Gustav Radbruch, quien antes de la Segunda Guerra Mundial era considerado un filósofo relativista -y no un positivista, como comúnmente se repite de forma irreflexiva-[8] para después dar un giro en su comprensión de la naturaleza del derecho.

Una de las consecuencias del crimen de Iguala fue el repudio pleno por parte de la sociedad civil mexicana, de la opinión pública internacional y de diversos organismos internacionales. Este repudio no solamente fue de tipo moral, sino que hubo una exigencia jurídica vinculada al respeto a los derechos humanos. El reclamo no fue hecho de modo exclusivo por el universalista moral. De hecho, tanto la ciudadanía en las redes sociales, académicos de las más diversas ideologías, como la ciudadanía en general, consideraron como extremadamente injusto lo ocurrido a los estudiantes de Guerrero. A pesar de que buena parte de la sociedad no está de acuerdo en torno a las actuaciones previas de los estudiantes normalistas, en esta ocasión sí consideraron que el crimen del que fueron víctimas fue, a toda luz, desmedido y extremadamente cruel. Es por ello que la sociedad apeló a los derechos humanos para condenar los hechos de los que fue enterándose.

---

[8] Sobre este malentendido remito a los siguientes trabajos de Stanley Paulson: "Ein ewiger Mythos: Gustav Radbruch als Rechtspositivist-Teil 1", en *Juristenzeitung*, núm. 3, 2008, pp. 105-114 y "Zur Kontinuität der nichtpositivistischen Rechtsphilosophie Gustav Radbruchs", en Stanley Paulson y Martin Borowski (eds.), *Die Natur des Rechts bei Gustav Radbruch*, Mohr Siebeck, Turinga, 2015, pp. 151-182.

Como puede verse, en este caso el crimen no fue relativizado, esto es, no fue minimizado ni por la sociedad mexicana, la opinión pública internacional, los medios de comunicación, los organismos internacionales o el gobierno mismo. Con esto no quiero decir que todos estén a favor de los derechos humanos y apoyen las causas por las que murieron estos estudiantes, sino que, al menos *públicamente*, todos los sujetos e instancias aludidas previamente no podían justificar estos crímenes cometidos contra los estudiantes. En este punto quedó claro que, siguiendo las reflexiones de Radbruch, una injusticia extrema no puede tener el carácter de derecho, ni tampoco de algo considerado moral.

Así como Radbruch consideró que el régimen nacionalsocialista perdió su carácter legal al establecer leyes extremadamente injustas,[9] rechazando en buena medida el relativismo que caracterizó su pensamiento previo a la Segunda Guerra Mundial, el crimen de Ayotzinapa también mostró que el universalismo moral, expresado mediante los derechos humanos, constituye una forma de rearme ético y jurídico frente a la injusticia extrema. En el caso de Ayotzinapa es evidente -salvo que seamos una especie de escépticos o cínicos morales- que se trató de un acto de violencia brutal que no podría tener justificación legal, moral o política alguna. Por ello puedo afirmar que este crimen mostró que el relativismo moral palidece frente a casos extremos de violación a los derechos fundamentales de las personas, como el de Ayotzinapa o los recientes actos terroristas ocurridos en Francia, si bien existen otras tragedias que al no contar con la fuerza de la opinión pública suelen quedar en el olvido. Después de todo, las tragedias o crímenes de lesa humanidad suelen proporcionarnos dosis necesarias de universalismo moral que incluso un crítico feroz de la moral incorporada en los derechos humanos debe aceptar. Esta dosis de universalismo moral, no obstante, por sí sola suele ser insuficiente. Es por ello que necesitamos exigir jurídicamente que los criminales responsables sean llamados a cuentas, para evitar así que los gritos de justicia terminen siendo olvidados o se queden en la mera indignación. En el siguiente apartado explicaré lo que, a mi parecer, nos deja este crimen ahora.

---

[9] Gustav Radbruch, *Rechtsphilosophie,* C. F. Müller, Heidelberg, 2003, p. 216.

3. *Lo que queda de Iguala.* La autoridad y la legitimidad del derecho después de Ayotzinapa

El filósofo del derecho Joseph Raz ha escrito una obra extensa en el marco de la filosofía moral, política y jurídica contemporáneas. De entre las diversas obras que ha publicado destaca *La autoridad del derecho. Ensayos sobre derecho y moral.* En esta obra Raz destaca el carácter autoritativo del derecho y en los últimos capítulos explica por qué no existe un deber de obedecer al derecho, aún si se trata de un derecho justo.[10] A pesar de no coincidir con la postura filosófica de Raz, el *positivismo jurídico excluyente*, considero que las reflexiones en torno a la autoridad del derecho me permiten llevar a cabo reflexiones iniciales sobre el estatus de la legitimidad de la autoridad del derecho después de Ayotzinapa.

Sobre este tema, de gran interés para la sociedad mexicana, me vienen a la mente dos preguntas ahora. La primera es la siguiente: ¿existe ahora una creencia general en la dimensión autoritativa del derecho en México? Es decir, ¿después de Ayotzinapa la autoridad política nos proporciona buenas razones para respetar al derecho? La segunda pregunta es la siguiente: ¿puede la autoridad política mexicana aspirar a un deber de respeto de los ciudadanos a las normas?

Sobre la primera pregunta seré breve. Actualmente la percepción sobre la autoridad está tan desgastada que puedo afirmar sin problema que la dimensión autoritativa del derecho está más cercana a una percepción autoritaria que a una legítima y democrática. El crimen de Ayotzinapa no hizo más que poner en evidencia la crisis del Estado derecho en México en sus tres niveles (los de la legitimidad, legalidad y efectividad), a los que volveré más adelante. Es por ello que las razones para respetar al derecho en México son más bien escasas e insuficientes ante la *escalation* de violencia, de la cual Ayotzinapa es una evidencia/testimonio más.

Sobre la segunda pregunta respondo lo siguiente: sí, por raro que parezca ahora, la autoridad política mexicana podría aspirar a un deber de respeto de los ciudadanos a sus normas, pero ello dependerá de lo que el Estado y la sociedad misma estén dispuestos a llevar a cabo en aras de otorgarle legitimidad y efectividad al

---

[10] *Cfr.* Joseph Raz, *The authority of law. Essays on law and morality,* Oxford University Press, Oxford, 2009, p. 233.

orden social vigente. Esta respuesta merece una explicación más amplia.

La crisis institucional actual ha encontrado en el crimen de Ayotzinapa su expresión más explícita, pero no es la única. Por desgracia, a diario se cometen hechos violentos, de los cuales algunos no llegan a conocerse o no tienen un impacto sensible en la sociedad mexicana;[11] no obstante, estos hechos contribuyen a erosionar la de por sí debilitada creencia en la legitimidad de las instituciones, a tal grado que la percepción de la sociedad acerca de la violencia, corrupción y prepotencia de las autoridades (policías, funcionarios administrativos, políticos, jueces, los miembros del poder ejecutivo) impide creer en el Estado de derecho y sus virtudes. Por esta razón presentaré de modo sintético una propuesta para atenuar la crisis de legitimidad actual. Esta propuesta, desarrollada en tres niveles referidos a la legitimidad, legalidad y efectividad del Estado de derecho, la presenté con mayor detalle en el capítulo noveno de mi obra dedicada a la filosofía del derecho no-positivista de Robert Alexy,[12] pero ahora sólo me referiré a algunos elementos que podrían servirnos para fundamentar la autoridad institucional del derecho después de Ayotzinapa.

3.1. La legitimidad institucional

Tal y como me referí con anterioridad al universalismo moral, la positivización de los derechos humanos constituye un requisito moral al que debe ajustarse toda legislación para ser considerada válida. Esto es, la legitimidad institucional se refiere a

---

[11] Puede pensarse, por ejemplo, en los asesinatos diarios de policías federales y demás miembros de las fuerzas policíacas y militares, ante los cuales la violencia ejercida en contra de ellos no es lamentada de la misma manera que la ejercida hacia la sociedad civil. El etiquetamiento negativo que sufren los policías, en armonía con las premisas del *labelling approach* estudiado por Becker, Goffman, Garfinkel, Lemert y otros, y promovida incluso por una parte de la sociedad civil supuestamente ilustrada (el sector estudiantil y académico) permite invisibilizar y hasta justificar la violencia que cotidianamente sufren.

[12] *Cfr.* Alejandro Nava, *La institucionalización de la razón. La filosofía del derecho de Robert Alexy*, Anthropos/UAM-Iztapalapa, México, 2015, pp. 306-320.

la *naturaleza ideal* de las instituciones, representada por la *pretensión de corrección*. La negación y violación de los derechos humanos y fundamentales no pueden ser toleradas en ningún Estado democrático y social de derecho. Si un Estado pretende tener legitimidad sobre sus ciudadanos, entonces debe tomarse en serio el contenido moral de sus normas, así como el actuar ético de sus autoridades. El tema de la responsabilidad y actuación de las autoridades gubernamentales debe someterse a una revisión crítica en la esfera pública, con el objetivo de exigir una mejor atención de las instituciones a los ciudadanos, ya que la arrogancia de la autoridad cada vez es menos tolerada por la sociedad civil.

Una de las lecciones de Ayotzinapa consiste en el repudio a todas aquellas autoridades que se muestren indolentes hacia las tragedias y crímenes que sufre la sociedad en el contexto de un Estado débil y sin una legitimidad sólida, esto es, un Estado en el que "la violencia militar y la paramilitar, la violencia criminal y la violencia política aparecen ahora entrelazadas y vinculadas a formas refinadas y de extrema crueldad en su empleo, su escenificación pública y su demostración cuasi-ritual en el marco de conflictos y encarnizadas luchas"[13] en las que muchas de las víctimas terminan siendo civiles. La legitimidad del Estado requiere de una reestructuración del principio de legalidad que sea compatible con los derechos humanos, en tanto estos derechos proveen de un contenido moral universal suficiente para dar cuenta de dicho criterio de legitimidad.

3.2. La legalidad institucional

Las normas institucionales no sólo necesitan de una *naturaleza ideal*, esto es, de la legitimidad, sino que necesitan establecerse mediante normas sustanciales y procedimentales para tener realidad. La legalidad institucional se refiere a la *naturaleza fáctica* de las normas de primer orden, esto es, a su *pretensión de positivización e interpretación*. Si la autoridad política aspira a que los ciudadanos respeten al derecho, entonces debe ser establecido conforme a lo que establezca un ordenamiento jurídico legítimo. Esto implica la necesidad de reconocer que el Estado requiere de

[13] Gustavo Leyva, "Filosofía, política y violencia", en Victoria Borsò, Gustavo Leyva y Yasmin Temelli (eds.), *op. cit.*, p. 47.

instituciones y normas correctamente establecidas para delimitar las funciones de la autoridad y hacerle saber al ciudadano qué derechos y obligaciones tiene al enfrentar a una ley o a un acto de autoridad.

Del mismo modo, de cara a la terrible crisis de violencia que ha vivido México en los últimos años, considero que la legalidad debe incorporar dispositivos jurídicos innovadores, tales como las comisiones de verdad o de esclarecimiento histórico, los programas administrativos o las vías judiciales de reparación, los lugares y prácticas de la memoria y las reformas normativas tendientes a construir la nueva institucionalidad.[14] Solamente de esta manera podríamos pensar en construir una nueva cultura de la legalidad, una nueva institucionalidad crítica.

3.3. La efectividad institucional

Como puede verse, la legitimidad y legalidad son dos elementos importantes para atenuar la crisis institucional en México. No obstante, por sí solas son insuficientes para llevar a cabo esta tarea. Por ello es necesario un tercer nivel, el de la efectividad institucional. El cuestionamiento sobre la efectividad institucional surge porque de poco sirve tener normas legítimas por su contenido y legalmente establecidas si no son efectivas ante los problemas sociales. Es decir, la efectividad institucional también está vinculada a la *naturaleza* de las normas, pero a un segundo nivel: el de la *aplicación de las normas* legítimas y legales. El crimen de Ayotzinapa pone al descubierto la carencia de la efectividad de las autoridades para aclarar los hechos y castigar a los responsables de este crimen, si bien esto tampoco es sencillo debido a las circunstancias del caso.[15] Lo que quiero destacar de

---

[14] Sobre estos dispositivos innovadores en el contexto de la justicia transicional me ha llamado bastante la atención el trabajo de Jesús Rodríguez. *Cfr.* su texto "En torno a la idea de responsabilidad política", en Jesús Rodríguez y Tatiana Rincón, *La justicia y las atrocidades del pasado. Teoría y análisis de la justicia transicional,* Porrúa/UAM-Iztapalapa, México, 2012, pp. 140 y 141.

[15] Debo mencionar que las características de este caso han hecho difícil su explicación científica, pero también esto está vinculado al *síndrome de Foucault*, presentada mediante la sospecha respecto a la actuación de las

esta dimensión es que un sistema jurídico que no es efectivo poseerá una legitimidad deficiente, incapaz de reaccionar frente a los conflictos políticos y sociales de la sociedad. Esto traerá como consecuencia que las razones de la ciudadanía para respetar al derecho tengan un reforzador empírico escaso y de poca ayuda para reconstruir la autoridad del derecho en México.

Después de presentar estos tres niveles parece claro que nuestro sistema jurídico y político no logra satisfacer los criterios de tales niveles lo cual, aunado a la desconfianza política, provoca que tengamos una crisis institucional preocupante. El crimen de Iguala/Ayotzinapa, en este contexto, sintetiza y ejemplifica lo que ha sido por años el desencanto de la ciudadanía frente a la capacidad de las instituciones de procesar los conflictos e impartir justicia, así como hacer explícita la indiferencia de la autoridad frente al dolor de las víctimas y de sus familiares. Después de presentar estos niveles me viene a la mente una pregunta escrita con un tono *a la Agamben:*[16] ¿qué es *lo que queda de Iguala*?

Para responder a esta pregunta puedo dar respuestas de grado, tanto en uno ingenuo, optimista, realista y pesimista. Las perspectivas ingenuas y pesimistas pertenecen a los niveles extremos, mientras que las perspectivas optimistas y realistas suelen estar más centradas. Mi respuesta a *lo que queda de Iguala* se encuentra en estas posturas más centradas.

Por una parte, desde la perspectiva realista, puedo afirmar que el gobierno buscará legitimarse mediante estrategias de políticas públicas y minimizará la crisis institucional ante la opinión internacional. Para ello no nos extrañará que incluso el discurso sobre los derechos humanos y fundamentales, la inclusión social y la creación de medios accesibles de justicia se vuelvan

---

autoridades y la idea generalizada de que siempre ocultan algo perverso, así como la percepción de que las autoridades han sido insensibles al momento de tratar con los familiares de los estudiantes y con los demás actores de esta exigencia social. De nueva cuenta, parece complicado salir de este círculo vicioso en torno a la corrupción, insensibilidad e ineficacia de las autoridades, por una parte, y, por la otra, a la falta de creencia de la sociedad civil mexicana en sus instituciones y gobernantes.

[16] *Cfr*. Giorgio Agamben, *Lo que queda de Auschwitz. El archivo y el testigo (Homo Sacer III),* Pre-textos, Valencia, 2010. Si bien no comparto la visión de la política de Agamben, en este contexto considero que la lectura de algunas de sus obras me permitió repensar la elaboración de este trabajo.

parte del lenguaje oficial. Mientras, en las calles, los reclamos sociales se mantendrán casi igual: en la siguiente marcha por Ayotzinapa el joven y no tan joven de izquierda seguirán ahí, exigiendo la aparición con vida de los estudiantes; algunos activistas de las redes sociales seguirán compartiendo imágenes en espera de ganar puntos morales (en forma de *likes*) y aprobación social frente a los demás; otros más, los que prestaron atención al crimen de Iguala por mera moda, se dejarán llevar por el siguiente *trending topic* puesto en boga en internet; algunos académicos podrán seguir felizmente con sus investigaciones irrelevantes y escogidas de manera estratégica, sin que nadie los presione a mostrar repudio genuino por este crimen; y los grupos políticos, que siempre nos provocan dolores de cabeza, continuarán culpando a los grupos opositores de este crimen sin cuestionar su complicidad por acción u omisión en la producción de instituciones humillantes, propias de una *sociedad indecente*, en el sentido de la obra de Avishai Margalit.[17]

Por otra parte, desde la perspectiva optimista, quiero pensar que este crimen nos abre la posibilidad de pensar en un nuevo comienzo para la legalidad, es decir, un nuevo comienzo para que la autoridad tome en serio los derechos humanos y la dignidad humana en México, esto es, un *Anfangen-Können* en el sentido de Hannah Arendt.[18] Para ello es necesario que este crimen sea esclarecido con todos los medios científicos disponibles, y sus autores sean castigados, esto es, que reciban su castigo tanto los autores ejecutores como los autores mediatos de este crimen,[19]

---

[17] Avishai Margalit, *The decent society*, Oxford University Press, Oxford, 1998.

[18] Hannah Arendt, *Denken ohne Geländer: Texte und Briefe* (compilación de Heidi Bohnet Klaus Stadler), Piper, Múnich/Zúrich, 2006, p. 85.

[19] Esta discusión podría explicarse mejor a la opinión pública si de alguna manera la lleváramos al terreno de la dogmática penal, para determinar si el Estado puede tener responsabilidad por este crimen, así como qué tipo de imputabilidad pueden tener todos aquellos vinculados con este acto de barbarie. Al menos, conceptos como el de autoría mediata, desarrollado por Claus Roxin, podría explicar por qué se le debe castigar a quienes sin llevar a cabo el acto de forma ejecutoria interpusieron a otro para llevar tal acto. Sobre el concepto de autoría mediata y su relación con el dominio de la voluntad en virtud de maquinarias o estructuras de poder organizadas (*Willensherrschaft Kraft organizatorischer Machtapparate*), *cfr.* Claus

pero, sobre todo, que este tipo de crímenes no vuelvan a suceder en ningún lugar de México. Del mismo modo, debemos procurar que el discurso sobre los derechos humanos, la democracia y la inclusión social se incorpore en buena medida en las prácticas institucionales para crear conciencia en torno a la ilegitimidad de la violencia, dejando de lado la mera retórica legitimante, sobre todo ahora que la opinión pública internacional castigará todavía más la imagen institucional de México. Pero, por otra parte, algún realista me dirá que la solución a entropía a la que todas las instituciones necesariamente llegan reside en un cierto tipo de seres humanos inexistentes. Es más, el realista me dirá que muy pronto el crimen de Iguala será olvidado y sólo unos pocos seguirán exigiendo justicia.

De hecho, de acuerdo con un comunicado de la Comandancia General del Ejército Zapatista de Liberación Nacional (EZLN), pronunciado por el Subcomandante Insurgente Moisés al terminar un acto en compañía de la caravana de familiares de desaparecidos y estudiantes de Ayotzinapa, de cien personas que ahora están con ellos al final solamente quedará "uno, una, **unoa**".[20] Al menos, si es que seguimos el diagnóstico emitido en dicho comunicado de la Comandancia General del EZLN, de todos aquellos que apoyaron el reclamo de justicia ante el acto criminal de Ayotzinapa sólo el uno por ciento de ellos seguirá a su lado, en el mismo camino, exigiendo que se haga justicia y que no vuelva a repetirse un acto como éste.

Tal vez el realista tenga razón. Tal vez muchas de las personas indignadas ahora tendrán otras cosas por las cuales protestar mañana. Tal vez otras seguirán otra tendencia mediática contrahegemónica. Sí, tal vez estos métodos catárticos pronto serán cenizas de indignación en las arenas cósmicas. Sin embargo, tenemos un compromiso moral con estos estudiantes y demás personas que han sido objeto de una violencia ilegítima. Después de todo, aunque coincidamos o no con sus formas de haber

---

Roxin, *Täterschaft und Taterherrschaft*, Walter de Gruyter, Berlín, 1999, p. 242.

[20] Véase, "Palabras de la Comandancia General del EZLN, en voz del Subcomandante Insurgente Moisés, al terminar el acto con la caravana de familiares de desaparecidos y estudiantes de Ayotzinapa, en el caracol de Oventik, el día 15 de noviembre del 2014". Disponible en http://enlace zapatista.ezln.org.mx.

protestado, estos chicos nos enseñaron algo: no podemos vivir en la indiferencia moral hacia el sufrimiento y violencia cometida hacia los otros. La dignidad humana requiere de personas con una *vita activa*, de personas dispuestas a luchar contra la violencia estatal y no estatal, como estos chicos, "quienes hicieron de sus vidas diamantes diminutos en las arenas cósmicas".[21]

Conclusiones

No ha sido fácil expresar mis reflexiones en esta obra colectiva en torno al crimen de Iguala. Son tantos tópicos que hubiese querido detallar que tal vez no considero suficiente este espacio para reflexionar con la atención que este crimen merece. Afortunadamente no es necesario prolongarla más. En esta obra -y en otras- seguro vendrán más y profundas reflexiones que invitarán al público lector a pensar sobre lo que pasó en Iguala y sus consecuencias para nuestra sociedad.

Finalmente, quisiera agregar que mis reflexiones y las de los demás autores no sólo deben mostrar un gesto más de indignación, esto es, otro acto más de corrección política, sino exigir que no quede impune este crimen grotesco. Quizá ahora es momento de exigirle a las autoridades que el Estado de derecho se realice y esforzarnos todos por mantenerlo, por el bien común. Dejar de lado al Estado de derecho y la legalidad en nombre de una indignación puramente emotiva significa permitir, por omisión, que más violencia desnuda sea ejercida contra quienes están indefensos ante los grupos criminales privados y aquellos que operan con los recursos mismos del gobierno. Tal vez esta sería acaso una de las formas más éticas, legales y efectivas para recordar a estos estudiantes, aunque no estoy seguro de que ellos habrían estado de acuerdo con ello. También es acaso una de las mejores estrategias para evitar otro Ayotzinapa. Por fortuna el presente libro -y estas reflexiones- constituye una forma genuina de honrar a estos jóvenes. Y es mejor así.

---

[21] Ronald Dworkin, *Justice for hedgehogs,* Harvard University Press, Cambridge, 2011, p. 423.

Bibliografía

Agamben, Giorgio. *Homo sacer. El poder soberano y la nuda vida*, tr. de Antonio Gimeno Cuspinera, Tecnos, Valencia, 1998.

Agamben, Giorgio. *Lo que queda de Auschwitz. El archivo y el testigo (Homo Sacer III)*, tr. de Antonio Gimeno Cuspinera, Pre-textos, Valencia, 2010.

Arendt, Hannah. *Denken ohne Geländer: Texte und Briefe,* compilación de Heidi Bohnet Klaus Stadler, Piper, Múnich/Zúrich, 2006.

Borsò, Victoria; Gustavo Leyva y Yasmin Temelli, (eds.). *Democracia y violencia entre lo global y lo local. Demokratie und Gewalt zwischen dem Globalen und Lokalen*, Düsseldorf University Press, Düsseldorf, 2014.

Cohen, Stanley. *Visions of social control: Crime, punishment and classification,* Cambridge University Press, Cambridge, 1985.

Dworkin, Ronald. *Justice for hedgehogs,* Harvard University Press, Cambridge, 2011.

Foucault, Michel. *Vigilar y castigar. Nacimiento de la prisión,* Siglo XXI, México, 2013.

Margalit, Avishai. *The decent society*, Oxford University Press, Oxford, 1998.

Nava, Alejandro. *La institucionalización de la razón. La filosofía del derecho de Robert Alexy*, Anthropos/UAM-Iztapalapa, México, 2015.

Radbruch, Gustav. *Rechtsphilosophie,* C. F. Müller, Heidelberg, 2003.

Raz, Joseph. *The authority of law. Essays on law and morality,* Oxford University Press, Oxford, 2009.

Rodríguez, Jesús. "En torno a la idea de responsabilidad política", en Rodríguez, Jesús y Tatiana Rincón. *La justicia y las atrocidades del pasado. Teoría y análisis de la justicia transicional*, Porrúa/UAM-Iztapalapa, México, 2012.

Roxin, Claus. *Täterschaft und Taterherrschaft*, Walter de Gruyter, Berlín, 1999.

Schmitt, Carl. *Politische Theologie. Vier Kapitel zur Lehre von der Souveranität*, Duncker & Humblot, Berlín, 2004.

Paulson, Stanley. "Ein ewiger Mythos: Gustav Radbruch als Rechtspositivist -Teil 1", en *Juristenzeitung*, núm. 3, Mohr Siebeck Verlag, Turinga, 2008.

Paulson, Stanley. "Zur Kontinuität der nichtpositivistischen Rechtsphilosophie Gustav Radbruchs", en Paulson, Stanley y Martin Borowski (eds.). *Die Natur des Rechts bei Gustav Radbruch*, Mohr Siebeck Verlag, Turinga, 2015.

Hemerografía

"Palabras de la Comandancia General del EZLN, en voz del Subcomandante Insurgente Moisés, al terminar el acto con la caravana de familiares de desaparecidos y estudiantes de Ayotzinapa, en el caracol de Oventik, el día 15 de noviembre del 2014". En http://enlace zapatista.ezln.org.mx.

La injusticia de Ayotzinapa, una consecuencia de las relaciones de poder en México

Yared Elguera Fernández

Siguiendo la dialéctica del pensamiento de Rainer Forst, este trabajo busca reflexionar sobre la justicia en nuestros días en relación con su "otro", es decir, en su relación con la injusticia, pues es imposible pensar la justicia desde sí misma. El problema de la justicia, tanto en México como en otros países, está íntimamente relacionado con la dominación que existe de ciertos grupos sociales sobre otros. En este sentido cuando hablamos de dominados, también estamos hablando implícitamente de los opresores. Para abordar la injusticia social hay que tomar en cuenta la estrecha relación de poder que hay de por medio, ya que existe un vínculo indisociable entre dominados y dominantes, porque no se puede hablar de víctimas sin personas responsables de dicha opresión. En el caso de Ayotzinapa podemos ver claramente la relación de poder entre dominados (personas sometidas a pobreza extrema, dentro de los cuales, están nuestros estudiantes de Ayotzinapa) y dominantes (grandes grupos delictivos relacionados con el narcotráfico, los caciques tradicionales de Guerrero, así como los miembros corruptos del gobierno municipal, el estatal y el federal).

Si bien este trabajo no pretende resolver el conflicto de Ayotzinapa, sí pretende colocarlo en un marco racional para tratar de entender el problema desde otra perspectiva. Es por ello que en este texto se pretende abordar el problema de los 43 desaparecidos desde la lupa de la teoría de la justicia y los derechos humanos, conceptos que pertenecen al ámbito de la filosofía política. En este contexto, tomaremos las distintas problemáticas que envuelven al país y que nos hacen pensar sobre la injusticia que nos rodea, sin dejar de lado la desaparición de los normalistas. Debemos ver que la tragedia de Ayotzinapa, que estremeció a millones de personas, no es un problema aislado dentro del país, sino parte de un conflicto más grande y más complejo.

¿Por qué pensar desde la perspectiva de una teoría de la justicia?

Para entender nuestro presente, la teoría de la justicia es una buena herramienta. Este trabajo se enfoca principalmente en la teoría de la justicia de Rainer Forst, la cual surge explícitamente para concebir las relaciones de poder en las sociedades modernas, cuando los principios de rectitud y del bien, que alguna vez mantuvieron el orden de la vida pública, se pierden. Es importante resaltar el valor que tiene una demanda ante los hechos de injusticia social. Por ello, para el autor la *demanda* a partir del reclamo discursivo es de suma importancia para transformar nuestras sociedades. Para hacer una demanda de justicia social se deben de establecer, por un lado, el *criterio de reciprocidad*, el cual hace referencia a realizar un reclamo normativo sin que nadie pueda imponer a otros las perspectivas, valoraciones e intereses propios, de tal manera que él o ella pueda hablar de una verdad más allá de la justificación a través de razones que puedan compartirse;[1] y por el otro lado el *criterio de generalidad*, mismo que hace referencia a las razones normativas válidas compatibles con todas las personas afectadas, tomando en cuenta sus intereses y derechos legítimos.[2] Bajo estas dos características, la justicia se vuelve una práctica de la justificación, es decir, una práctica discursiva que, a partir de razones adecuadas, lleva una determinada demanda particular, la cual tiene que transformarse en normas generales de justicia para un bienestar común.

En la teoría de la justicia, las prácticas discursivas tienen dos funciones: la primera designa condiciones para alcanzar un consenso legítimo; mientras que la segunda permite que los individuos emitan juicios sobre la "razonabilidad" de posturas y reclamos cuando hay desacuerdo. Pero, ¿qué pasa cuando queremos llevar la teoría a un ámbito práctico dentro de la sociedad? Tomando en cuenta que nuestro Estado mexicano en la actualidad pretende ser democrático y por ello busca contar con las instituciones necesarias para que se puedan realizar reclamos normativos por parte de los ciudadanos, deberíamos de contar con un sistema institucional adecuado para realizar las demandas de injusticia social que se nos

---

[1] Rainer Forst, *Justificación y crítica. Perspectivas de una teoría crítica de la política*, Katz, Buenos Aires, 2014, p. 65.

[2] *Idem.*

presentan día a día. Sin embargo, casos como el de Ayotzinapa nos muestran lo contrario. El manejo de dichas instituciones se ve afectado por las personas que trabajan en ellas, pues en su mayoría actúan bajo la figura de la corrupción, lo que lleva a una incompetencia institucional interna.[3] Es importante señalar que una teoría política no puede ir separada de la acción de los individuos, pues éstos son los que transforman la vida social de un Estado. En este sentido, podemos concluir que de nada sirven las instituciones si las personas que trabajan en ellas no cumplen con la función que les corresponde hacer.

Bajo la teoría de la justicia de Forst hay cierto énfasis en el concepto de "dominación", el cual nos permite dar cuenta de la arbitrariedad que existe en las relaciones entre opresores y oprimidos. A través de esta concepción de dominación se rechaza todo tipo de arbitrariedad por parte de los gobiernos hacia sus ciudadanos, pues tales arbitrariedades aparecen siempre injustificadas. Es por ello que, cuando los individuos de una sociedad se involucran en luchas contra la injusticia, prácticamente están combatiendo aquellas formas de dominación. De esta manera, su exigencia de justicia es ya en beneficio de una emancipación de las distintas relaciones de dominio. De aquí la importancia de la lucha social.

Para nuestro pensador alemán la justicia es virtud humana, moral y política, la cual impera al oponerse a relaciones arbitrarias de dominación.[4] Es por ello que el orden social justo se ve reflejado en aquellas sociedades en donde las personas, siendo libres e iguales, puedan dar su consentimiento a las relaciones, ya sean de gobierno o laborales, y no sólo su asentamiento dócil basado en procedimientos de justificación institucionalizados. En consecuen-

---

[3] Freedom House, organización que monitorea las democracias y libertades en el mundo, destaca la impunidad que existe en nuestro país, específicamente por la desaparición de los 43 estudiantes normalistas de Ayotzinapa. Señaló que este caso es "una atrocidad que puso de relieve la magnitud de la corrupción entre las autoridades locales y el medio ambiente de impunidad en el País." *Cfr.* http://aristeguinoticias.com/2901/mexico/ayotzinapa-una-atrocidad-que-puso-de-relieve-la-magnitud-de-la-corrupcion-freedom-house/.

[4] Los individuos que se encuentran bajo la figura de dominación son, según Rainer Forst, aquellos individuos que viven bajo reglas que no pueden justificarse, es decir, bajo aquellas relaciones que no pueden justificarse de manera racional.

cia, lo que está en juego en esta teoría de la justicia, son las normas establecidas en una estructura básica institucional que reclama validez, las cuales establecen todas las demandas de bienes, derechos y libertades justificadas recíprocamente de forma discursiva.

En países como México, donde la mayor parte de la sociedad civil no se involucra en los procesos, tanto políticos como laborales, por la gran manipulación que hay por parte de los pequeños grupos de poder, la mayoría de las personas aceptan lo establecido por figuras de autoridad. En este sentido resulta pertinente hacer referencia a la teoría gramsciana sobre la manipulación de las masas, y según la cual el hombre que se constituye a partir de sus distintas relaciones dentro de una sociedad, bajo ciertas condiciones, va a crear un pensamiento crítico, con el que puede llegar a salir de este estado de manipulación y pensar la realidad como se presenta, sin ideologías que le den otro aspecto a la realidad. La falta de participación de los ciudadanos en lo social y lo político puede explicarse por varios factores: por pasividad social, por tener intereses distintos al bien común o por miedo a la represión por parte de los gobiernos.[5]

Para Gramsci, el trabajo teórico puede llegar a influir en la vida de un pueblo en su cotidianidad, en tanto que las ideas forman el sentido común. Al respecto, el pensador italiano dice que: "El buen sentido o sentido común trata de modificar la opinión media de cierta sociedad, criticando, sugiriendo, corrigiendo, rejuveneciendo, introduciendo nuevos lugares comunes".[6] Es por ello que este pensador sostiene que la filosofía no debe disociarse de la política, en tanto que la elección de cierta concepción del mundo representa un acto político y afirma además que "el sentido común es el folklore de la filosofía y constituye el punto medio entre el folklore auténtico y la filosofía, la ciencia y la economía de los

---

[5] "Los regímenes autoritarios utilizan la desarticulación y represión para garantizar la exclusión política de actores políticos independientes. Pero para asegurar la estabilidad política y el orden social, los gobiernos implementan reformas en forma tardía y sesgada, políticas para aplacar a la población agraviada y, al mismo tiempo, borrar por completo las huellas de la movilización". Diana Margarita Favela Gavia, *Protesta y reforma en México. Interacción entre Estado y sociedad 1946-1997*, UNAM, México, 2006, p. 53.

[6] Antonio Gramsci, *Cuadernos de la cárcel*, t. I, Era, México, 1981, p. 139.

científicos".[7] Por consiguiente, cuando el grupo dominante quiere crear un nuevo consenso a través de la manipulación de la sociedad tiene que tomar a ciertas instituciones que transformen el *sentido común*[8] de la mayoría de las personas. Así, "la aceptación o repudio de una alternativa política reestructura el pensamiento".[9] Sin embargo, la manipulación no sólo pertenece a los grandes grupos de poder, pues cualquier persona puede crear las condiciones necesarias para que toda una sociedad se identifique con algún problema social. Es por ello que algunos dirigentes de movimientos sociales que se identifican y son identificados por los sentimientos de un pueblo pueden reorientar el sentido común de la sociedad.

Acorde con lo anterior, cabe señalar que es trabajo de la ciudadanía hacer que nuestras instituciones sean funcionales, pues sólo los individuos, a través de su acción, pueden llegar a cambiar las condiciones necesarias para que, tanto las instituciones como nuestra sociedad, puedan cambiar. Muchas personas podrían pensar que una demanda social se vuelve insuficiente para transformar nuestra realidad. Sin embargo, cabe destacar que dicha demanda no sólo se hace a través de marchas de grandes contingentes en las ciudades, ni de huelgas de hambre, ni de bombardear las redes sociales con frases e imágenes que manifiesten indignación, pues si bien son buenas para crear conciencia en otros ciudadanos que aún no la poseen, se vuelven insuficientes para cambiar las distintas situaciones de injusticia social en las que nos encontramos en este momento. En este sentido el individuo, o los individuos, son los únicos que pueden cambiar el rumbo de una sociedad a partir de la acción discursiva, siempre y cuando queden fuera de la manipulación mediante el dar razones en torno a la justicia de sus demandas.

---

[7] *Ibid.*, p.140.

[8] "El sentido común, dice Gramsci, es un nombre colectivo como "religión", no existe sólo un sentido común, pues también éste es un producto y un devenir histórico". José Antonio Paoli Bolio, "Hegemonía, sentido común y lenguaje", en *Comunicación y cultura en América Latina*, vol.10, México, 1983, p. 75.

[9] *Idem.*

La desigualdad económica y las relaciones de poder

El concepto de justicia, como otros conceptos políticos, se ha transformado a través de la historia. Es por ello que cuando hablamos de justicia antigua debemos de pensar en otro tipo de sociedad, pues esa concepción ya no puede caber en sociedades como las nuestras. Con respecto a lo anterior, conviene destacar la distinción que hace este filósofo alemán entre su concepción de justicia, pensando la problemática en la que estamos inmersos en la modernidad, y la justicia clásica, ya que esta última está vinculada a la idea antigua del *suum cuique*, que significa "a cada quien lo que le corresponde" o "a cada uno lo suyo". En este sentido, esta forma de pensar la justicia está vinculada con la justicia social distributiva que impide que podamos referirnos a una posible relación con la injusticia, o con las distintas relaciones de poder que puede haber dentro de una sociedad. De aquí que una concepción de justicia distributiva impide pensar la injusticia en las sociedades modernas con relaciones de poder.

Cuando se piensa en justicia, no podemos dejar fuera su otro lado, la injusticia, es por ello que los defensores de la igualdad tienen cierta dificultad al pensar la justicia desde sí misma. El problema con ellos es que no pueden ocuparse de la justicia como un valor absoluto, pues tienen que remitirse a la inequidad para poder hablar de igualdad, es decir, si se habla de igualdad es porque ya existe implícitamente la desigualdad, aunque no se haga mención explícita de ella. En este sentido, cuando se habla de la búsqueda de igualdad en México es porque hay una serie de problemas que atañen a todos los ámbitos y que afectan a la mayoría de la población mexicana. Dichos problemas son derivados de la desigualdad económica y social que padece el país. Tal situación no puede ser pasada por alto ni siquiera por los funcionarios del gobierno federal mexicano. Para dar un ejemplo de ello, a continuación se exponen las palabras del secretario de Economía Ildefonso Guajardo:

> Íbamos muy bien y en septiembre nos despertaron con un elemento que en el sistema de planeación no estaba al cien por ciento conceptualizado. Ese elemento no es una novedad, es un recordatorio que este país ha tenido un crecimiento desigual, que no es la primera vez que se apunta desde el punto de vista

de los analistas económicos, de la naturaleza de los dos México.[10]

Con tal nota, el secretario de Economía hace referencia a la gran desigualdad económica y social en México. En nuestro país como en otros, los individuos que se encuentran en pobreza extrema son los más vulnerables ante los diversos grupos de dominación. Es claro que nuestros estudiantes de Ayotzinapa no pertenecen a un grupo privilegiado en México y es así pertinente resaltar que la Escuela Rural de Ayotzinapa se encuentra en una situación realmente deplorable desde hace muchos años, tanto en sus instalaciones, como en la escasez que tienen de material para estudiar de manera normal. El presupuesto educativo que establece el gobierno federal ha ido disminuyendo a través del tiempo, ya que se cree que esta escuela es semillero de guerrilleros en el país, pues figuras importantes como Lucio Cabañas y Genaro Vázquez se formaron en ella. Bajo estas condiciones de precariedad los alumnos se ven forzados a realizar colectas en casetas, carreteras, en los pueblos y ciudades. Todo el dinero que se recolecta es destinado a material académico, alimentación y vestido; pues cabe destacar que esta escuela también es albergue para sus estudiantes. Así es como los alumnos de la Normal han enfrentado las condiciones indignas de vida y llevado con grandes esfuerzos su propia formación; sin embargo, dicha situación los lleva a permanecer en una situación de vulnerabilidad. La teoría de la justicia que nos propone Forst, a diferencia de otras, incita a la emancipación de las formas de dominación que producen condiciones "indignas" para la vida humana a través de discursos desde una perspectiva política con pretensión de universalidad, dentro de un marco institucional.

El problema de la gran desigualdad social y económica del país no es sólo cuestión de una mala distribución de la riqueza, sino de la dominación de un grupo sobre otro. En relación con esto nuestro autor alemán dice que: "Tener lo suficiente o recibir lo suficiente, no aborda lo esencial de la justicia, es decir, la prevención de la dominación social".[11] Acorde con lo anterior, no

---

[10] Agencias. "Ayotzinapa es un recordatorio sobre desigualdad: Guajardo", en *El Diario*, México, 20 de abril del 2015. http://diario.mx/Nacional/2015-01-09_78910b32/ayotzinapa-es-un-recordatorio-sobre-desigualdad-guajardo/.

[11] Rainer Forst, "Radical justice", en *Justification and critique: Towards a critical theory of politics*, Polity Press, Nueva York, 2014, p. 10.

hay que dejar de lado que el concepto de dominación es el principal elemento en su teoría de la justicia. Así pues, para mejorar las relaciones entre los seres humanos hay que rechazar otras teorías, como aquellas en las que la caridad es la solución a los problemas de desigualdad social. En este sentido, dar "bonos", "vales" o cualquier tipo de ayuda esporádica a las personas por parte de gobierno o de otros grupos sociales no soluciona el problema de desigualdad en México, ni en ninguna otra sociedad. Para borrar la desigualdad económica y social es preciso tomar medidas jurídicas que pongan un alto a las relaciones de dominación entre los distintos grupos. Los grandes monopolios necesitan tener un límite, pues la ganancia que los empresarios obtienen del trabajo de la gente es catastróficamente desigual. Forst sostiene que subir el salario no eliminaría por completo la dominación de unos sobre otros; y es por ello que se debe de pensar en una forma que borre toda clase de dominación en los ámbitos político, social y económico, lo cual se vuelve una tarea nada fácil para las sociedades de nuestros tiempos.

En relación con lo anterior, no se puede ver a la justicia simplemente como un instrumento que produce algo, en donde lo único que cuenta es el resultado y no el procedimiento, pues se estaría perdiendo de vista lo político de la justicia. Es por ello que el concepto de justicia va más allá de sólo encontrar resultados positivos de distribución equitativa, porque la justicia debe de ser un criterio que elimine aquella arbitrariedad en las relaciones humanas que llevan a la dominación y a la explotación. Pensar la justicia social en el ámbito económico de las escuelas rurales del país es pensar en esas razones que tiene el gobierno para mantener estas instituciones con tan pocos recursos, pues si se llegan a encontrar los motivos que tiene el gobierno mexicano para seguir con las mismas prácticas -las cuales dejan vulnerables a los estudiantes de las escuelas rurales-, es posible que se puedan encontrar soluciones convenientes para borrar esta relación de poder que los ha orillado a vivir situaciones como la desaparición de los 43 normalistas de Ayotzinapa.

No descartemos que la justicia es una cuestión de poder y no sólo un problema de asignación de bienes o de empatía. Esta concepción de poder está relacionada con la capacidad de justificación efectiva de los individuos, es decir, se relaciona con el poder discursivo, pues la demanda que tengan los individuos de una sociedad va a proporcionar justificaciones y desafíos a las falsas legitimaciones. A partir de ello se pretende cambiar la estructura de las leyes y mejorar las condiciones de vida humana. Para este pensador, el derecho a la justificación es el nivel más alto de la justicia que pueden tener los individuos en una sociedad, siempre y cuando la estructura política y social permita que la autonomía y la dignidad de los individuos estén sujetos a normas y estructuras que puedan justificarse ante todos. En este sentido, la dignidad es violentada cuando los individuos son considerados como simples receptores de bienes distribuidos y no como agentes independientes de justicia, ya que no se les toma en cuenta a la hora de decidir sobre su propio beneficio, creando entonces una imposición sobre su propio "bienestar".

La importancia de los derechos humanos para impartir justicia

Es importante resaltar que esta teoría de la justicia va hilada con el respeto de los derechos humanos. En las sociedades actuales, los derechos humanos buscan dar solución a los problemas sociales de dominación que producen indignación, como la desaparición de los 43 estudiantes de Ayotzinapa, pues éstos aparecen como armas en contra de aquellos que causan daño a otras personas. En este sentido, los derechos humanos aparecen como estándares de trato entre individuos. Samuel Moyn, en su libro *The last utopia*, realiza una historia conceptual y nos dice que a partir de los años setenta los derechos humanos tienen una implicación moral que surge de las crisis existentes entre la política y la moral dentro de las sociedades, lo cual permitió que los derechos humanos, incluso, pudieran aparecer como una crítica directa a la soberanía. Así, "el discurso específicamente moderno de los derechos humanos es una crítica de la represión del Estado".[12] Estos derechos reaparecen en el reclamo de los individuos que no quieren ser sometidos a ciertas acciones o normas institucionales que no estén bien justificadas. En ese sentido, las instituciones no gubernamentales relacionadas con la observancia del respeto a los derechos humanos necesariamente deberían velar por dar cuenta o dar visibilidad a estas demandas.

---

[12] Robin Blackburn, "Reivindicando los derechos humanos", en *New Left Review,* núm. 69, 2011, p.116.

En el caso concreto al que nos hemos referido a lo largo de este artículo, la Comisión Interamericana de Derechos Humanos (CIDH) ha participado activamente en todo el proceso de esclarecimiento de los 43 desaparecidos,[13] a partir de la exigencia social de justicia tanto en México como en diversos países del mundo. También la Comisión Nacional de los Derechos Humanos (CNDH) ha tenido gran interés en encontrar la verdad de los hechos y hacer justicia a la tragedia de Iguala. Así lo mencionó su presidente, Luis Raúl González Pérez, en el acto inaugural del foro "Comisiones de Verdad y Justicia: lecciones aprendidas para México post-Ayotzinapa":

> El caso de Iguala indigna y agravia a todo México. Las condiciones en que se genera y las características con las que se desarrolla hacen [...] que nadie pueda resignarse o mantenerse indiferente ante él. Nuestra sociedad demanda y tiene derecho a conocer la verdad de estos hechos, así como a exigir que se haga justicia [...] La tragedia de Iguala sacudió la conciencia de todas y todos los mexicanos [...] En este contexto, no hay una vía, mecanismo o esfuerzo que siendo lícito y pacífico pudiera descartarse de antemano si ofrece un camino para atender esta situación, coadyuvando a la plena vigencia de los derechos humanos en nuestro país. El respeto a la vida, a la integridad y a la seguridad son un compromiso común, en especial, quienes tenemos una responsabilidad institucional, estamos obligados a salvaguardar los derechos fundamentales, tal y como lo establece la Constitución Política de los Estados Unidos Mexicanos. Conocer la verdad, exigirla, acompañar el dolor y sufrimiento de las víctimas y sus familiares, pugnar porque se haga justicia, sin claudicar en esta empresa, es un compromiso de nuestra sociedad.[14]

---

[13] Así se informa en DPA, "Trata México con la ONU caso de normalistas de Ayotzinapa", en *La Jornada*, México, 12 de noviembre del 2014. http://www.jornada.unam.mx/ultimas/2014/11/12/trata-mexico-con-la-onu-caso-ayotzinapa-3250.html.

[14] El documento completo se encuentra en la página de la CNDH: http://www.cndh.org.mx/sites/all/fuentes/documentos/Discurso/20141125_0.pdf.

Es importante señalar así que es tarea de nosotros, como sociedad, exigir que se haga justicia por el caso de los 43 desaparecidos de Ayotzinapa. Dado que la justicia es una tarea humana que apunta a la dominación de unos sobre otros (no una tarea para los dioses) y conlleva así un mundo inmerso en las contingencias naturales e históricas, lo que pasó con los estudiantes es producto de las acciones de dichos grupos dominantes. Pero, ¿quiénes son los responsables de la desaparición y por qué lo hicieron? Es algo que tras meses de investigación científica nacional e internacional no se ha resuelto. En este sentido debemos descartar todo tipo de respuestas sobre el caso de Ayotzinapa que relacione a la suerte o cualquier otro agente ajeno a la dominación que existe sobre los estudiantes de todo el país, pero principalmente de esta escuela normal, desde hace varios sexenios. Ante las declaraciones realizadas por los distintos funcionarios públicos, no es extraño que el gobierno mexicano, hasta la fecha, nos dé una serie de respuestas falsas para tratar de "esclarecer" el caso, pues hay que asumir que los gobiernos, en general, tienen una forma arbitraria de actuar, fenómeno que no podemos dejar de lado pues es evidente que hay una clase que domina a otra dentro de las sociedades.

Siguiendo a este filósofo alemán, los derechos humanos son armas en contra de aquellos que causan daño a otros, pues éstos son estándares de trato para todos los individuos. La exigencia de la existencia de los derechos humanos surge del reclamo, el cual debe ser respetado y no ser sometido a ciertas acciones o normas institucionales que no estén bien fundamentadas o justificadas. Es por ello que los derechos humanos, para este pensador, abarcan tres dimensiones: la primera se refiere a la justificación de los derechos humanos como su propio fundamento; la segunda dimensión se refiere a las funciones legales y políticas de los derechos humanos que aparecen para que éstos sean efectivos tanto *procedimental*, como *sustancialmente*[15] -es importante resaltar que el autor entiende por *procedimental* a la forma de los derechos humanos que resalta la condición de que nadie puede ser sometido a un conjunto de derechos y deberes en los cuales no pueda participar como agente autónomo;[16] y como *sustancial* al hecho de formular derechos que expresen normas adecuadas de respeto

[15] Rainer Forst, *Justificación y crítica...*, p. 56.

[16] *Idem.*

mutuo, cuya violación no pueda ser justificada entre personas libres e iguales-[17]; la tercera dimensión nos habla de la manera de argumentar sobre los derechos humanos y no se trata de una concepción meramente *etnocentrista* en un sentido exclusivo, sino inclusivo, pues los derechos humanos van más allá de defender sólo a grupos étnicos. Forst nos dice que esta crítica "apoya el reclamo de una justificación adecuada que pueda ser legítima por los afectados".[18] De esta manera, los derechos humanos no sólo protegen la autonomía de las personas, sino también su expresión política.

Desde esta filosofía se concibe una teoría sobre los derechos humanos que necesita tener una organización independiente, con suficiente sustancia moral y que pueda basarse en la justificación. Es por ello que introduce la ética en su idea de los derechos humanos, la cual no está fundada en una concepción del bien, sino en una justificación basada en la justicia sin dejar de lado la moral, pues en su concepción de justicia la moral tiene una justificación neutral respecto a lo que es bueno o aquello que "vale la pena". En este sentido, podemos decir que el pensador alemán pone a la moral como base de los derechos cuando piensa al ser humano como un agente libre y activo políticamente que tiene derecho de justificación a partir de una buena argumentación. Forst interpreta el concepto de justificación de la siguiente manera: "la justificación en relación a la normatividad, es un concepto fundamental de la razón práctica y como práctica de la autonomía moral y política, como una práctica que implica el derecho moral a la justificación y que constituye el fundamento de los derechos humanos".[19] Cabe destacar que el argumento autónomo de un agente libre, con base en los derechos humanos, tiene que ser un argumento moral que pueda justificarse hábilmente y reclamar validez universal. De esta manera, los derechos humanos no son demandas inmediatas a ciertos "bienes" de fondo, sino una demanda a cierta posición social y política. Así, los derechos humanos aseguran la igualdad entre personas en la política o en el mundo social desde fundamentos morales que demandan respeto.

Según este autor alemán, la principal función de los derechos humanos está en garantizar y asegurar la igualdad entre personas a

---

[17] *Idem*.

[18] *Ibid*., p. 57.

[19] *Idem*.

partir del derecho a la justificación. Para ello, los derechos humanos toman un papel jurídico-político en la protección y fundamentación de la autonomía política, pues su justificación tiene que ser un valor universal y un "argumento reflexivo"; es decir, aquel argumento que parte de la moralidad también debe de reconstruirse a partir de las implicaciones normativas y prácticas. En este sentido, los derechos humanos también se convierten en un arma jurídica con la posibilidad de vetar cualquier justificación que falle el criterio de *reciprocidad* (hacer un reclamo normativo) y *generalidad* (razones normativas válidas compatibles con todas las personas afectadas, tomando en cuenta sus intereses y derechos legítimos), pues el argumento deja de ser reflexivo para convertirse en paternal.[20] Por lo tanto, el enfoque reflexivo que nos presenta este autor respecto a los derechos humanos logra plantear una exigencia a los individuos de construir argumentos lógicos que no permitan hacer falsas universalizaciones de lo que se defiende. Dicha postura va en contra de poner a los derechos humanos como un pensamiento etnocentrista, no por excluirlos de los derechos humanos, sino por incluirlos en éstos a partir de derechos que sean aplicables a todo individuo dentro de una sociedad.

Respecto al derecho internacional o a una intervención política, es importante señalar que tiene que seguir una lógica particular de los derechos humanos y no a la inversa, ya que los derechos humanos no sirven para limitar la soberanía interna, pero sí para otorgar cierta legitimidad a las naciones. De esta manera, los derechos humanos proporcionan las condiciones necesarias para que la organización de una estructura social y política básica funcione de manera correcta. Forst dice que "Para que las instituciones internacionales puedan intervenir en determinado Estado de derecho, que esté violentando los derechos humanos de sus ciudadanos, primero tienen que realizar una investigación para dar cuenta de motivos legítimos para negar a sus miembros libertades de igualdad o participación política".[21] En este sentido, se considera de suma importancia analizar la estructura social, económica, religiosa y política del Estado en donde el gobierno esté violentando a sus ciudadanos, antes de intervenir internacionalmente, pues la pluralidad de culturas no permite que se

---

[20] *Ibid.*, p. 65.

[21] Rainer Forst, "Radical justice", en *Justification and critique...*, p. 42.

apliquen los mismos criterios de derechos humanos para todos los Estados.

Para este filósofo, la base normativa que construye su concepción de derechos humanos radica en el derecho que posee toda persona a ser respetada como tal, la cual tiene el derecho moral de justificación de manera adecuada. Cuando este pensador nos habla de justificación dice que ésta "debe de estar libre de coerción y engaño y que debe de estar dentro de las estructuras jurídicas y políticas adecuadas".[22] El derecho básico a la justificación no sólo es el principio para una concepción de los derechos humanos, sino también una base de derechos de seguridad física, de libertad personal y de asegurar la misma condición social para todos. Para este pensador, los derechos humanos se materializan al mismo tiempo que se protege la condición de dignidad de las personas. Es por ello que los derechos humanos también tienen la capacidad de unificarse con el derecho ya establecido. En este sentido, los derechos humanos logran tener una aplicación institucional particular. Esta teoría de la justicia y de los derechos humanos, a diferencia de otras teorías, está enfocada a una aplicación de los mismos dentro de las instituciones políticas; no se queda en un mero ámbito moral, sino que se realiza un ejercicio discursivo dentro de procedimientos adecuados de justificación, los cuales llevan a la transformación de los derechos que atienden demandas de dominación dentro de las constituciones.

Cuando los derechos humanos se instalan en la Constitución de un Estado la cosa resulta más fácil, ya que el Estado tiene la obligación de proporcionar instituciones públicas y las condiciones necesarias para la participación ciudadana. En este sentido, la funcionalidad de los derechos humanos se puede ver reflejada en la organización de sus instituciones, para una participación real de la ciudadanía cuando se hacen reclamos de bienestar social. Sin embargo, cuando los derechos humanos se quieren aplicar desde instancias institucionales debe de realizarse con sumo cuidado. En este sentido "Toda regla de justicia transnacional es más compleja que los derechos humanos mismos, pues éstos implican numerosos aspectos de la vida política, económica, social, histórica y de justicia misma".[23] De aquí resulta que los derechos humanos tienen

---

[22] *Ibid.*, p. 63.

[23] *Ibid.*, p. 67.

una moral transnacional en tanto que "una violación de derechos humanos es una violación a las normas de la comunidad humana que creen que deben ser respetadas";[24] así como un sentido legal. Es por ello que cuando los gobiernos son los autores de delitos en contra de la sociedad civil son incapaces de defender a las víctimas. Bajo estas condiciones, la comunidad internacional está llamada a reaccionar moral y políticamente en contra de estos gobiernos.

La introducción de los derechos humanos en las constituciones implica la superación del contenido moral de las demandas, alcanzando así una forma jurídica. De ahí que el significado moral se transforma a un nivel jurídico-político con el fin de establecer instituciones internacionales creíbles para prevenir, juzgar, detener y sancionar violaciones a los derechos humanos. Esta es una de las aportaciones más importantes que Forst nos proporciona para pensar las sociedades modernas, pues podría establecer las bases para una homogeneización de justicia en muchos Estados. El significado moral que nos proporciona este autor, del cual carga su concepción de los derechos humanos, es otro constructivismo político que reclama codificar los derechos humanos nacional y transnacionalmente en un campo jurídico-político. Sobre lo anterior aún hay un gran trabajo por hacer; trabajo que corresponde a los ciudadanos como parte fundamental de auto-constitución del Estado.

El problema de la justicia no es un problema moral. Para este pensador, al establecer los derechos humanos en un ámbito jurídico cada miembro (en un contexto de justicia) tiene el derecho fundamental de justificación: es decir, de dar razones adecuadas, a través de un discurso, que lleven tal o cual demanda a transformarse en normas de justicia, mismas que son de carácter universal y son aplicables en casos específicos. Con ello se puede garantizar un bienestar común. El derecho de justificación debe ser un requisito universal y la igualdad moral para proporcionar las bases y así reclamar una justicia política y social de mayor alcance. De esta manera debe de entenderse que los requisitos de la justicia no son meramente actos morales de asistencia, sino que son actos obligatorios dentro de un sistema social para mejorar las condiciones de vida social. En este sentido, la demanda social de los 43 desaparecidos debe de ir más allá de la mera empatía hacia los

---

[24] *Ibid.*, p. 68.

padres o estudiantes afectados,[25] pues el problema es más grande y más complejo. Con ello no quiero descalificar la empatía que ha surgido en el pueblo mexicano y en el extranjero con los afectados de esta comunidad guerrerense, pues lo que se pretende aquí es apuntar a que la demanda social debe de trascender y transformarse en una demanda de justicia social desde un ámbito jurídico y político en los términos de este filósofo alemán, para que se formen leyes que planten las bases para desaparecer las condiciones sociales, económicas y políticas que hace que en México surjan desapariciones y muertes en el día a día.

Para el filósofo alemán existen dos tipos de justicia: la primera es la justicia fundamental, la cual es la construcción básica de la justificación -pues asegura a todos los ciudadanos un estado de igualdad con oportunidades para participar y ejercer influencia, de manera discursiva, en función de las condiciones necesarias de oportunidades de justificación, en este caso se refiere a la demanda y construcción de instituciones que den pauta para construir espacios de diálogo con la ciudadanía-;[26] la segunda es la justicia completa, la cual se construye a partir de una estructura básica justificada que emane de la justicia fundamental.[27]Algunos ejemplos de este tipo de justicia los encontramos en bienes como la salud, el trabajo, el ocio, etc., los cuales se distribuyen a partir de la primera justicia. En México, como en muchos otros países, hay que ocuparse en un primer momento de construir las bases de una justicia fundamental, pues sin ella no tenemos la base para poder llegar a una justicia completa.

---

[25] La mera empatía no basta ya no digamos para otorgar justicia, a veces ni siquiera para dar cuenta de una demanda de justicia; léase el siguiente pasaje para comprobarlo: "El candidato a la diputación local del distrito 22 por Movimiento Ciudadano (MC) Roberto Salazar expresó su empatía con los padres de los normalistas desaparecidos de Ayotzinapa y con los familiares de los asesinados en septiembre de 2014. "Siempre hay que lanzar esa solidaridad hacia las víctimas del caso Iguala. Hay que ponernos en sus zapatos, entenderlos, comprenderlos y apoyar muchas respuestas que no han encontrado", agregó": Raymundo Contenido Ruiz Avilés. "La democracia es el único camino, dice abanderado de MC en Taxco", en *La Jornada Guerrero*, Guerrero, 6 de abril del 2015. http://www.lajornadaguerrero.com.mx/2015/04/06/index.php?section=politica&article=005n2pol.

[26] Rainer Forst, "Radical justice", en *Justification and critique*..., p. 115.

[27] *Idem*.

Conclusiones

Para concluir, podemos decir que los derechos humanos son normas esenciales y fundamentales de la legitimidad de un orden social y político, los cuales tienen que ser atendidos de manera horizontal, de reconocimiento mutuo y de protección jurídica y política. De esta manera, con los derechos humanos los individuos tienen el derecho a participar en su sociedad como agentes políticos y autónomos de justificación para combatir las relaciones de poder en las que se encuentran inmersos y construir una mejor forma de vida social. Los derechos humanos no son bienes recibidos de una autoridad mayor, ni medios para lograr o disfrutar de ciertos bienes, tampoco se identifican como evaluadores de estructuras sociales desde el exterior, hablando de un ámbito internacional. Son más bien logros autónomos que otorgan a los individuos poder social y político, en un sentido de *poder normativo*, para determinar sus condiciones de la vida social y política. Además de que se han instituido como expresiones de respeto recíproco entre personas.

Si asumimos que en México existen las instituciones necesarias para aclarar cualquier tipo de delitos y, todavía más, se cuenta con el apoyo de personas especializadas del extranjero para aclarar el caso de los 43 estudiantes desaparecidos, ¿cómo es posible que no se haya aclarado el caso?, ¿qué es lo que impide su pronta aclaración?, ¿quiénes son realmente todos los involucrados? Y ¿por qué las autoridades han aceptado y comunicado una serie de conclusiones que han resultado insostenibles para la comunidad científica y la sociedad en general? Es claro que algo está fallando aquí. Pero más allá de lamentarse, lo que una teoría de la justicia como ésta nos señala es que es nuestra responsabilidad, en tanto ciudadanos, el demandar justicia ante los crímenes producidos por las prácticas cotidianas de los grupos que ejercen el poder de manera opresiva, pues sólo nosotros podemos transformar nuestra sociedad a través de la acción social y política.

Bibliografía

Favela Gavia, Diana Margarita. *Protesta y reforma en México. Interacción entre Estado y sociedad 1946-1997*, UNAM, México, 2006.

Forst, Rainer. *The right to justification. Elements of a constructivist theory of justice,* tr. de Jeffrey Flynn, Columbia University Press, Nueva York, 2012.

Forst, Rainer. *Justification and critique: Towards a critical theory of politics*, tr. de Ciaran Cronin, Polity Press, Nueva York, 2014.

Forst, Rainer. *Justificación y crítica. Perspectivas de una teoría crítica de la política*, tr. de Graciela Calderón, Katz, Buenos Aires, 2014.

Gramsci, Antonio. *Cuadernos de la cárcel*, tomo I, tr. de Ana María Palos, Era, México,1981.

Meoyn, Samuel. *The last utopia: Human rights in history*, President and Fellows of Harvard College, Massachusetts, 2010.

Hemerografía

Agencias. "Ayotzinapa es un recordatorio sobre desigualdad: Guajardo", en *El Diario*, México, 20 de abril del 2015. En http://diario.mx/Nacio nal/2015-0-0978910b32/ayotzinapa-es-un-recordatorio-sobre-desigualdad-guajardo/.

Blackburn, Robin. "Reivindicando los derechos humanos", en *New Left Review*, núm. 69, 2011, pp. 115-127.

Carrasco Barranco, Matilde. "James Griffin y las ambiciones de la ética filosófica", en *Telos. Revista Iberoamericana de Estudios Utilitaristas*. Universidad de Granada, Granada, 2001, pp. 27-41.

DPA. "Trata México con la ONU caso de normalistas de Ayotzinapa", en *La Jornada*, México, 12 de noviembre del 2014. En http://www.jornada. unam. mx/ultimas/2014/11/12/trata-mexico-con-la-onu-caso-ayotzinapa-3250.html.

Herrera Noguera, Mónica y Aníbal Corti. "Solidaridad y derechos económicos y sociales", en *Actio. Revista del Departamento de Filosofía de la Práctica,* núm. 22, Universidad de la República, Uruguay, 2004.

Ovalle Hernández, Víctor Manuel. "Los hechos que sacudieron a México. La revolución de Ayotzinapa", en *Rebelión*, portal digital, México, 29 de diciembre del 2014. En http://www.rebelion.org/noticia. php?id=193730.

Paoli Bolio, José Antonio. "Hegemonía, sentido común y lenguaje", en *Comunicación y cultura en América Latina*, vol.10, México, 1983, pp. 75-83,

Redacción. "Ayotzinapa, «una atrocidad que puso de relieve la magnitud de la corrupción»: Freedom House", en Aristegui Noticias, México, 29 de enero de 2015. En http://aristeguinoticias.com/2901/mexico/ayotzinapa-una-atroci dad-que-puso-de-relieve-la-magnitud-de-la-corrupcion-freedom-house/.

Ruiz Avilés, Raymundo Contenido. "La democracia es el único camino, dice abanderado de MC en Taxco", en *La Jornada Guerrero*, Guerrero, 6 de abril del 2015. En http://www.lajornadaguerrero.com.mx/2015/04/06/ index.php ?section=politica&article=005n2pol.

México y la gente sin historia

Zaida Olvera Granados

Parafraseando el título del famoso libro del antropólogo Eric R. Wolf podemos afirmar que entre la historia de México y las historias de sus poblaciones existe un abismo. Nuestra reflexión no tiene que ver con el trabajo antropológico de Wolf, aunque su conocida contraposición entre, por un lado, un tejido de interconexiones e intercambios culturales y, por otro, la historiografía europea que ha impuesto categorías demasiado artificiales para narrar historias en una única dimensión, es sugestiva ya que también plantea la desproporcionada disparidad entre el carácter absoluto de una historia que pretende imponerse sobre acontecimientos múltiples, variados y, sobre todo, violentos. La historia con pretensiones absolutas borra el testimonio de sobrevivientes o de familiares de víctimas de un presumible acto de violencia cometido por parte de un Estado.

La gran distancia que existe entre la historia oficial en México y la sociedad civil se expresa en el hecho de que mientras México cuenta con una historia oficial y la celebra *ad nauseam* en desfiles, días feriados, monumentos, etc., acontecimientos de una violencia incontrolable, ejercida impunemente por el Estado mexicano, asolan a muchos sectores de la población. La población es, con frecuencia, despojada de su historia mediante estrategias de olvido-silencio, indiferencia o negación.

Sería bueno preguntarnos por esa grieta entre la historia oficial y las versiones que se le contraponen; preguntarnos por los rasgos de esa memoria que trabaja al servicio de la historia que se crea detrás de las paredes desvaídas de procuradurías de justicia corruptas y que termina por convertirse en la historia oficial, y por la memoria que salvaguarda el testimonio de las víctimas. Esas preguntas ¿no serían acaso perentorias? Ayotzinapa insiste sobre esa interrogación.

Tomamos el caso de Ayotzinapa como un caso paradigmático. Al hacerlo no pretendemos hacer a un lado casos de horror específico, sino englobarlos partiendo de un punto en común entre todos ellos: el grado de violencia ejercida verticalmente por el

Estado mexicano. Estos casos similares van desde masacres de pueblos indígenas –cuya práctica se remonta a los albores de la joven República Mexicana- hasta otros Ayotzinapa, previos al Ayotzinapa de 2014.[1] Así, a pesar de su especificidad Ayotzinapa representa el problema de dos tipos de historia y de los dos tipos de memoria que las sostienen respectivamente.

1. Estrategias de olvido y "verdad histórica"

La versión oficial que en su momento ofreció la PGR con respecto a la desaparición de los 43 estudiantes de la Normal Rural Isidro Burgos, de Ayotzinapa, parece ser el resultado exigido de manera perentoria para enmendar un primer y muy grave error por parte del presidente Enrique Peña Nieto, el cual consistió en querer primero simplemente negar y después minimizar, mediante su violenta indiferencia, que una masacre y desaparición masiva de estudiantes de una escuela normal rural hubiera tenido lugar en Iguala. Y aún las declaraciones a las que se vio forzado no dejaron de simbolizar el ejercicio casi automático al que se entrega un gobierno autoritario y discriminatorio, ya que situó el lugar de los crímenes en una entidad inexistente (pues en un equívoco el Ejecutivo señaló que Iguala no es un Estado, como afirmó, sino un municipio del estado de Guerrero). Dejando de lado que ello también pone al descubierto la vergonzante ignorancia y falta de inteligencia política del servidor público, no podemos perder de vista que todo lo anterior indica una actitud negacionista. El concepto de negacionismo implica una postura política y ética que, como se indica claramente en el nombre, niega que un evento como un asesinato masivo, desapariciones forzadas o genocidios hayan tenido lugar, a pesar de que existen elementos de peso (como testimonios de víctimas o un fuerte consenso entre estudiosos) que indican que se trata de crímenes de lesa humanidad.[2] No

---

[1] En 2011, durante una manifestación por parte de estudiantes de la misma escuela rural algunos de ellos fueron asesinados. El caso se resolvió, pero después de un año de encarcelamiento los responsables quedaron en libertad. Véase Sully Martínez, "Impunidad se impone a dos años de Ayotzinapa", en *Novedades Acapulco*, Acapulco, 19 de diciembre de 2013.

[2] Smith afirma: "There is also another issue that should be considered: the family resemblances between other acts that sometimes overlap with denial. I

creemos devaluar el peso de dicho concepto al aplicarlo a la actitud tanto del Presidente mexicano como a la de su administración, sin olvidar que el mismo concepto debería ser aplicado también a la indiferencia y permisividad histórica con la que el gobierno mexicano, desde los inicios de la República, se ha comportado respecto de los abusos cometidos contra los pueblos indígenas y con los sectores más pobres de la sociedad. La justificación que encontramos para usar dicho término tiene que ver, como decíamos al principio, con el contraste entre la historia oficial y la historia no difundida ni celebrada en el país y que incluso es deliberadamente relegada al olvido.

Es necesario establecer una diferencia entre una actitud negacionista (como la que le atribuimos al actual Presidente y a su administración) y un acto negacionista. El acto negacionista es absoluto y sin ambages mientras que la actitud negacionista por parte de un gobierno se refiere a la adopción de una postura ambigua que, a pesar de reconocer que un evento violento tuvo lugar, demuestra, al mismo tiempo, una indiferencia radical al respecto y una voluntad de olvido. El olvido que se quiere imponer es precisamente un olvido artificial que, como ahondaremos más adelante, impide que la sociedad lleve a cabo un duelo de los eventos dramáticos.

La memoria que practica el Estado en complicidad con los medios de comunicación se practica, paradójicamente, no sólo olvidando, minimizando o calumniando[3] a las víctimas sino, además, transportando los hechos admitidos a medias, a "no

---

have identified several of these, but you may be able to find others as well. On my list, the most important ones are erosion of memory, non-recognition, and indifference". Consideramos que estos actos no sólo se traslapan con la negación sino que todo ello *es* ya parte de una actitud negacionista. Roger W. Smith, "Genocide denial and prevention", en *Genocide Studies International*, UTP Journals, Toronto, 2014, p. 103.

[3] Como el caso de la columna de Luis González de Alba titulada "¡Yo también quiero ir a Ginebra!" (*Milenio*, 6 de febrero de 2015, en línea). Allí el autor afirmó, con un razonamiento reaccionario, profundamente discriminatorio, que los padres de los normalistas de Ayotzinapa siguen en pie de lucha no para exigir, como todo ciudadano tiene derecho a hacerlo, que sus familiares sean encontrados, ni para protestar contra la impunidad de un gobierno que hace posible este tipo de tragedias, sino para no ir a trabajar a la milpa y para poder viajar por México en autobuses de lujo y en avión a Suiza...

lugares". Este olvido geográfico, que no sólo se expresa en la ignorancia del Presidente, es proporcional al rezago económico al que ciertos lugares del país son condenados.

Ahora bien, la altamente probable fabricación del "caso Ayotzinapa", orquestada por el ex procurador general de la República, el señor Jesús Murillo Karam, tuvo lugar después de que fue imposible seguir minimizando el caso. Sin embargo, y como no es de sorprender, la investigación judicial siguió contando con rasgos que encubrían una voluntad de minimización de los eventos. La prueba más evidente de esta actitud la otorga el acto de emplazar a las víctimas dentro de un ya conocido discurso en donde se las culpabiliza. Siguiendo esta línea narrativa se ha justificado, en el trasfondo del texto oficial, su suerte. De esta manera, la violencia ejercida sobre ellas se concibe como un castigo merecido, derivado de su descarrío de las normas de convivencia civil.

Ahora bien, el despliegue de esfuerzos, por parte del gobierno, por designar a los culpables y la atención mediática que dicho esfuerzo recibió, contrasta con la lenta implementación de un plan para encontrar con vida a los civiles desaparecidos. El Estado ha invertido todo su esfuerzo y los recursos públicos correspondientes en protegerse construyendo culpables en lugar de intentar encontrar a sus ciudadanos desaparecidos.

Lo que acabamos de describir aquí como la minimización de los hechos, y la criminalización de las víctimas, conforman una estrategia seguida por el Estado mexicano en ocasiones anteriores[4] y demuestra su actitud negacionista. Esta misma estrategia obedece a la lógica de encubrimiento y autoprotección que siguen los Estados criminales, acusados de perpetrar y luego encubrir hasta finalmente negar crímenes de lesa humanidad.

[4] Como el célebre discurso en donde, después de un relativo silencio, el presidente Ernesto Zedillo explicó la matanza de Acteal en términos que hacían pensar que el motivo de dicha matanza era las rencillas entre comunidades indígenas y no, como se ha probado, un ataque de grupos paramilitares en connivencia con el ejército. Ver el documental "El genocida invisible: Ernesto Zedillo/Acteal Estrategia de muerte" publicado el 7 de septiembre de 2012 en Aristegui Noticias, realizado por Canal 6 de julio. https://www.youtube.com/watch?v=bnIkVLN3K6k.

La "verdad histórica" como último recurso

Considerar que una verdad rebasa su carácter heurístico, que existe y que además sólo la detenta la parte acusadora, la víctima, es una ingenuidad que el derecho está lejos de permitirse. Por ello se llevan a cabo investigaciones en apego a leyes que buscan restituir a cada una de las partes -acusado y acusador- su responsabilidad, construyendo así una verdad *jurídica.*

Somos, por supuesto, incapaces de determinar una verdad jurídica a menos que seamos jueces y ejerzamos esa función pública dentro de un Estado, lo que no es el caso de quien escribe el presente texto. Sin embargo, es posible afirmar, aún sin ser jueces en el sentido antes descrito, que la versión oficial del caso Ayotzinapa es ilegal. Lo que la mina desde su interior es, sobre todo, el que, al ser el acusado el Estado mismo, éste sea quien se investigue y quien pretenda proveer una versión neutral de un caso en donde ha sido señalado varias veces como el agresor. La desconfianza ante la versión oficial que existió en su día con respecto al caso de Ayotzinapa no sólo se basa en esta ya de por sí clara muestra de ilegalidad. Tampoco tiene que ver con una sensación o una intuición, ni siquiera con la posibilidad de probar ahora mismo que la versión de las víctimas es la verdadera y que la verdad objetiva que corresponde a la situación se encuentra, sin lugar a dudas, en los testimonios de las víctimas de los ataques por parte de la maquinaria represiva del Estado.

Lo que contribuye, además, a hacer de la versión oficial basada casi exclusivamente en el testimonio de los acusados,[5] una digna de todas las sospechas, es la desproporción que existe entre esa verdad masiva y la versión de las víctimas que han sobrevivido, así como de los familiares de los estudiantes asesinados o desaparecidos, que también son víctimas. La desproporción ha llegado a sus límites con la demente proclamación de una *verdad histórica* del caso. Como si ésta, a pesar de los estrechos límites del presente, hubiese podido ser aprehendida y luego divulgada por esa esperpéntica caricatura del ángel de la historia benjaminiano,

---

[5] En ello concuerdan diversos artículos periodísticos y es lo que la propia versión construida por Murillo Karam indica. Al respecto, *cfr.* José Gil Olmos, "La verdad "histriónica" de Murillo Karam", en *Proceso*, 11 de febrero de 2015. http://www.proceso.com.mx/?p=395636.

encarnada en la fatigada existencia burocrática del ex procurador Jesús Murillo Karam.

El anuncio de una *verdad histórica* sobre el caso tuvo por misión la de cerrar la investigación judicial sobre Ayotzinapa. Por ello se la calificó, con mucha pertinencia, más bien de *histérica* o *histriónica*.[6] El anuncio de una *verdad histórica* fue el último recurso discursivo del que pudieron echar mano los representantes del poder, siguiendo una muy mala estrategia inflacionaria de los conceptos. En esa megalómana afirmación se reafirma la voluntad de imponer una historia que pasa por alto los testimonios, la memoria de las víctimas y familiares, y que se construye casi exclusivamente a partir de los actores que el sistema ha diseñado para echar a andar la narrativa culpabilizante de las víctimas.[7]

La excentricidad que constituye la afirmación de una verdad histórica por parte de un procurador de justica sometido, en teoría, a las leyes de un Estado y cuya responsabilidad es la de actuar en función de ellas y hacer que se respeten, delata una práctica que, sin embargo, no es nueva, a saber, la de la reificación y clausura del tiempo. La reificación del tiempo y su fijación en un instante cuyo valor está decidido por quien detenta el poder es lo que a continuación abordaremos bajo el nombre de historia monumental, concepto en el que abundaremos en nuestro siguiente apartado.

2. Historia monumental y memoria compulsiva

Según Nietzsche, las ventajas de la historia para la vida residen en la posibilidad de repetición de eventos sublimes. Para los gobiernos dictatoriales, la ventaja de este tipo de historia reside en

---

[6] Retomo los juegos de palabras de, entre otros, los periodistas Martín Moreno: "La verdad histérica… ¡y la farsa de EPN!", en *Sin Embargo,* 4 de febrero de 2015, y José Gil Olmos "La verdad histriónica", art. cit.

[7] Estos métodos al servicio de la memoria que el Estado pretende imponer han sido denunciados una y otra vez por una institución neutral, invitada por el Estado mexicano -después de que una petición internacional se lo impusiera y no por una muestra de ecuanimidad-, el Equipo Argentino de Antropología Forense (EAAF). Este equipo se ha encargado de señalar las groseras irregularidades de las investigaciones y la inverosimilitud de la versión oficial. *Cfr.* su comunicado de prensa del día 7 de febrero de 2015 en www.eaaf.org.

que, mediante una memoria selectiva, alcanzan su propia legitimación. Esa legitimación se realiza por medio de lo que Nietzsche considera un abuso de historia: la *monumentalización.* Este procedimiento *reificatorio* lleva a eludir la complejidad de los eventos; es la reducción de la historia en una serie de "efectos en sí" concomitantes, flotando como átomos fantasmas, en la nebulosa de una historia tendenciosa. Nietzsche dice:

> La historia monumental no tendrá necesidad de esa plena veracidad: siempre acercará, generalizará y, finalmente, igualará cosas que son distintas, siempre atenuará las diferencias de motivos y ocasiones para, en detrimento de las *causae*, presentar el *effectus* como monumental, es decir, como ejemplar y digno de imitación, de suerte que, dado que en todo lo posible prescinde de las causas, sin exagerar demasiado, se la podría llamar una colección de «efectos en sí», como de eventos que tendrán efecto en todo tiempo. Lo que se celebra en las fiestas populares, en las conmemoraciones religiosas o militares, es, en el fondo, un tal «efecto en sí» [...] Si la consideración monumental del pasado prevalece sobre las otras formas de consideración, quiero decir, sobre la anticuaria y la crítica, es el pasado mismo el que sufre daño: segmentos enteros del mismo son olvidados, despreciados, y se deslizan como un flujo ininterrumpido y gris en el que solamente hechos individuales embellecidos emergen como solitarios islotes.[8]

Dejando de lado el tema de la imitación y su probable ventaja para la vida, nos limitaremos aquí a los efectos *cristalizantes*, que, como bien ha reconocido Nietzsche, son parte fundamental de la voluntad de olvido -o actitud negacionista, como sostenemos aquí- que soporta la puesta en práctica de esta historia. Esa voluntad daña al pasado, pues lo borra o, en el mejor de los casos, deja opaca la gran superficie de interconexiones de eventos para hacer prevalecer una serie de puntos gloriosos sin un sentido arraigado a las condiciones que los hicieron posible. Ese tipo de memoria congela a los actores en el tiempo y pierde de vista la resonante malla histórica que se teje gracias a la relación bulliciosa entre sus actores.

---

[8] Friedrich Nietzsche, *Sobre la utilidad y los perjuicios de la historia para la vida*, Edaf, Madrid, 2000, pp. 10-11.

Podríamos agregar que el mecanismo que soporta a la historia monumental empieza con la fragmentación tendenciosa del pasado y con su clasificación en fajos que archivan información deficiente, condenados a su progresiva separación del tiempo; y continúa con una mirada miope, propia de una visión de muy cerca, es decir, desde el presente, a los eventos. La memoria que fomenta la historia monumental es la memoria compulsiva. Ésta sirve a la historia monumental y la preserva en efemérides, monumentos o desfiles.

Como bien ve Ricœur,[9] el papel de los eventos conmemorativos es el de repetir enfermizamente una acción desprovista de un significado inmanente. Basándose en la teoría psicoanalítica, aunque sin seguirla más lejos, Ricœur toma en préstamo el concepto freudiano de *pasar al acto* [*agiren*], y establece un paralelo entre esta memoria que no puede dejar de repetir y las compulsiones de una memoria histórica enferma. Ricœur afirma:

> Demasiada memoria remite particularmente a la compulsión de la repetición, la cual, como Freud ha dicho, conduce a substituir el pasar al acto por el recuerdo mediante el cual el presente estaría reconciliado con el pasado: ¡Cuánta violencia en el mundo hace las veces de un "pasar al acto" en lugar de recordar! [...] Esta memoria repetitiva resiste la crítica [mientras que] [...] la memoria que recuerda [*mémoire-souvenir*] es fundamentalmente una memoria crítica.[10]

Para Ricœur, el recordar compulsivo impide la verdadera "reconciliación" entre el pasado y el presente. Esta reconciliación sólo se logra mediante el duelo, el cual consiste en el progresivo desapego de lo pasado y su progresiva internalización.

El carácter altamente negacionista de la historia monumental exacerba la compulsividad de la memoria, pues, como se sigue del paralelo de la tesis de Ricœur y Freud, al negar lo sucedido es imposible que el duelo, el cual es para ambos el paso previo para un recuerdo menos doloroso, sea llevado a cabo, y la reconciliación entre el presente y el pasado, alcanzada. Ricœur agrega:

---

[9] Paul Ricœur, *La mémoire, l'histoire, l'oubli*, Éditions du Seuil, París, 2000, pp. 95-96.
[10] *Ibid.*, p. 96.

> En efecto, la alegría es la recompensa a la renuncia del objeto perdido y lo que asegura la reconciliación con su objeto interiorizado. Y mientras el trabajo de duelo sea el camino obligado del trabajo del recuerdo (*souvenir*), la alegría podrá también coronar con su gracia el trabajo de la memoria. En el horizonte de este trabajo: una memoria feliz, cuando la imagen poética complete el trabajo de duelo.[11]

En términos de una filosofía de la memoria, el negacionismo ejercido por el discurso oficial sobre el caso Ayotzinapa tiene como consecuencia, además de impedir un duelo, la generación de una visión "oficial" de una sociedad inerte (y lo que por ventura llega a pasar no tiene nada que ver con sus instituciones sino que es producto de la relación enfermiza, violenta e incivilizada, relación horizontal que se establece entre sus miembros: los narcotraficantes y los estudiantes de una escuela rural).

La imposición de la idea de que la sociedad es estática facilita la posibilidad de ser constantemente abusada. Finalmente, al despojársele ideológicamente de toda dinamicidad mediante la negación de su historia y de su carácter de agente de la historia, se impide que las instituciones gubernamentales se sientan obligadas, *por el peso mismo de la historia*, a modificarse a la par que la sociedad. Esta misma voluntad de olvido, burocráticamente ejercida, genera, en realidad, ese olvido disfrazado de memoria, una memoria enferma que sólo consiste en recordar puntos de tiempo y narraciones parciales. La historia monumental, por esto mismo, es tan practicada y la memoria que la constituye tan preciada. El nacionalismo mexicano, basado precisamente en la celebración de una memoria sin contenido significativo -pues es mecánica-[12] es, no nos sorprende, uno de sus bastiones más protegidos.

Hasta aquí nos hemos referido a la memoria que hemos calificado de compulsiva y *fijacionista*. Ésta no puede existir sin una actividad negativa inmanente que consiste en una voluntad de olvido fundamental. Y logra mutilar el recuerdo de un evento atroz, despojándolo de su fuerza simbólica y de su capacidad de crear sentidos, anulando la posibilidad de duelo y su potencial de conciliar el pasado con el presente. Pero a la historia monumental y

---

[11] *Ibid.*, p. 94.

[12] La repetición mecánica impide la reconciliación del pasado con el presente; *idem*.

a la memoria compulsiva que está a su servicio, misma que carece de una significación performativa pues consiste sólo en el mantenimiento de un recuerdo estático -como los "efectos en sí" a los que se había referido Nietzsche; puede oponérsele una memoria que ejerce la actividad propia de recordar, y que lucha contra el estatismo propio de la historia monumental en la cual no se recuerda sino se *presentifican* y aíslan momentos del tiempo.

La historia monumental, que se deleita en repetir, y la memoria compulsiva, que trabaja sobre un objeto perdido, irreconciliado con el presente, con un objeto *olvidado*, parecerían contraponerse. Sin embargo su actividad, más que oponerse, se complementa. Por ello Ricœur afirma lo siguiente:

> Eso que aquellos cultivan con morosa delectación y eso que los otros rehúyen con mala consciencia es la misma "memoria-repetición". Unos prefieren perderse en ella y otros temen ser absorbidos por ella, pero tanto unos como los otros sufren del mismo déficit de crítica. No acceden a eso que Freud llama el trabajo de rememoración.[13]

Y la rememoración es la verdadera memoria activa a la que aludiremos más adelante.

Dos historias confrontadas

El fin de la Revolución mexicana es un ejemplo de objeto de la historia monumental, de la instrumentalización del recuerdo mediante la actitud negacionista y la instauración de "verdades históricas". Este evento, celebrado compulsivamente cada 20 de noviembre, no ha podido tener el duelo que amerita, pues sigue arrastrando situaciones similares a las que originaron el movimiento armado, y sin embargo se festeja teniendo lugar desfiles militares a lo largo y ancho de la República. El festejo compulsivo muestra hasta qué punto una voluntad de olvido falsificadora, muy selectiva y parcial, ha intervenido para hacer de dicho evento un punto de tiempo aislado del resto de la historia del país.

Sin embargo la conmemoración del 104 aniversario, el 20 de noviembre 2014, no tuvo lugar pues se esperaban marchas de

[13] *Idem.*

protesta en solidaridad con los padres de los estudiantes desaparecidos. El contraste entre la celebración compulsiva de este evento y la anulación de su celebración ese año resumió el conflicto que existe entre la historia monumental, las patologías de su memoria y la memoria viva de la gente sin historia. Podríamos afirmar que la anulación de la celebración impidió que dos formas de memoria se confrontasen. Por un lado el fasto, la pompa, el protocolo de la historia construida por una memoria acrítica, que celebra el evento "en sí" de la lucha armada, y por otro una memoria crítica que es, como Ricœur sostiene, la verdadera memoria activa, que recuerda y que trabaja por la reconciliación entre el pasado y el presente, oponiéndose, resistiendo a la memoria compulsiva al servicio de la historia monumental.

La historia monumental, además de tender a simplificar la complejidad de la gran movilización armada que conforma la Revolución de 1910, le ha impuesto una narrativa teleológica y presenta la redacción de una Constitución como su fin primero y último. Sin embargo, la Constitución de 1917 no retomó un aspecto fundamental que justificó, para muchos actores del conflicto, su participación en él. En concreto, la Constitución de 1917 no retomó el espíritu de las luchas campesinas, ni con respecto al reparto de las tierras, ni con respecto a la educación. La Convención de Aguascalientes posibilitó la ascensión de los ideales comunitarios zapatistas al foro público. Dichos ideales fueron expuestos primeramente en el Plan de Ayala y corresponden a las formas de organización de los pueblos indígenas del centro y sur del país. La Convención debió haber servido como precedente para la redacción de la Carta Magna de 1917; en lugar de ello, junto con los ideales zapatistas fue calificada de tradicionalista; en seguida fue opuesta al papel o rol progresista que el carrancismo tuvo y, finalmente, fue ignorada.[14]

Las luchas campesinas, desde la Independencia, pasando por la Revolución y el zapatismo de mediados de la década de los noventa, hasta nuestros días, han sido desairadas por los dirigentes del país, con frecuencia en nombre de políticas o ideologías progresistas o bajo la idea abstracta de identidad nacional, la cual

---

[14] Catherine Heau-Iambert y Enrique Rajchberg, "1914-1994: Dos convenciones en la historia contemporánea de México", en *Chiapas*, IIEc-UNAM, México, 1995, pp.13-16. Ambos autores califican la Constitución del 17 como el fracaso de los ideales políticos de la Convención.

es incapaz de conciliar la diversidad de sus elementos[15] y solapa una "guerra sucia" contra lo que la desdibuje. Esta guerra sucia también se prolonga hasta nuestros días. Pero eso que la historia monumental -tan practicada en México- ha olvidado y negado, sigue teniendo efectos hoy en día. Y Ayotzinapa es una clara muestra.

La existencia de las escuelas rurales como la de Ayotzinapa obedeció a un vestigio de la lucha campesina después de la Revolución y a un breve rescate, por parte del presidente Lázaro Cárdenas, de los ideales zapatistas. En la actualidad las escuelas rurales vindican una postura heredada de las luchas agrarias, recobrando el carácter combativo de quienes, a pesar del rezago y la discriminación, luchan por su derecho de existencia en general y por el de educación en particular. Esta lucha ha sido llevada a cabo desde que, con gobiernos de corte autoritario como los gobiernos de Manuel Ávila Camacho y el de Díaz Ordaz,[16] se han establecido políticas que les niegan esos derechos. Ayotzinapa es por ello historia viva y memoria activa.

---

[15] Aquí también podría plantearse la pregunta por la relación entre problemas de identidad y memoria compulsiva, pero ello implicaría entrar en terrenos más específicos de la psicología social que no podemos abordar aquí.

[16] Véase Zózimo Camacho, "Golpe de mano contra el normalismo rural", *contralínea.com.mx*, 30 de noviembre de 2014: http://contralinea.info/archivo-revista/index.php/2014/11/30/golpe-de-mano-contra-el-normalismo-rural. Camacho sostiene: "Apenas terminado el cardenismo (1934-1940) inició el acoso gubernamental contra las escuelas normales rurales. De Manuel Ávila Camacho a Gustavo Díaz Ordaz y de Luis Echeverría a Enrique Peña Nieto, –pasando por los panistas Vicente Fox y Felipe Calderón-, los sucesivos gobiernos federales han buscado exterminar este modelo educativo. Hasta ahora, el mayor golpe contra [el] normalismo rural ha sido el asestado por el gobierno de Gustavo Díaz Ordaz. Al principio de su administración (1964), 37 escuelas estaban organizadas en torno a la Federación de Estudiantes Campesinos Socialistas de México (FECSM): 29 normales rurales, dos centros normales regionales, tres normales urbanas federales y tres normales urbanas federalizadas. Al final de su mandato (1970) sólo sobrevivían 15".

3. Historia viva, memoria activa

La relación entre historia y memoria es recíproca. Hacer memoria es, como bien ve Ricœur, hacer historia,[17] pero la historia, como ámbito social, también le devuelve al grupo social del que se extrae una memoria común (o una amnesia común). La historia, en tanto que narración del pasado, parece -como el búho de Minerva- llegar siempre al anochecer, es decir, tarde. La primera condición para que ésta emerja es el transcurso del tiempo mismo y la única forma de percibirla es la retrospección. Por eso el verdadero ángel de la historia en Benjamin se vuelve y contempla[18] (y por ello la figura de un Procurador de Justicia afirmando poseer la verdad histórica resultaría ridícula, si no es porque antes resulta escandalosa e indignante). Esta es la razón por la cual Ricœur sostiene que si bien la memoria es un acto de recordar, *de hacer activo el pasado en el presente*, la memoria misma necesita, a su vez, de un tiempo -de un tiempo de luto[19] para asentarse y para alcanzar una narración con sentido arraigado en la comunidad que recuerda.

No se pueden establecer verdades históricas en el presente, a menos, claro está, que se esté impaciente por considerar ese presente como algo pasado... de ser así el presente es violentamente relegado a un pasado tendenciosamente fabricado (como la historia

---

[17] P. Ricœur, *op. cit.*, p. 68.

[18] "Hay un cuadro de Klee que se llama Ángelus Novus. En él se representa a un ángel que parece como si estuviese a punto de alejarse de algo que le tiene pasmado. Sus ojos están desmesuradamente abiertos, la boca abierta y extendidas las alas. Y éste deberá ser el aspecto del ángel de la historia. Ha vuelto el rostro hacia el pasado. Donde a nosotros se nos manifiesta una cadena de datos, él ve una catástrofe única que amontona incansablemente ruina sobre ruina, arrojándolas a sus pies". Walter Benjamin, *Discursos interrumpidos I,* Taurus, Madrid, 1989, p. 183.

[19] Ricœur explica este paso del tiempo como un desapego de la libido con respecto a su objeto: "En lo que respecta al duelo, hemos podido ver que debe haber pasado cierto tiempo antes de que la liquidación detallada de eso que exige la prueba de la realidad tenga lugar y de que el yo pueda, una vez realizada dicha tarea, separar su libido del objeto perdido". Y más adelante precisa: "con el recuerdo no sólo se trata [de recordar] el tiempo: éste precisa también de tiempo -del tiempo de duelo". P. Ricœur, *op. cit.*, p. 89. Una historia "sana" sólo puede efectuarse de esa manera. La retrospección es ese desapego así como la preservación del objeto, pero sin que éste nos cause dolor.

oficial de México o como la fabricación del caso Ayotzinapa), a un pasado que es una cámara oscura, una prisión de aislamiento, en donde se encierran momentos demasiado elocuentes, con el fin de que no hablen. Ésta es, como ya se habrá comprendido, la estrategia gubernamental en materia de memoria. Mientras más recónditas sean las prisiones en donde se encierre al presente (el olvido), éste tendrá menos oportunidades de dar testimonio de sí mismo (de lo que ha pasado), de su trato y de su encierro.

El caso Ayotzinapa contraría la voluntad de dejarnos sin historia, la voluntad negacionista, y también se opone a la memoria compulsiva que celebra actos desprovistos de significado, pues desenmascara el olvido al que se ha relegado a sus actores, en tanto que actores históricos. Ofrece una clara consciencia de la discriminación jurídica, una memoria de humillaciones que impone un "no quiero" frente al olvido al que se relegan las comunidades pobres en nuestro país. La posición en contra de los procedimientos parciales de quien imparte la justicia en este país, y un llamado constante a la sociedad civil para que, junto con ellos, se exija justicia, no constituye una ingenuidad, ingenuidad que consistiría en reclamar imparcialidad por parte de una institución por todos reconocida como corrupta, institución a cargo de determinar la verdad jurídica de un caso en el que, por si fuera poco, ella está señalada como la acusada.

La justicia que se ha reclamado es una exigencia de no indiferencia y de no olvido; suena más a una estrategia de memoria que a la petición inocua de imparcialidad y respeto a las leyes por quien se sabe de antemano corrupto. Se trata de la exigencia del reconocimiento de la historia de la *gente sin historia*. Al exigir reconocimiento y la integración de su memoria a la memoria colectiva, la *gente sin historia*, los estratos sociales más violentados por la estrategia de olvido del discurso oficial, se hacen presentes.

Si la versión oficial de lo ocurrido en Iguala el 26 de septiembre de 2014 vence, el significado de ese evento será el lugar común que insiste en el perpetuo estancamiento de comunidades rurales, pues una época transcurre generando una memoria productora de significados.[20] Ayotzinapa se volverá un signo más

[20] Marcus Sandl, "Historlzitat der Erinnerung I, Reflexivitat des Historischen. Die Herausforderung der Geschichtswissenschaft durch die kulturwissenschaftliche Gedachtnisforschung", en Günter Oesterle, *Erinnerung,*

de atraso, incluso un obstáculo en el avance del progreso -como de hecho ya ha sido el caso, siendo precisamente este significado lo que ha justificado el cierre de las escuelas rurales a lo largo del siglo XX.[21]

Si, por el contrario, asumimos la memoria de eventos como Ayotzinapa según la versión que defienden las víctimas y que la historia no contada ni celebrada de México ratifica, la memoria colectiva en México podría propiciar la existencia de una historia viva para configurar instituciones en concordancia con los actores que conforman un Estado. Un recordar activo, lo que nosotros entendemos como la memoria activa o memoria *recordante*, puede propiciar la verdadera "reconciliación" entre el pasado y el presente en lugar de perpetuar la eterna negación de un pasado demasiado complejo. No sólo hay que recordar la desaparición y probable asesinato de 43 civiles, sino mantener una memoria que haga vívidamente presente la injusticia y la lucha de una parte de la sociedad civil en contra de la lunática indiferencia de los poderes oficiales: queremos una memoria que recuerde activamente el horror pero que además ejerza nuestra voluntad de no querer que se repita y nuestra voluntad de transformar el presente en función de eso que no queremos volver a experimentar.

Reconciliación entre el pasado y el presente

La historia, en tanto que narración más o menos aceptada (teniendo en cuenta grados de saludable escepticismo) de lo acontecido en un pasado lejano o reciente, es al mismo tiempo un sistema métrico de la distancia entre la sociedad civil y su gobierno, un baremo que mide la calidad de la memoria colectiva o el grado de su amnesia. Pero la historia, por sí sola, realmente no puede contribuir a que una masacre perpetrada por un gobierno abusivo no se repita. La cualidad pedagógica de la historia expresada en la afirmación de George Santayana que dice que "Aquéllos que no recuerden el

---

Gedächtnis, Wissen. Studien zur kulturwissenschaftlichen Gedächtnisforschung, Vandenhoeck & Ruprecht, Göttingen, 2005, p. 93.

[21] *Cfr*. Z. Camacho, art. cit., donde mediante documentos legales se establece claramente la justificación del cierre de las escuelas rurales en virtud del poco o nulo servicio que prestan a la nación para su desarrollo.

pasado están condenados a repetirlo"[22], puede ser puesta en cuestión teniendo en cuenta que el recuerdo del holocausto, tan pretendidamente marcado en la conciencia política de las fuerzas de Occidente, no ha impedido las masacres de Bosnia ni ha intervenido para evitar la de Ruanda. Peor aún, el recuerdo puede servir también para justificar injusticias futuras -el caso paradigmático es el de la relación entre Israel y Palestina.

La historia sólo puede ser efectiva si nuestra memoria, en lugar de conservar su compulsión enfermiza, pasa por la prueba de un recuerdo terrible y su duelo, y alcanza una actividad configuradora del presente.

La historia no es *magistra vitae*. Si bien gracias a ella puede saberse lo que una comunidad ha vivido y lo que no quiere volver a experimentar, ésta, por sí sola, no puede impedir la repetición de casos atroces. La verdadera función de la historia no es servir de ejemplo sino vivificar el presente. La memoria activa, en particular de masacres y de todo tipo de injusticias, debe consistir en el recuerdo de la gente que es víctima de ellas, de la estructura política que las hace posibles y del hecho de que las víctimas son actores políticos relegados a ese papel.

Ese recuerdo debe alertarnos no sólo contra la repetición de un hecho similar, sino precisamente obligarnos a ver que es necesario modificar la estructura que los hace posibles y que esa modificación precisa de la participación de todos los miembros de la comunidad que hace memoria.

¿Podría una improbable admisión de culpabilidad por parte del Estado ser el primer paso para reconciliar la memoria exigente de las víctimas, lo olvidado, con nuestro presente? ¿Podría esto hacer del recuerdo que ha intentado borrarse, sin guardar su luto y sin poder integrarlo a la historia viva, un recuerdo activo y efectivo? Si el Estado admitiese que ha actuado en contra de sus ciudadanos, que en todas sus entidades abusa de su poder y que es indiferente, inepto, ineficiente, intransigente y sobre todo criminal ¿podría todo ello generar el efecto de disminuir la distancia que separa al poder de sus sujetos?

El estado actual de cosas en Argentina, África del Sur, Perú, Alemania (más precisamente la zona oriental de Alemania que formaba parte de la República Democrática Alemana) o Chile

---

22 René Lemarchand, *Forgotten genocides: Oblivion, denial, and memory*, University of Pennsylvania Press, Philadelphia, 2011, p. 10.

demuestra que un pasado reciente lleno de atrocidades planeadas, perpetradas y más o menos ocultadas por gobiernos dictatoriales, no ha podido ser contada con relativa objetividad sino hasta el derrocamiento de dichos gobiernos. El derrocamiento de las dictaduras ha permitido la instauración de comisiones de la verdad que han permitido la puesta en evidencia del tremendo aparato represor del gobierno.

Consideremos también qué significan lugares como los campos de concentración conservados después del holocausto, el puerto en la isla de Gorea, en Senegal, de donde salían los barcos atestados de hombres, mujeres y niños esclavizados o las placas que recuerdan a quienes en Berlín o Buenos Aires fueron secuestrados por el terror: significan que no debemos negar el horror para seguir avanzando, optimistas, por los modernos senderos del sistema neoliberal de la economía global, sino mantenerlos "presentes" en la constitución de la trama de nuestra historia. Su conservación en el presente puede significar ese "no quiero" aprendido de forma violenta.[23]

Las modificaciones efectivas, adaptadas a los cambios sociales, son la materialización política de la reconciliación entre el pasado y el presente.

Esta forma de memoria se diferencia de la compulsiva en la medida en que compone con un horror y una voluntad de no repetirlo, además de permitir el deseo de varios "quiero otra cosa". Permite pensar en proyectos de sociedad en donde lo que ha ocurrido deje de ocurrir, desde sus condiciones de posibilidad. Ésta es, creemos, la verdadera reconciliación entre el pasado y el presente que puede lograr una memoria activa.

En este sentido, la ventaja de reducir la distancia entre la sociedad civil y sus poderes, la ventaja de devolverle a la gente su historia, no tiene que ver con la idea de una unificación, casi religiosa o mística, entre la multiplicidad y la universalidad, el pueblo y su idea, o la convivencia eternamente pacífica entre congéneres. Un recuerdo activo, compartido por estos dos niveles de un mundo político (aunque ese mundo no se reduzca a ellos) podría

---

[23] Aquí Nietzsche quizá vuelve a tener razón al referirse a la genealogía de la memoria como un acto violento que nos marca varios "no quiero". *Cf.* su *Sobre la utilidad y los perjuicios de la historia para la vida*..., II, §3. Y en efecto, quizá con ayuda de esos "no quiero" se llegará un día, como dice Nietzsche en el mismo parágrafo, a la razón...

tener como consecuencia el hacer menos opacas situaciones en donde se abusa del poder, así como podría generar la posibilidad de evitar, mediante la implementación de otro juego de posibilidades, que se repita.

No quitar el dedo del renglón, mantenerlo insistentemente en Ayotzinapa, es obligarnos a pensar en el intersticio que separa a la historia monumental, al servicio del poder, de los ciudadanos y de la memoria activa que se ejerce en contra de la compulsiva. Por supuesto que el poder de autocrítica que Ayotzinapa puede generar tiene incómodas consecuencias para los mistificadores oficiales y para los protagonistas oficiales de la historia del país. Por ello se nos urge a olvidar, lo que también hacemos de buena gana porque insistir en un renglón peligroso compromete nuestra propia identidad. La prueba de ello es la ausencia de un sentimiento de indignación generalizado y el olvido al que no sólo el Estado, sino la sociedad civil en general, han relegado atrocidades como las de Atenco o Acteal.

Tener historia y ser parte de ella es la condición de posibilidad del espacio generativo de sujetos políticos activos. Tener historia es ser visto como un ente dinámico que tiene poder de transformación. Recordar activamente y, en concreto, recordar activamente que el Estado es el responsable de asesinar a sus ciudadanos debe fungir como memoria revolucionaria y ésa es la memoria que Ayotzinapa reivindica. Con base en esa visión debemos oponernos a la fundación de instituciones placebo,[24] pensar en nuevas instituciones -o simplificación de instituciones-, que correspondan realmente a las necesidades de la sociedad, de una sociedad que no se compone únicamente de inversionistas ni de una clase media muy fragmentada, sino de una vasta mayoría múltiple que no deja ni dejará de exigir reconocimiento.

[24] Como la risible fiscalía anticorrupción. La gracia de esta fiscalía reside en que ha sido creada en medio de un escándalo de corrupción en donde el Presidente se ha visto envuelto. Ahora bien, el burócrata designado por el Presidente mismo para que se lo investigue no es precisamente un funcionario imparcial.

Bibliografía

Benjamin, Walter. *Discursos interrumpidos I, filosofía del arte y de la historia,* tr. de Jesús Aguirre, Taurus, Madrid, 1989.

Heau-Iambert, Catherine y Enrique Rajchberg. "1914-1994: Dos convenciones en la historia contemporánea de México", en *Chiapas*, IIEc-UNAM, México, 1995, pp. 7-28.

Lemarchand, René. *Forgotten genocides: Oblivion, denial, and memory*, University of Pennsylvania Press, Philadelphia, 2011.

Nietzsche, Friedrich. *Sobre la utilidad y los perjuicios de la historia para la vida*, tr. de Dionisio Garzón, Edaf, Madrid, 2000.

Nietzsche, Friedrich. *La genealogía de la moral*, tr. de Andrés Sánchez Pascual, Alianza, Madrid, 2002.

Ricœur, Paul. *La mémoire, l'histoire, l'oubli*, Éditions du Seuil, París, 2000.

Sandl, Marcus. "Historlzitat der Erinnerung I, Reflexivitat des Historischen. Die Herausforderung der Geschichtswissenschaft durch die kulturwissenschaftliche Gedachtnisforschung", en Oesterle, Günter. *Erinnerung, Gedächtnis, Wissen. Studien zur kulturwissenschaftlichen Gedächtnisforschung*, Vandenhoeck & Ruprecht, Göttingen, 2005, pp. 89-120.

Hemerografía

Camacho, Zózimo. "Golpe de mano contra el normalismo rural", en *Contralínea,* México, 30 de noviembre de 2014. En http://contralinea.info /archivo-revista/index.php/2014/11/30/golpe-de-mano-contra-el-normalismo-rural/.

Gil Olmos, José. "La verdad «histriónica» de Murillo Karam", en *Proceso*, 11 de febrero de 2015. En http://www.proceso.com.mx/?p=395636.

González de Alba, Luis. "¡Yo también quiero ir a Ginebra!", en *Milenio*, México, 6 de febrero de 2015. En http://www.milenio.com/firmas/luisgonza_lez_de_alba_lacalle/quiero-ir Ginebra_18_459734048.html.

Martínez, Sully. "Impunidad se impone a dos años de Ayotzinapa", en *Novedades Acapulco*, Acapulco, 19 de diciembre de 2013. En http://www. novedadesacapulco.mx/anuario-2013/impunidad-se-impone-a-dos-anos-del-caso-ayotzinapa.

Moreno, Martín. "La verdad histérica… ¡y la farsa de EPN!", en *Sin Embargo,* 4 de febrero de 2015. En http://www.sinembargo.mx /opinion/04-02-2015/31450.

Parayre, Sonia. "La desaparición forzada de personas como violación continuada de los derechos humanos y su incidencia en la determinación de la competencia *ratione temporis* de la Corte Interamericana de los Derechos Humanos", en revista *IIDH*, vol. 29, San José, Costa Rica, 1999.

Smith, Roger W. "Genocide denial and prevention", en *Genocide Studies International*, vol. 8 [1], UTP Journals, Toronto, 2014, pp. 102-109.

Ayotzinapa y el cercamiento de los comunes

Ricardo Bernal Lugo

A finales de septiembre del 2015, el titular del Ejecutivo Federal firmó una iniciativa de ley para crear tres Zonas Económicas Especiales (ZEE) con el objetivo de promover el desarrollo y el crecimiento económico en el país. Esta iniciativa había sido anunciada desde noviembre de 2014 como una de las medidas diseñadas para revertir las causas que provocaron los terribles sucesos del 26 de septiembre de ese mismo año en Iguala, Guerrero. Desde entonces las ZEE se presentaron como la medicina perfecta para acabar con la marginación, la pobreza y la desigualdad, circunstancias que, durante décadas, generaron las condiciones propicias para la actual crisis de violencia nacional. Ocurre, sin embargo, que las ZEE parecen responder mucho más a las necesidades del proceso de acumulación de capital que a cualquiera de los objetivos anunciados por el Ejecutivo. De hecho, en aquellos lugares donde han sido implementadas las ZEE han acarreado graves violaciones a los derechos humanos. Ante estas evidencias resulta fundamental analizar la estrategia de lucha contra la pobreza y la marginación que ha emprendido el gobierno mexicano como respuesta al caso Ayotzinapa.

1. Ayotzinapa y la inversión extranjera

Dos meses después de la desaparición forzada de 43 estudiantes pertenecientes a la Normal Rural Isidro Burgos, localizada en Ayotzinapa, Guerrero, el presidente Enrique Peña Nieto anunció diez medidas destinadas a enfrentar el problema de inseguridad e injusticia que cimbra las bases del Estado mexicano. Entre los puntos abordados por el jefe del Ejecutivo Federal se encontraba la implementación de una "estrategia nacional para reestructurar el sistema de justicia", en la que se abordaban temas como el combate a la corrupción, la creación de mecanismos de transparencia y rendición de cuentas e incluso la aplicación de un operativo en

Tierra Caliente con el objetivo de enfrentar al crimen organizado. Sin embargo, el llamado "decálogo por la paz, la unidad y la justicia en México" fue acompañado de otra disposición que, a pesar de su importancia, careció de repercusión en las notas de prensa y en los principales discursos de los analistas políticos nacionales e internacionales; a saber, la implementación de las llamadas Zonas Económicas Especiales (ZEE) en distintas regiones del país.

Luego de un rápido esbozo de la situación de desigualdad que impera en México, Enrique Peña Nieto señaló que la pobreza juega un importante papel en la "falta de desarrollo" nacional e insistió en que este fenómeno social favorece una atmósfera propicia para el incremento de la inseguridad. En consecuencia, enfatizó la necesidad de atender semejante situación si se aspiraba a salir de la crisis social y política traída a la luz con el caso Ayotzinapa. Por esta razón, "la estrategia nacional para reestructurar el sistema de justicia" debía ser acompañada de otra estrategia, esta última dedicada a fortalecer el "desarrollo integral para el México más necesitado". Bajo ese contexto, el ex gobernador del Estado de México dio a conocer un proyecto para crear tres Zonas Económicas Especiales ubicadas en los estados de Oaxaca, Guerrero y Chiapas. De acuerdo con las palabras del primer mandatario, las ZEE ayudarían a palear la desigualdad y la pobreza de esa región mediante un acelerado proceso de industrialización. El anunció era de tal magnitud que el propio Peña Nieto lo presentaba en los siguientes términos: "la gravedad del momento nos debe llevar a innovar y a proponer lo que nunca se ha intentado, es necesario crear nuevos polos de desarrollo industrial en esta región para crear empleos formales y bien remunerados, por ello, por primera vez en nuestra historia propongo que se establezcan tres Zonas Económicas Especiales en la región más atrasada de nuestro país".

Así, apelando a la tragedia ocurrida en Iguala el 26 de septiembre de 2014, el Ejecutivo anunciaba la implementación de un proyecto de industrialización acelerada que, entre otras cosas, supone una posible modificación de las formas jurídicas de propiedad de la tierra, además de que promueve facilidades para la inversión de capital extranjero en regiones cuyas economías no operan tradicionalmente bajo la forma del capitalismo y, finalmente, estimula un proceso de mercantilización del territorio en espacios vinculados a una larga tradición de resistencia social.

Ciertamente Chiapas, Guerrero y Oaxaca, son tres de los estados con mayores rezagos en México: según el Consejo Nacional de Evaluación de la Política de Desarrollo Social (Coneval) la población de esas entidades que vive en situación de pobreza supera el 60%;[1] sin embargo, la estrategia "para fortalecer al México más necesitado" parece obedecer menos a las exigencias sociales del país que a las necesidades del proceso de acumulación de capital global y a una concepción marcadamente neoliberal de la economía.

2. ZEE: la experiencia internacional

El pasado inmediato de las Zonas Económicas Especiales se encuentra vinculado al proceso de liberalización de la economía china iniciado por Deng Xiaoping a finales de los años 70.[2] En 1979, el Consejo del Estado de la República Popular China autorizó que las provincias Guangdon y Fujian "tomaran medidas extra-ordinarias para desarrollar el turismo, el comercio exterior y

---

[1] Datos obtenidos de la página oficial del Coneval: http://www.coneval.gob.mx/Medicion/Paginas/Medici%C3%B3n/Pobreza%202012/Pobreza-2012.aspx.

[2] Un interesante debate respecto al ascenso chino puede hallarse en el imprescindible libro de Giovanni Arrighi *Adam Smith en Pekin. Orígenes y fundamentos del siglo XXI*, Akal, Madrid, 2007. En él, Arrighi critica la postura defendida por David Harvey en *Breve historia del neoliberalismo,* Akal, Madrid, 2007, donde el geógrafo caracteriza el *boom* chino iniciado desde el periodo de Xiaoping como parte del desarrollo neoliberal. Por su parte, Arrighi trata de mostrar la distancia existente entre la estrategia china y el llamado Consenso de Washington, aseverando que aquélla no ha subordinado el desarrollo nacional al crecimiento de los capitales extranjeros. Sin embargo, el análisis de David Harvey parece no limitarse a identificar el neoliberalismo con la asunción dogmática de dicho Consenso, sino con un proceso mucho más complejo cuya expresión más clara es el aumento de la desigualdad y la concentración del capital en sectores cada vez más restringidos, situación que el propio Arrighi describe como una de las peculiaridades del despegue chino hacia el final de su libro. G. Arrighi, *op. cit.*, pp. 389-392.

las inversiones extranjeras".[3] Esas medidas incluían un ingente proceso de reorganización del sistema jurídico[4] y un diseño fiscal capaz de otorgar un tratamiento preferencial para las empresas extranjeras.[5] Además, se establecía un mecanismo que facilitaba la entrada de ciudadanos de otros países para llevar a cabo trabajos cualificados, al tiempo que se implementaba un marco legal favorable para las empresas en menoscabo de los derechos laborales.

La ZEE china más conocida se localiza en Shenzhen, a la orilla oriental de la desembocadura del río Perla. Para un sector importante de analistas esta ciudad representa un verdadero "milagro" económico ya que en menos de tres décadas pasó de ser un condado dedicado a la pesca a convertirse en la cuarta ciudad con mayor producción económica del país asiático. En la labor de propaganda de las ZEE en México se ha mencionado a Shenzhen como el ejemplo perfecto del éxito proporcionado por la estrategia de liberalización acelerada y facilitación de la incorporación masiva de capital extranjero; sin embargo, la caravana de elogios dirigidos al "milagro" chino obvia dos aspectos fundamentales desde el punto de vista de las condiciones de vida de la población y no desde la perspectiva del éxito de los grandes capitales: las más que precarias condiciones en que viven los trabajadores y los procesos de despojo que permitieron el crecimiento urbano.

El caso particular de Shenzhen es especialmente revelador. Dentro de las fábricas de esta nueva mega urbe, las jornadas de trabajo alcanzan hasta 12 horas de duración, los salarios equivalen a 2,000 pesos mensuales, los derechos laborales son constantemen-

---

[3] Romer Cornejo Bustamente, "Las zonas económicas especiales, ¿maquiladoras en China?", en *Estudios sobre Asia y África*, vol. 20, El Colegio de México, México, pp. 444-445.

[4] Durante el gobierno de Mao Tse Tung la inversión extranjera había sido prohibida, por lo que fue necesario promulgar una Ley sobre Empresas Mixtas con Inversiones Nacionales y Extranjeras, una Ley de Impuestos sobre la Renta Concerniente a Empresas Mixtas con Inversiones Nacionales y Extranjeras, una Ley de Impuesto sobre la Renta Individual y una Ley de Marcas de Fábrica.

[5] Entre las medidas adoptadas se encontraba la exención de impuestos por importación de maquinaria, refacciones, materia prima, vehículos y algunos bienes de consumo; un trato preferencial en el pago del impuesto sobre la renta; una exención de impuestos sobre las ganancias durante 5 años; y la implementación de precios preferenciales para la compra de máquinas y otros bienes producidos en China. R. Cornejo Bustamante, art. cit., p. 448.

te violentados y la explotación infantil reaparece en condiciones que nos remiten al siglo XIX. En 2011 el diario *The Guardian* publicó una investigación elaborada por dos ONG's en la que se denunciaban las terribles condiciones de trabajo en las fábricas de Shenzhen y Chengdu, propiedad de la empresa Foxconn.[6] Fue en esas fábricas, dedicadas a elaborar productos para corporaciones como Apple o Nokia, donde se registró el conocido suicidio colectivo de trabajadores jóvenes[7] ante la imposibilidad de mantener los ritmos estipulados por la empresa.

Además, en los últimos 25 años China se ha convertido en el escenario de una importante conflictividad social. De 1993 a 2004 el número de "disturbios" dados a conocer oficialmente por el gobierno aumentó 800%,[8] mientras que, desde la década de 1990, las ciudades chinas han registrado despidos masivos acompañados de protestas por parte de los trabajadores, las cuales, como dice Arrighi eufemísticamente, han sido contenidas mediante "una combinación de represión y concesiones";[9] a la par, se ha desatado una oleada de huelgas como nunca antes habían tenido lugar en el país asiático.

Pero esto no ha sido todo. A las constantes batallas laborales, deben agregarse las consecuencias sociales y medioambientales provocadas por la urbanización y la recomposición del territorio. El economista y sociólogo italiano Giovanni Arrighi ha defendido que el proceso de apertura chino iniciado en los años 80 no trajo consigo un vendaval de despojos como ha sucedido en los países que han seguido al pie de la letra la ortodoxia neoliberal. A diferencia de lo ocurrido en México durante las décadas de 1980 y 1990,[10] China acompañó su apertura de mercados con un conjunto de reformas orientadas a favorecer la economía nacional y la agricultura.[11]

Ahora bien, el país asiático tiene una peculiaridad distintiva respecto a los países que adoptaron las recomendaciones del Fondo

6 Véase Gethin Chamberlain, "Apple's Chinese workers treated 'inhumanely, like machines'", en *The Guardian*, Londres, 30 de abril de 2011.

7 *Idem*.

8 G. Arrighi, *op. cit.*, p. 390.

9 *Ibid.*, p. 391.

10 Rubén Trejo, *Despojo capitalista y privatización en México, 1982-2010,* Ítaca, México, 2012, p. 151 *ss.*

11 G. Arrighi, *op. cit.*, p. 275.

Monetario Internacional (FMI),[12] ya que en China la mayoría de los campesinos transformados en mano de obra se incorporaron a empresas del Estado. Todavía en 2005 las Empresas de Pueblo y Ciudad (EPC) registraban más del doble de empleados que las empresas urbanas extranjeras, privadas y asociadas.[13] Esta singularidad ha permitido que el trabajo chino no sólo haya rendido dividendos para las tasas de beneficio del capital extranjero, sino que también otorgara frutos positivos para el desarrollo nacional.

Sin embargo, los casos de las ZEE chinas resultan excepcionales. El inaudito crecimiento de urbes como Shenzhen ha hecho que la desposesión de la tierra se vuelva moneda corriente. En los últimos años, las crecientes necesidades de acumulación de capital han llevado al gobierno a relajar las condiciones para la ocupación de territorios, al punto de permitir el despojo legalizado. En oposición a otras ciudades del país asiático como Chongquing donde se ha ensayado un modelo de distribución social de la riqueza, en Shenzhen se ha aceptado "la creciente desigualdad social como un coste necesario del crecimiento económico y la competitividad".[14]

En *Ciudades rebeldes*, el geógrafo David Harvey estudia las consecuencias de los procesos de urbanización chinos en el marco de las necesidades de acumulación de capital global con una visión menos edulcorada. Para él:

> Los efectos de la urbanización de China durante las últimas décadas han sido simplemente descomunales y han sacudido al mundo con sus consecuencias [...] Las crecientes desigualdades sociales (China es ahora el tercer país del mundo en cuanto al número de milmillonarios en dólares), la degradación del medioambiente (que hasta el gobierno chino admite abiertamente) junto con múltiples signos de exceso y sobrevaloración de activos en el entorno construido, sugieren que el modelo chino no carece de serios problemas y que podría fácilmente dejar de

[12] En *El malestar en la globalización* Joseph Stiglitz dedica un capítulo entero a analizar la crisis del Este asiático y llega a la conclusión de que China y Malasia lograron mantener sus economías con un crecimiento sostenido gracias a que desobedecieron las recetas del FMI. J. Stiglitz, *El malestar en la globalización*, Taurus, México, 2002, p. 121 *ss.*

[13] G. Arrighi, *op. cit.*, p. 376.

[14] David Harvey, *Ciudades rebeldes*, Akal, Madrid, 2013, p. 105.

ser el gran benefactor, para convertirse de la noche a la mañana en el vástago más problemático del desarrollo capitalista.[15]

Desde su incorporación en la economía capitalista a gran escala China ha tenido que jugar bajo las reglas del capital internacional. En un principio la capacidad del gobierno central permitió que el Estado interviniera en más de una ocasión ante posibles escenarios de crisis, pero a medida que el país depende más de los mercados financieros su margen de maniobra es menor.[16] En 1998, China dispuso un conjunto de medidas que favorecieron la privatización general de la vivienda, fenómeno que provocó una ola de especulación y un vendaval de construcciones en las urbes a precios desmesurados.

Hacia 2011 la inversión en construcción china equivalía a un 70% del PIB nacional; sin embargo, como ocurre en economías capitalistas de gran escala, los ingentes recursos vertidos en el mercado inmobiliario no respondían a las necesidades sociales, sino a la lógica de acumulación de capital. Como ha documentado David Barboza en un interesante reportaje para *The New York Times* (sugerentemente titulado "Chinese city has many buildings, but few people"),[17] ciudades como Ordos están llenas de novedosos edificios desocupados y casas vacías. Ahora bien, estos proyectos de construcción tienen una terrible contracara, el ejemplo más impactante es Beijing donde más de 3 millones de personas fueron desplazadas desde el año 2000. Y es que, como explica Harvey, "junto a este enorme impulso urbanizador se da en la totalidad de China un proceso muy activo de desposesión. Los desplazamientos y desposesiones forzadas están entre las causas más importantes del aumento de las protestas populares, a veces violentas".[18]

El caso de China no es el único, proyectos parecidos a las ZEE se han llevado a cabo en ciudades como Río de Janeiro, Lima o Bombay. La India es quizás el ejemplo más trágico de los nocivos resultados que pueden acarrear estas medidas; ahí la aplicación de proyectos destinados a implementar ZEE ha sido el

---

[15] *Ibid.*, p. 106.

[16] *Ibid.*, p. 96.

[17] David Barboza, "Chinese city has many buildings, but few people", en *The New York Times*, Nueva York, 19 de octubre de 2010.

[18] D. Harvey, *Ciudades rebeldes*, p. 97.

caldo de cultivo para la represión y el despojo. Las peores consecuencias de las políticas ensayadas en esta nación las han sufrido los trabajadores agrícolas, quienes en 2007 protagonizaron una terrible masacre ordenada por el gobierno con el fin de "abrir espacio para la inversión de grandes capitales".[19]

El balance general de los procesos de industrialización acelerada, apertura económica y privatizaciones en territorios focalizados es amargo. Incluso en China, donde la fortaleza del Estado y su relativa independencia de los grandes capitales globales permitió seguir un rumbo distinto a la ortodoxia neoliberal dictada por el FMI, las "ventajas" macroeconómicas de las ZEE han ido acompañadas de enormes costos sociales como el aumento de la desigualdad, la explotación laboral, el daño medioambiental, el despojo masivo de tierras y la normalización de prácticas represivas.

3. Liberalización y privatización en México

Sin duda, estos antecedentes deben tomarse en cuenta para comprender la viabilidad de las ZEE. Las circunstancias geopolíticas, económicas y sociales de México, así como su cultura política y la tradición autoritaria de su gobierno, hacen de las ZEE el escenario perfecto para la represión, el despojo y el clientelismo político. A diferencia de China, México inició su proceso de apertura hace 30 años adoptando dogmáticamente las recomendaciones del FMI. Durante los años 80 ejecutó una política económica en la que se "impuso la disminución de la inflación, el control del déficit público, las privatizaciones y la apertura del mercado",[20] pero estas últimas medidas no fueron acompañadas de mecanismos capaces de orientar la acumulación de capital en beneficio de la economía nacional. En plena oposición a la experiencia del gigante asiático, México no sólo generó una privatización poco estratégica y una apertura desventajosa, sino que, en realidad, se limitó a transferir el control de los bienes y el capital público a manos privadas, generando así el caldo de cultivo perfecto para el surgimiento de una oligarquía nacional.[21]

---

[19] *Ibid.*, p. 42.

[20] Rubén Trejo, *op. cit.*, p. 162.

[21] *Idem*, p. 162.

Todavía peor, desde la transformación de la política económica iniciada en el periodo de Miguel de la Madrid, México ha sido el centro de un proceso de despojo masivo de los bienes comunes a través de "la privatización de la tierra, los bosques, el agua, las playas, el viento y los recursos genéticos".[22] A partir de la reforma al artículo 27 aprobada en 1992, los terrenos ejidales se volvieron susceptibles de entrar al mercado de tierras, lo que, aunado al Tratado de Libre Comercio con América del Norte (TLCAN), "se reflejó en la caída de la productividad y competitividad del campo mexicano".[23] No sólo eso, el intento de privatización del territorio ha provocado un sinnúmero de conflictos sociales en diversas regiones del país, así como un impresionante fenómeno de migración colectiva.

También en el gobierno de Carlos Salinas se instauraron las modificaciones jurídicas necesarias para hacer del agua una mercancía en disputa; sin embargo, no fue sino hasta la presidencia de Vicente Fox que se estableció el Programa para la Modernización de Organismos Operadores de Agua (Promagua), el cual establece distintas modalidades de contrato para que la iniciativa privada intervenga en el emergente negocio del llamado oro azul. A estas modalidades de privatización debe agregarse la construcción de presas hidráulicas, cuya función es determinante para el desarrollo de la industria eléctrica -cedida *de facto* al capital extranjero. El caso de la presa el Zapotillo es sólo un botón de muestra de las terribles consecuencias sociales provocadas por este viraje privatizador. Dicho proyecto, respaldado por la Comisión Nacional del Agua (CONAGUA), implica la desaparición de tres pueblos ubicados en los Altos de Jalisco: Temacapulin, Acasico y Palmarejo.

En los últimos años el proceso de acumulación de capital en México ha dado un vuelco importante. Si bien en un principio la apertura económica favoreció a la oligarquía nacional, en los últimos 20 años las privatizaciones se han diseñado para beneficiar al capital internacional. La creación de megaproyectos económicos en estados como Guerrero, Oaxaca, Veracruz, Jalisco y, más recientemente, Tlaxcala, Puebla y Morelos ha representado un nicho de jugosos negocios para la inversión extranjera. Lo ocurrido en estas últimas tres entidades es revelador: en 2011 se dio a

---

[22] *Ibid.*, p. 252.

[23] *Ibid.*, p. 256.

conocer el Plan Integral Morelos (PIM), mismo que comprende la construcción de dos termoeléctricas, un gasoducto y un acueducto,[24] todos ellos concesionados a empresas españolas e italianas. A cuatro años de haber iniciado este plan de industrialización masiva ya se registran cientos de comunidades afectadas, miles de trabajadores rurales despojados de sus tierras y decenas de defensores de derechos humanos encarcelados.[25]

Sin embargo, los megaproyectos asociados al PIM forman parte de una estrategia mucho más amplia de privatización y despojo vinculada a las necesidades energéticas globales. Las leyes secundarias de la Reforma Energética aprobadas en 2014 establecen la figura jurídica denominada "servidumbre legal de hidrocarburos", misma que subordina los derechos de propiedad individual y comunal a las necesidades energéticas[26] ya no del Estado, sino de megacorporaciones trasnacionales como British Petroleum, Shell o Chevron. En consonancia con semejante perspectiva, la *Ley nacional de hidrocarburos* legaliza la "ocupación temporal de tierras" hasta por 50 años, con el objetivo de explotar los recursos energéticos existentes en tierras utilizadas para otros fines.[27]

Tal como ha aceptado el propio Senado de los Estados Unidos de América a través del informe "Oil, Mexico, and the transboundary agreement",[28] fechado el 21 de diciembre de 2012,

---

[24] Una investigación completa al respecto puede encontrarse en el texto periodístico de Érika Paz "Desintegración social, delincuencia y daño ambiental por megaproyectos en Morelos", en *Revolución tres punto cero,* México, 22 de mayo de 2014.

[25] Al respecto puede leerse el texto redactado por el Centro de Derechos Humanos Fray Francisco de Vitoria: "Pueblos de Morelos, Puebla y Tlaxcala, en defensa de sus derechos", en *Contralínea*, México, 22 de julio de 2012.

[26] Léase el texto publicado por David Martínez Huerta, "La reforma de energía obliga a rentar o ceder la tierra si hay hidrocarburos abajo; y si no, se expropia a ciudadanos", en el portal *Sin Embargo*, México, 17 de julio de 2014.

[27] Al respecto puede consultarse el siguiente artículo: Tania L. Montalvo, "Reforma energética obliga a campesinos a 'aceptar' la explotación de hidrocarburos en su propiedad", en *Animal Político*, México, 12 de agosto de 2014.

[28] El informe completo está disponible como documentación de respaldo de la siguiente nota: Érika Paz. "México no tiene vocación de ser esclavo,

el país del norte no es autosuficiente en materia energética debido a su altísimo consumo de hidrocarburos -alrededor de 19 millones de barriles diarios (mbd)-, por lo que depende de la extracción de esos recursos en otros países. Por su parte, México tiene un consumo interno de 1.5 mbd y produce 2.5 mbd, sus reservas probadas no superan los 10 años y, sin embargo, ha emprendido una reforma energética destinada a ampliar la extracción de petróleo crudo para su exportación, en lugar de invertir en las instancias que agregan valor como la refinería y la petroquímica. No es casual que muchos analistas hayan señalado que la implementación de esta reforma se encuentra menos vinculada a las necesidades nacionales que a las exigencias de la crisis de acumulación de capital norteamericana producto, entre otras cosas, de su hiper-consumo energético.

En esas circunstancias el panorama que se avecina no parece muy favorable. La transformación del modelo energético anuncia la llegada de un periodo de industrialización en manos de los capitales internacionales; sin embargo, la evidencia histórica muestra que en México semejantes procesos han acarreado oleadas de despojo, represión y daños medioambientales consentidos y apoyados por los gobiernos locales y el gobierno federal. Así se constata en el informe de la Comisión Interamericana de Derechos Humanos (CIDH) titulado "El impacto de la minería canadiense en América Latina"[29] donde se registran daños medioambientales, división de las comunidades y criminalización de la protesta social en las incursiones de las empresas mineras en territorio nacional. De igual manera, el informe "Megaproyectos, violaciones a derechos humanos y daños ambientales en México" del Centro de Derechos Humanos Miguel Agustín Pro Juárez, documenta de forma detallada las "consecuencias devastadoras para las comunidades locales y el medioambiente", de megaproyectos efectuados en Guerrero, Jalisco, Oaxaca, San Luis Potosí y la Ciudad de México, además de que concluye que las ganancias de estas obras

Alberto Montoya habla sobre la reforma energética", en *Revista Hashtag*, México, 17 de agosto de 2014.

[29] Consúltese el Resumen Ejecutivo del Informe presentado a la Comisión Interamericana de Derechos Humanos: *El impacto de la minería canadiense en América Latina y la responsabilidad de Canadá.*

suelen beneficiar económicamente a una minoría "a costa de las comunidades más empobrecidas, rurales e indígenas".[30]

En este contexto hablar de las ZEE como instrumentos de lucha contra la desigualdad y la inseguridad es por lo menos debatible, cuando no enteramente refutable. Como muestra la evidencia histórica, las consecuencias que proyectos semejantes han generado en el país más bien parecen ayudar a reproducir la desigualdad, la violencia y la represión. La situación es tanto más preocupante cuanto el Estado mexicano, a diferencia del chino, no parece tener la autonomía necesaria para anteponer los objetivos económicos nacionales a los del capital extranjero; pero, sobre todo, porque carece tanto de la capacidad, como del interés para imponer la lógica de los derechos humanos sobre la lógica de la acumulación de capital. Y es que, como ha mostrado David Harvey, a veces esta última sólo puede reproducirse echando mano de la desposesión.

4. Acumulación por desposesión

Quizás uno de los aportes teóricos más relevantes de *El capital* en el dominio de la economía política consistió en mostrar que la realidad del mercado capitalista no es sólo la expresión desarrollada de un conjunto de dinámicas inherentes a la naturaleza social del ser humano, ni la consecuencia inevitable del proceso de expansión comercial; al contrario, semejante mercado sólo pudo aparecer gracias a una coyuntura histórica singular, la cual terminó generando un mecanismo económico capaz de imponerse con férrea necesidad sobre la actividad de las sociedades y los individuos. Como es de sobra conocido, Marx mostró que esa coyuntura tiene que ver con la aparición de una mercancía extremadamente particular llamada "fuerza de trabajo", mercancía que en ninguna de las formas de producción precedentes había existido como tal. De esta forma, se observa que el desarrollo capitalista no sólo precisa de condiciones económicas favorables, sino de la reproducción constante de un tipo de relación social

---

[30] Véase, Centro de Derechos Humanos Miguel Agustín Pro Juárez, *Han destruido la vida en este lugar. Megaproyectos, violaciones a derechos humanos y daños ambientales en México,* Centro Prodh, México, 2012.

particular capaz de proveer al mercado de sujetos dispuestos a vender su fuerza de trabajo.

En el capítulo 24 del tomo uno de *El capital*, Marx utiliza el término "acumulación originaria" para explicar el proceso histórico mediante el cual los medios de producción se concentraron en un pequeño grupo de propietarios obligando a la mayoría de la población a vender su fuerza de trabajo en el mercado.[31] El análisis histórico de Marx, confirmado más de medio siglo después por Karl Polanyi en *La gran transformación*, muestra que la separación de los trabajadores de sus medios de producción implicó una sucesión de acontecimientos extremadamente violentos, muchas veces per-petrados por la fuerza del Estado moderno, con el fin de destruir todas las formas de organización social fundadas en la propiedad comunitaria.

Tal fenómeno, cuyo inicio podría datarse en el siglo XVI, sería la condición necesaria para el desarrollo del capitalismo industrial decimonónico. En consonancia con los análisis de Marx, el geógrafo David Harvey ha estudiado el desarrollo de la acumulación capitalista en vinculación con los procesos de urbanización y transformación de los espacios; sus investigaciones lo han llevado a defender que el desarrollo capitalista no sólo requiere un proceso inicial de acumulación originaria, sino que reproduce situaciones semejantes para superar las crisis cíclicas de sobreacumulación de capital.

Sin embargo, la tesis de Harvey tiene sus antecedentes en los trabajos de Rosa Luxemburgo. A principios del siglo XX la escritora alemana señaló que el esquema de reproducción ampliada elaborado por Marx en *El capital* contaba con una serie de limitaciones para dar cuenta de las complejidades del proceso capitalista realmente existente. Y es que, desde su perspectiva, el alemán se equivocaba al mantener un supuesto teórico válido para comprender la acumulación de capital individual pero inválido al momento de explicar la acumulación total. Dicho supuesto teórico mantenía la ficción metodológica según la cual en una sociedad fundada bajo la primacía del capital, "obreros y capitalistas son los únicos consumidores".[32] Al plantear las cosas así, el problema de la realización del *plusvalor* en la reproducción social del capital

[31] Karl Marx, *El capital,* libro I, vol. 3, Siglo XXI, México, 2012, p. 891 *ss*.

[32] Rosa Luxemburgo, *La acumulación de capital*, Grijalbo, Barcelona, 1978, p. 266.

resultaba insoluble, pues se volvía imposible explicar cómo se absorbe el valor agregado a largo plazo. En efecto, dado que la producción capitalista requiere necesariamente el aumento permanente de *plusvalor* tiende a llegar un punto en el que se suministran más medios de consumo y más medios de producción de aquellos que la clase obrera y la clase capitalista pueden absorber.[33] Ahora bien si, como hace Marx en *El capital*, se mantiene el supuesto de que estas clases son los únicos sujetos de consumo, se vuelve imposible explicar dónde se *realiza* el *plusvalor* a largo plazo. Luxemburgo crítica que el autor de las *Teorías de la plusvalía* haya mantenido las premisas teóricas de la reproducción simple en la exposición de la reproducción ampliada, pues una postura como esa le impedía dar cuenta de fenómenos fundamentales para el desarrollo del capital como el colonialismo.

La autora de *La acumulación del capital* cree que Marx no contempla el papel de las economías no capitalistas en el proceso de acumulación de capital. De haberlo hecho, el alemán tendría que aceptar que ellas representan un "tercer" sujeto en el desarrollo de la *reproducción ampliada*. Así, en términos althusserianos, las economías no capitalistas pasarían de un papel *coyuntural* a uno *estructural* en la lógica del capital. En esa dirección, Luxemburgo afirma: "la plusvalía destinada a capitalizarse, y la masa de productos capitalistas que a ella corresponde, no pueden realizarse dentro de los círculos capitalistas, y, necesariamente, han de buscar su clientela fuera de estos círculos, en capas y formas sociales que no produzcan en forma capitalista".[34]

Sin embargo, el proceso de acumulación de capital no requiere cualquier tipo de economía no capitalista, necesita sociedades en las que pueda colocar su *plusvalía* y, al mismo tiempo, constituyan fuentes de adquisición de medios de producción (recursos naturales) y reservas de obreros (mano de obra barata). Cuando los modos de organización interna de una sociedad específica no coinciden con estos requisitos, la lógica de acumulación de capital no duda en recurrir a la violencia para imponerlos. Por ello, Luxemburgo afirma que el despojo y la violencia no son sólo la prehistoria del capital, sino su historia cotidiana y necesaria:

---

[33] *Ibid.*, pp. 267-268.
[34] *Ibid.*, p. 275.

> El capital no tiene, para la cuestión, más solución que la violencia, que constituye un método constante de acumulación de capital en el proceso histórico, no sólo en su génesis, sino todo el tiempo, hasta el día de hoy [...]. El método violento es, aquí, el resultado directo del choque del capitalismo con las formaciones de economía natural que ponen trabas a su acumulación.[35]

Ahora bien, en el penúltimo capítulo de *El nuevo imperialismo* David Harvey recupera el espíritu de la tesis de Luxemburgo, pero afirma que existe un problema en su argumentación. Y es que la fundadora de la Liga Espartaquista defiende que la búsqueda de nuevos territorios es correlativa a la tendencia del capital a las crisis sucesivas, sin embargo localiza su origen en la "escasez general de demanda efectiva [capaz de compensar] el aumento de producción que genera el capitalismo".[36] De manera que la reflexión luxemburguista terminaría caracterizando las crisis capitalistas como crisis de subconsumo.

Harvey considera que hoy por hoy esta caracterización es insostenible, aunque defiende la tendencia general del capital a provocar crisis cada vez más agudas. Éstas, sin embargo, no son producto del subconsumo sino de "la falta de oportunidades para una inversión rentable"[37] en economías que requieren reiniciar en todo momento el proceso de acumulación de capital. No es, pues, el subconsumo, sino la sobreacumulación el motivo que explicaría las crisis constantes del capital. Ahora bien, las crisis de sobreacumulación no se presentan bajo la ausencia de demanda efectiva, sino que se hacen patentes en la imposibilidad de reinvertir excedentes de capital en el mercado.[38] De ahí que uno de los problemas fundamentales para el capitalismo consista en construir condiciones propicias para la absorción de esos excedentes.

Harvey ha acentuado el papel de las transformaciones espacio-temporales como instrumentos para revitalizar el proceso de acumulación de capital en periodos susceptibles de crisis. De hecho, buena parte de su trabajo ha consistido en mostrar

---

[35] *Ibid.*, p. 285.

[36] David Harvey, *El nuevo imperialismo*, Akal, Madrid, 2007, p. 112.

[37] *Idem.*

[38] *Ibid.*, p. 80.

sólidamente las evidencias histórico-geográficas de esta tesis.[39] En las últimas décadas el académico se ha centrado en un tipo específico de solución a los problemas de sobreacumulación debido a su creciente relevancia: la acumulación por desposesión. Con dicho término Harvey hace referencia a los mecanismos que permiten apropiarse de recursos, propiedades, bienes y derechos, insertos en dinámicas no capitalistas para introducirlos en la lógica de acumulación de capital. Aunque la apropiación de territorios y recursos por la vía de la violencia directa es una de sus modalidades, la acumulación por desposesión no se agota en ella. Acciones como la privatización de bienes comunales, la transferencia de recursos públicos a manos privadas o las modificaciones jurídicas destinadas a modificar los regímenes de propiedad de la tierra, son ejemplos cuyas consecuencias resultan igualmente nocivas y que, sin embargo, se encuentran amparados en una nueva forma de legalidad.

Harvey enumera las formas de acumulación por desposesión de la siguiente manera:

> [...] la mercantilización y privatización de la tierra y la expulsión forzosa de poblaciones campesinas [...]; la conversión de formas diversas de derechos de propiedad (comunal, colectiva, estatales, etc.) en derechos exclusivos de propiedad privada; la supresión de los derechos sobre los bienes [...]; la mercantilización de la fuerza de trabajo y la eliminación de los modos de producción y de consumo alternativos (autóctonos); procesos coloniales, neocoloniales e imperiales de apropiación de activos (recursos naturales entre ellos); y por último, la usura, el endeudamiento de la nación y, lo más devastador, el uso del sistema de crédito [son] formas de acumulación por desposesión.[40]

Todos estos procesos tienen la ventaja de insertar una masa de bienes, recursos o territorios en la lógica de acumulación de capital en un lapso relativamente corto de tiempo. En ese sentido,

---

[39] Véase David Harvey, *París, capital de la modernidad*, Akal, Madrid, 2008. En esta obra Harvey analiza la manera en que la renovación de la ciudad de París permitió enfrentar la crisis de acumulación de capital a finales de la década de 1840.

[40] David Harvey, *Breve historia del neoliberalismo...*, pp. 175 y 216.

son una solución espacio-temporal viable cuando aparecen crisis de sobreacumulación.

Ahora bien, Harvey argumenta que desde la primera gran crisis del petróleo ocurrida en 1973 el capitalismo experimenta un problema de capital sobre-acumulado. En buena medida, lo que se ha denominado proyecto neoliberal consiste en el intento de remover este obstáculo mediante un complicado conjunto de estrategias, entre las cuales la acumulación por desposesión ocupa un lugar preponderante. No es casual que desde finales de la década de 1970 en todo el orbe se hayan multiplicado los procesos de privatización de bienes no mercantiles como el agua, la salud, la educación, etc., al mismo tiempo que se incrementaban las transferencias de recursos públicos a manos privadas y se relajaban los obstáculos jurídicos que evitaban el despojo de tierras a comunidades indígenas.

En ese contexto, el geógrafo inglés ha utilizado el concepto de "cercamiento de los comunes" para explicar el proceso predador que se ha vivido en los últimos 30 años, un concepto claramente emparentado con la noción de "cercamiento de las tierras" mencionada por Marx en la acumulación originaria. En ambos casos, el despojo de recursos y bienes ha estado vinculado a un conjunto de instituciones políticas dispuestas a reformular la legalidad en beneficio de una minoría y en desmedro de los grupos menos favorecidos.

Además de países como la India o China, el experto en urbanismo identifica a México como una de las naciones donde este proceso se ha presentado con mayor intensidad. Proyectos como las ZEE anunciadas por el Ejecutivo Federal a un mes de lo ocurrido en Iguala, Guerrero, parecen pertenecer claramente a este nuevo cercamiento de los comunes. Con todo, habrá que analizar a detalle las consecuencias de esta medida en relación con las políticas específicas que se implementen para su realización. Sin embargo, la evidencia histórica no parece otorgarnos presagios muy favorables.

Bibliografía

Arrighi, Giovanni. *Adam Smith en Pekín. Orígenes y fundamentos del siglo XXI*, tr. de Juan Mari Madariaga, Akal, Madrid, 2007.

Centro de Derechos Humanos Miguel Agustín Pro Juárez. *Han destruido la vida en este lugar. Megaproyectos, violaciones a derechos humanos y daños ambientales en México,* Centro Prodh, México, 2012. En http://www.centroprodh.org.mx/index.php?option=com_docman&task=doc_details&gid=149&Itemid=28&lang=es.

Comisión Interamericana de Derechos Humanos. *El impacto de la minería canadiense en América Latina y la responsabilidad de Canadá. Resumen Ejecutivo del Informe presentado a la Comisión Interamericana de Derechos Humanos*, Grupo de Trabajo sobre Minería y Derechos Humanos en América Latina. En http://www.dplf.org/sites/default/files/informe_canada_resumen ejecutivo.pdf.

Harvey, David. *Breve historia del neoliberalismo*, tr. de Ana Varela Mateos, Akal, Madrid, 2007.

Harvey, David. *El nuevo imperialismo*, tr. de Juan Mari Madariaga, Akal, Madrid, 2007.

Harvey, David. *París, capital de la modernidad*, tr. de José María Amoroto Salido, Akal, Madrid, 2008.

Harvey, David. *Ciudades rebeldes*, tr. de Juan Mari Madariaga, Akal, Madrid, 2013.

Luxemburgo, Rosa. *La acumulación de capital*, tr. de Raimundo Fernández O., Grijalbo, Barcelona, 1978.

Marx, Karl. *El capital. Crítica de la economía política*, libro I "El proceso de producción del capital", vol. 3, tr. de Pedro Scaron, Siglo XXI, México, 2012.

Stiglitz, Joseph E. *El malestar en la globalización*, tr. de Carlos Rodríguez Braun, Taurus, México, 2002.

Trejo, Rubén. *Despojo capitalista y privatización en México, 1982-2010*, Ítaca, México, 2012.

Hemerografía

Barboza, David. "Chinese city has many buildings, but few people", en *The New York Times*, Nueva York, 19 de octubre de 2010. En http://www.nytimes.com/2010/10/20/business/global/20ghost.html?r=1.

Centro Vitoria. "Pueblos de Morelos, Puebla y Tlaxcala, en defensa de sus derechos", en *Contralínea*, México, 22 de julio de 2012. En http://contralinea.com.mx/archivo-revista/index.php/2012/07/22/pueblos-de-morelos-puebla-tlaxcala-en-defensa-de-sus-derechos/.

Cornejo Bustamante, Romer. "Las zonas económicas especiales, ¿maquiladoras en China?", en *Estudios sobre Asia y África*, vol. 20, El Colegio de México, México, 1985, pp. 444-469.

Chamberlain, Gethin. “Apple's Chinese workers treated 'inhumanely, like machines'”, en *The Guardian*, Londres, 30 de abril de 2011. En http://www.theguardian.com/technology/2011/apr/30/apple-chinese-workers-treated-inhumanely.

Martínez Huerta, David. “La reforma de energía obliga a rentar o ceder la tierra si hay hidrocarburos abajo; y si no, se expropia a ciudadanos”, en el portal *Sin embargo*, México, 17 de julio de 2014. En http://www.sinembargo.mx/17-07-2014/1060077.

Montalvo, Tania L. “Reforma energética obliga a campesinos a ‘aceptar’ la explotación de hidrocarburos en su propiedad”, en *Animal Político*, México, 12 de agosto de 2014. En http://www.animalpolitico.com/2014/08 /reforma-energetica-obliga-campesinos-aceptar-la-explotacion-de-hidrocarburos-en-su-propiedad/.

Paz, Érika. “Desintegración social, delincuencia y daño ambiental por megaproyectos en Morelos”, en *Revolución tres punto cero,* México, 22 de mayo de 2014. En http://revoluciontrespuntocero.com/desintegracion-social-delincuencia-y-dano-ambiental-por-megaproyectos-en-morelos/.

Paz, Érika. “México no tiene vocación de ser esclavo, Alberto Montoya habla sobre la reforma energética”, en *Revista Hashtag*, México, 17 de agosto de 2014. En http://revistahashtag.net/reportajes/entre vistas/item/ 532-mexico-no-tiene-vocacion-de-ser-esclavo-alberto-montoya-habla-sobre-la-reforma-energetica.

Ayotzinapa y México, México y Ayotzinapa

Mario Rojas Hernández

México tiene graves problemas en lo económico, lo educativo, lo político, lo social, lo cultural. En México tienen lugar levantamientos armados, desapariciones forzadas, secuestros, asaltos, asesinatos. Hay más de 25,000 desaparecidos en toda la República mexicana. La región sur es la región más pobre del país. Tiene lugar la exacerbación de la violencia desde hace ya mucho tiempo, principalmente desde el inicio de la "guerra" contra el narcotráfico declarada por el ex-presidente Felipe Calderón. Y siguió Tlatlaya en junio de 2014. Y siguió Ayotzinapa el 26 de septiembre de 2014.

1. Ayotzinapa

Ayotzinapa representa -aunque quizá no para todos- el horror moral, el horror humano, el horror provocado por específicos actos humanos contra seres humanos, lo que se ha convertido desgraciadamente en situación cotidiana en muchos lugares de México. Lo que se puede constatar, en sentido ético, humano, y crítico también -no meramente en el sentido cientificista-positivista supuestamente valorativamente neutral, conservador, de derecha-, al ver noticias y principalmente algunos muy importantes reportajes sobre los desaparecidos en la República mexicana, y al leer algunos importantes trabajos y testimonios sobre la violencia y la guerra contra el narco en México, es el inexpresable sufrimiento -no representable para los que estamos (¿por ahora?) del otro lado- que padecen las personas que han pasado y siguen pasando por esa experiencia de no ver regresar a un familiar a casa, de perderlo/la, de ver a alguien de sus más cercanos seres humanos torturado, mutilado, asesinado, desaparecido.

Es la tristeza, el desconsuelo, la angustia expresadas en las imágenes que seguramente llegan a la mente de cada uno de los familiares en referencia a qué le habrá pasado a..., cómo estará..., en qué situación o lugar se encuentra..., está... vivo o viva, sufre, encontraremos y volveremos a ver a... Es su miedo y terror por saber que puede tener lugar desquite, venganza, contra ellos como familiares por hablar, quejarse, acusar, denunciar, proseguir el asunto, por estar a la espera de que ocurra eso, por estar seguros de que sucederá eso.

Es la terrible situación de familias quebradas emocionalmente y disgregadas por tener que separarse e irse unos a un lado, otros a otro lado, para escapar a las represalias, por haber experimentado de nuevo el asesinato de otro familiar por quejarse, acusar...; familias empobrecidas por tener que dejar el trabajo o la actividad productiva para dedicarse a buscar a sus familiares. Es el horror vivido por comunidades desoladas por el desconcierto, el miedo y el terror, y son pueblos ahora vacíos porque sus habitantes han tenido que abandonarlos para que no sean amenazados, agredidos, violentados, violados, torturados, desaparecidos.

Son las dolorosas e indignantes privaciones y carencias económicas extremas en que vive gran parte de la población mexicana. Son en muchos casos zonas de exclusión. Es la descomposición social, institucional, legal, que ha ocasionado todo ello. Son las tremendas carencias educativas que padece el grueso de la población mexicana. Es la corrupción, la explotación, las desigualdades económicas, la discriminación, el poder bruto que han provocado todo eso.

Y del otro lado lo que viene a la mente, lo que preocupa, crispa la piel, repercute en la emocionalidad humana, da miedo y horroriza es lo monstruoso de las torturas, los descuartizamientos, los asesinatos; es ver y sentir la expresión máxima de la violencia, del sentimiento de poder de algunos ante otros -hasta aniquilarlos-; es lo espantoso del placer y gozo de amenazar, humillar, torturar, mutilar y matar, del placer y gozo de ver sufrir a los familiares, a los rivales y enemigos; es la enorme ignorancia moral y social; es la expresión máxima de la inconsciencia moral completa, consumada, lo que todo ello manifiesta, pero eso sí, inconsciencia moral humana y por ello culpable y responsable.

Y es la rabia y la terrible frustración de los familiares de los desaparecidos, secuestrados, descuartizados, asesinados, por la impotencia, por no poder hacer nada de modo inmediato, por no ver alguna posible salida, y por ver y experimentar que las autoridades no hacen nada, que muy comúnmente no saben ni pueden hacer nada y que muy comúnmente no quieren hacer nada. Es la tristeza y desesperanza, y el rencor, hasta odio, provocados en las personas que se quejan, denuncian, exigen, por las autoridades municipales, estatales, federales que no atienden, no escuchan, manifiestan actitudes y opiniones inmorales y cínicas en extremo ante ellos, son apáticas, hacen burlas, son incompetentes, están vinculadas con el narco, son corruptas, manifiestan completa inconsciencia política ciudadana.[1]

Es el México en el que todos vivimos y del que todos somos responsables. ¿Qué ha pasado en México de modo que ha llegado a ser posible todo esto?, ¿cómo se han dado las condiciones para que se lleguen a cometer esos horrores, que no son los únicos?, ¿por qué estamos así?, ¿no se pudo evitar?, ¿se puede evitar? No pretendo aportar aquí una respuesta acabada a estas preguntas. Me propongo por ahora sólo aportar algunos elementos que nos den un panorama de la situación de México en varios de sus componentes constitutivos como comunidad política (2), para a partir de ahí revisar análisis críticos principalmente de la situación política (3) y presentar algunas reflexiones críticas que permitan divisar siquiera provisionalmente por dónde podría apuntar una posible salida, aun sea inacabada (4 y 5).

2. Algunos datos sobre la desastrosa situación de México

A. *En lo social*: el nuestro es un país con los más terribles niveles de corrupción. Hay corrupción, ejercemos corrupción en la política, la economía, las instituciones educativas, el pago de impuestos, el deporte, la iglesia, los bancos, los sindicatos, el cumplimiento de las leyes, las empresas que poseen y manejan los medios de comunicación, el sistema legal, etc. Los principales estudios recientes ponen el acento en la corrupción como componente nuclear, estructural, de la vida socio-política en México, como elemento ya tan profundamente enraizado en

[1] Me he basado para exponer y expresar lo anterior en el excelente documental sobre los desaparecidos en México de Mónica González, (*www.geografiadeldolor.com*). Mónica González, *Geografía del dolor*, Surplus ediciones, Oaxaca, s/a.; Lolita Bosch, *México: 45 voces contra la barbarie*, Océano, México, 2014; artículos de la revista *Proceso* (números 1979, 1980, 1982, 1983, 1984, 1987, 1989, 1990, 1991, 1992, 1996); www.aristeguinoticias.com.

nuestra la cultura, y en las enormes e inigualables dificultades que existen para poder erradicarla aun sea en un nivel mínimo relevante.[2] Se señala bien además que la culpa no es sólo de la clase política sino también de los ciudadanos.[3] Y todo esto apoyado por un capitalismo rapaz, insaciable, de cuates (Dresser); pero no sólo "apoyado" diría yo, sino como componente constitutivo del mismo, pues así se lo ha ejercido y mantenido para conseguir los propósitos de los agentes económicos y políticos en este sistema capitalista mexicano.

El índice de delitos es muy elevado y los delitos cometidos, pero no denunciados, son del doble al cuádruple de los denunciados. La corrupción está asociada al narco en las policías municipales y mandos altos de la Secretaría de Seguridad Pública (SSP) y la Procuraduría General de la República (PGR). Y el lavado de dinero proveniente de las drogas incluye la participación de empresas y empresarios.[4]

Desgraciadamente tenemos que constatar que estamos en un país intolerante, violento, discriminador: contra las mujeres, los indígenas, los gays y las lesbianas, los morenos, la gente con capacidades diferentes, etc. En México "tres de cada diez mexicanos niegan o condicionan los derechos de los demás" y a "uno de cada cinco mexicanos les parece 'natural' que a las mujeres se les prohíban más cosas que a los hombres".[5] Considero cierta la idea de que el mexicano se caracteriza por ser "un solidario de familia, de barrio o de gremio más que de clase, de cotos o círculos

---

[2] Especialmente Agustín Basave, *Mexicanidad y esquizofrenia. Los dos rostros del mejicano*, Océano, México, 2010, cap. II, y sobre el "corrupto legal mexicano" (políticos, líderes sindicales, empresarios) cap. III; Denisse Dresser, *El país de uno. Reflexiones para entender y cambiar a México*, Aguilar, México, 2011, pp. 54-59 y cap. IV; Arturo Anguiano, *El ocaso interminable. Política y sociedad en el México de los cambios rotos*, Era, México, 2010, pp. 59-79; la analiza y critica en diversas partes de su libro Lorenzo Meyer, *Nuestra tragedia persistente*, Debate, México, 2013; Mesa redonda: "La corrupción, ese mal que nos ha corroído las entrañas", en *Los grandes problemas nacionales*, coordinado por Armando Bartra, Ítaca, México, 2012, pp. 311-318; Ricardo Raphael, *Mirreynato*, Temas de hoy, México, 2014, cap. IV.

[3] D. Dresser, *El país de uno*, p. 54; A. Basave, pp. 69-70, 71 *ss*; R. Raphael, cap IV.

[4] L. Meyer, *op. cit.*, pp. 110 y 320.

[5] D. Dresser, *El país de uno,* pp. 49-52, R. Raphael, cap. V.

estrechos pues, cuya conciencia colectiva se atroja en la espiral expansiva que lleva a la conciencia nacional", de modo que "nuestro ingrediente colectivista y corporativo no excluye -oh sorpresa- un profundo individualismo".[6] Una reforma social que intentara remediar esta situación sólo podría consistir en una formación de verdaderos ciudadanos.

B. *En lo económico*: La mitad de la población mexicana (más de 50 millones) está en situación de pobreza. Según la CEPAL, la proporción de mexicanos en situación de pobreza pasó de 53% en 1992 a 47.4% en 2008; pero a inicios de 2012 la proporción sería de más del 50%. El 20% de la población sobrevive con sólo 2 dólares diarios en promedio. Entre 1935 y 1982 el crecimiento promedio anual del PIB per cápita fue de 3.17%, pero de 1983 a 2012 fue tan sólo de 0.8%. La economía ha crecido en términos reales sólo 1% desde 1983. En competitividad estamos en el lugar 60 de 132 países. El PIB creció entre 2007 y 2011 en promedio anual sólo 1.54%, pero si de aquí se descuenta el crecimiento demográfico, entonces el crecimiento real promedio fue de sólo 1% anual, que es el peor de Latinoamérica; en general, la tasa de crecimiento es de las más bajas del mundo.[7] La crítica que se ha hecho con toda razón a esta política económica es que es por completo fallida.

Hay en México suprema concentración de riqueza en pocas manos, en pocos privilegiados, dueños del poder económico y político; se trata de una desigualdad económica extrema, México es un país "trágicamente desigual" (Raphael). Como lo presenta Raphael muy recientemente: en México somos 119.5 millones de personas, y el 46% de la riqueza va al 10% de los hogares mexicanos más ricos; sólo el 0.3% le toca al 10% de los hogares más pobres (considerando 3.7 personas por hogar); el 0.01% de la población más rica gana en promedio 2,534,000 pesos mensuales, el 0.1% gana 646,794 pesos; el ingreso de la -que Raphael clasifica como- clase media va de los 14,949 a los 6,505 pesos mensuales;

---

[6] A. Basave, *Mexicanidad y esquizofrenia,* pp. 36-38 y 78-79; también en este sentido Jorge Castañeda, *Mañana o pasado. El misterio de los mexicanos*, Aguilar, México, 2011, cap. 1; Bartra acentúa la necesidad de un cambio en los fundamentos culturales de nuestra comunidad política. *Cfr*. su "Prólogo".

[7] Datos tomados de L. Meyer, *Nuestra tragedia persistente*, pp. 54, 55, 96 y 111; D. Dresser, *El país de uno*, p. 20; R. Raphael, *Mirreynato*, p. 159.

mientras que el 10% de la población más pobre obtiene sólo 2,332 pesos mensuales; en promedio, casi 36 millones de personas ubicadas en la parte baja de la pirámide cuentan con sólo 34 pesos de ingreso diario para satisfacer (?) sus necesidades de alimento, vivienda, vestido, salud, educación, transporte, etc.[8] El gran problema es que la desigualdad social *no es un problema* a resolver prioritariamente por parte de los poderes políticos ni de los poseedores del capital -quizá ni de los economistas profesionales.[9] Es de considerar muy seriamente, como apunta Meyer, que la desigualdad económica conduce a ingobernabilidad.[10]

El fisco mexicano capta apenas 11% de PIB, captación que debería ser por lo menos del doble; el promedio mundial es del 29% del PIB (hay países que captan hasta el 50%). Y es en verdad enorme la evasión fiscal. Meyer expone que cuatro centenares de grandes conglomerados pagan poco o nada de ISR, y aglutinan -lo que es ilegal- ganancias de unas de sus empresas con las pérdidas de otras pasar salir "tablas" y difieren por años el pago de impuestos hasta lograr, a veces, su condonación.[11]

En este país tenemos, como se sabe, al hombre más rico del mundo (C. Slim), cuyos ingresos diarios son de 48 mdd, controla más de 200 compañías y su fortuna es de 69 mil mdd (equivalente al 7% PIB de México). Hay 7 millones de trabajadores mexicanos en los EUA que en 2006 enviaban 23 000 mdd a México. Hay 6 millones de trabajadores mexicanos sin papeles en los Estados Unidos. Analistas explican que la migración legal e ilegal al vecino país y la economía informal han funcionado como "válvulas de escape" para aminorar el estallido social.[12] El mexicano es un capitalismo de pequeños grupos de cuates.[13]

---

[8] Datos tomados de R. Raphael, *Mirreynato*, pp. 156 y 162-169, también 169-182. Para estos datos Raphael se basa en un estudio de Raymundo Campos, Salvador Chávez y Gerardo Esquivel publicado en 2014.

[9] L. Meyer, *Nuestra tragedia persistente,* p. 111; R. Raphael, *Mirreynato*, p. 160. Para una posición que considero opuesta a lo presentado aquí -y en lo que sigue- Macario Schettino, *El fin de la confusión*, Paidós, México, 2014, cap. 12.

[10] L. Meyer, *op. cit.,* p. 339.

[11] Datos tomados de L. Meyer, *Nuestra tragedia persistente*, pp. 105 y 300-301; R. Raphael, pp. 160-161.

[12] L. Meyer, *op. cit.*, pp. 55, 96-97, 111, y 293.

[13] D. Dresser, *op. cit.*, cap. IV.

Ahora bien, hablar de crecimiento económico, ese fetiche actual, es de por sí engañoso: ¿de qué sirve crecer económicamente si hay completa desigualdad económica entre los diferentes estratos de la población? Tal crecimiento sólo tiene sentido ético y político si va asociado a una -pongámoslo por ahora sólo así- mejor distribución de la riqueza, mayor equidad, mayor bienestar *de toda* la población. No sé cómo se pueda plantear que *afortunadamente* ya vamos en camino hacia o ya estamos en una sociedad de clase media (Castañeda, Schettino). ¡Hay de 46 a 50 millones de pobres! ¿De qué sirve que más gente acceda a refrigerador, televisión (para ver las telenovelas), coche, celular, laptop, un poco de más posibilidades de viajar, etc. si sus ingresos no alcanzan para una mejor alimentación, salud, vivienda, educación, para poder enviar a todos los hijos (3, o quizá 4, por familia en promedio) en igualdad a mejores escuelas, para comprar más y mejores libros, para acceder a mejor música, cine, teatro, a una más adecuada orientación cultural, una mejor formación política y mejor desarrollo de conciencia ciudadana que permitan conocer y aquilatar de mucho mejor manera qué sí es valioso -moral, política, cultural, artística, científicamente-; no se puede tratar de que la población obtenga un poco de más ingreso para ser sólo consumidor de bienes y servicios al estricto modo capitalista *para el inmensamente mayor beneficio -económico- de los grandes capitales*. ¿De qué sirve el crecimiento económico si las -supuestamente en ascenso- clases medias y nuestra(s) clases ricas y ultra-ricas siguen siendo ignorantes, autoritarias, excluyentes-aristocráticas, dominadoras, y no se abren mejores posibilidades para los estratos más bajos -más necesitados- de la población en cada rubro arriba mencionado?

C. *En lo jurídico*: Existen terribles deficiencias y fallas en la conformación y consolidación del Estado de derecho, éste no funciona como debería ser, no hay conexión entre lo legal y la norma y la realidad; la ilegalidad es lo que domina. Según expertos, el 90% de los delitos cometidos en nuestro país quedan impunes. Tienen lugar calamitosos errores del sistema de justicia y fallos de la Suprema Corte. Hay ataques a ciudadanos, a periodistas, que no son pronta ni correctamente atendidos ni resueltos. Y existe una ignominiosa corrupción de los órganos de impartición de justicia y favoritismos hacia grandes intereses económicos y políticos.[14] "La corrupción del poder judicial [...] es catastrófica para un Estado, representa prácticamente su anulación".[15]

En relación con este punto quisiera señalar sólo brevemente que tiene que ser claro que emitir leyes y más leyes por todos lados no resuelve los problemas si no hay, por un lado, organización y voluntad política de hacer cumplir la ley ante quien la transgreda, pertenezca al estatus económico, social y político al que pertenezca; por otro lado, si no se lleva a cabo una adecuada formación ciudadana en la conciencia de lo que significa vivir en, reconocer y contribuir a conformar un verdadero Estado de derecho; y por otro lado, si no se cae en la cuenta de que lo anterior tiene que ver intrínsecamente con y depende estrictamente de la formación de una *conciencia ética* de cada individuo; aquí juega su rol fundamental la *formación educativa* a todos los niveles de la sociedad.[16]

D. *En lo educativo*: La situación del sistema educativo mexicano es en verdad mala: la terriblemente deficiente formación educativa de nuestros ciudadanos. En dieciséis carreras, sólo dos de cada diez egresados, en promedio, han encontrado empleo. En México, el analfabetismo alcanza el 6.2%. El país dedica a la educación 5.7% del PIB (2010); pero es un porcentaje en pesos que, comparado por ejemplo con el porcentaje que dedica Corea del Sur en dólares, representa la mitad de éste. En 2014 el porcentaje fue el 5.1%.

En México sólo del 70 al 74% de la población en edad recibe educación secundaria; hay 7 millones de jóvenes que ni estudian ni trabajan. De cada 10 estudiantes candidatos a entrar a la UNAM sólo entra uno. Cada año 700,000 niños abandonan la primaria y

---

[14] Sobre estos problemas en especial véase A. Basave, *Mexicanidad y esquizofrenia*; D. Dresser, *El país de uno*, pp. 272-296; J. Castañeda, *Mañana o pasado*, cap. 8; Mesa redonda: "La justicia, opaca y alejada de la gente", en *Los grandes problemas nacionales*. Para el dato, *cfr*. L. Meyer, *Nuestra tragedia persistente*, p. 106, también, p. 116.

[15] Gerardo Ávalos, "El colapso del Estado mexicano", en *No nos alcanzan las palabras. Sociedad, Estado y violencia en México*, coordinado por Gabriela Contreras Pérez, Joaquín Flores Félix, Araceli Mondragón González, Isis Saavedra Luna, Ítaca/UAM-X, México, 2014, pp. 55-80.

[16] Sobre la "moral" y la estricta problemática y el significado de la "ética" véase Mario Rojas, *La razón ético-objetiva y los problemas morales del presente*, Ítaca, México, 2011.

600,000 la escuela media.[17] El promedio de escolaridad de la población es tan sólo de 8.7 en cuanto a grados (segundo año de secundaria); el 43% de la población de 15 años o más no cuenta con educación básica completa; el 56% de los evaluados por la prueba PISA se ubican entre los niveles 0 y 1. De cada 100 estudiantes que ingresan a la primaria sólo 68 completa la educación básica y 35 termina la primaria. Sólo 8.5% de la población cuenta con licenciatura. No hay datos seguros ni claros de cuántos maestros y burócratas componen el sistema educativo mexicano. Con base en lo anterior Dresser sostiene que nuestra escuela pública crea ciudadanos apáticos.[18]

En diversos medios de comunicación, especialmente en programas de discusión en televisión, se señaló (en agosto y septiembre de 2014) que existen 230,000 plazas de maestros de las que no se sabe dónde está el maestro o la maestra, o sea, que son pagadas/cobradas, pero no se sabe quién la ocupa, quién recibe el dinero ni por qué se da (se permite, fomenta) esta situación.

Además, México no es un país de lectores, y esto se relaciona tanto con la cantidad y calidad de libros leídos como con la capacidad de lectura. Una gran cantidad de estadísticas a lo largo de los últimos 15 años muestran las enormes carencias en este ámbito. En México se lee terriblemente poco, comparado con el nivel de lectura de países europeos, de Canadá, Australia, Corea del Sur, y también con otros países de América Latina. Claro que todo esto se debe a la mala educación, a la incapacidad (de padres de familia, educadores/as, maestros/as y profesores/as) de motivar e interesar, y de mostrar la importancia de la lectura como tal, a los estudiantes desde la niñez. Y se debe también a que los maestros mismos, y profesores, no leen, no estudian.

Se añade a lo anterior, como una causa de tal situación desde hace ya buen tiempo, el terrible problema del corporativismo sindical, en extremo autoritario y corrupto, que es "en buena medida responsable de que hoy el magisterio sea más eficaz como estructura política y grupo de interés, que como transmisor de los conocimientos que necesitan los estudiantes de educación primaria

[17] Datos tomados de L. Meyer, *Nuestra tragedia persistente*, pp. 54, 55, 112 y 304; Mesa redonda: "La educación extravió el camino", en *Los grandes problemas nacionales,* pp. 232 y 235; R. Rapahel, *Mirreynato*, p. 206.

[18] Datos tomados de D. Dresser, *El país de uno,* pp. 37, 38, 40 y 54; R. Raphael, *Mirreynato*, pp. 207-211.

y secundaria con urgencia para participar con éxito en un mercado global altamente competitivo".[19] Se trata de un sindicato de trabajadores de la educación que se dedica a no permitir una adecuada formación de los maestros responsables a su vez de la adecuada formación de la población estudiantil en los niveles básicos de la educación, entre otras muchas calamidades.[20]

Se suma además el apoyo irrestricto de los poderes políticos a la mercantilización de la educación, a su privatización. Como se sabe, el crecimiento del sector privado en la educación ha sido enorme desde la implantación del neoliberalismo, comparado con el crecimiento de la educación pública. Hugo Aboites apunta que de 1990 a 2002 el número de instituciones privadas pasó de 706 a 2153. Y de los 7,000 millones que gastan el Estado y particulares en educación, "el avance de la compraventa de servicios de instrucción" ha sido espectacular, pasó de representar una quinta parte de toda la educación en México a una proporción cercana a la tercera parte.[21]

Por desgracia en nuestro país la educación no es vista -por la inmensa mayoría de la población- como un fin en sí misma, esto es, como algo que es importante y valioso por sí mismo, y fundamental para la realización de todos *como sujetos autónomos en una comunidad política* estructurada y basada precisamente en el reconocimiento del carácter valioso como tal de los individuos autónomos como ciudadanos, sino que se la considera y trata como un *mero medio* para conseguir trabajo e insertarse en el sistema laboral -capitalista- y, en los peores casos, para sacar lo que se pueda sin hacer nada o muy poco en y por la comunidad política. Esta es una *instrumentalización* de la educación sólo para prepararse (instruirse) para conseguir trabajo y colocarse en el sistema, obtener *status* (económico y social), sacar provecho, hacer dinero, obtener poder. Acorde con esto, no interesa la formación o cultivo individual, no importa el conocimiento ni la investigación.

---

[19] L. Meyer, *op. cit.*, p. 302.

[20] Sobre esto D. Dresser, *El país de uno,* pp. 37-43, 71; L. Meyer, *Nuestra tragedia persistente*, pp. 50, 79, 102, 116 *ss*, 189 y 301 *ss*; A. Basave, *Mexicanidad y esquizofrenia*, cap. III.

[21] H. Aboites, "Derecho a la educación o mercancía. Diez años de libre comercio en la educación mexicana". Fuente: http//www.comunca.maris tas.edu.mx/Solidaridad/Doctos/DERECHOEDUC.htm; y la crítica de Raphael a la educación privada, *Mirreynato*, cap. VIII.

Esto se vincula a su vez con el hecho de que en nuestro país la educación, la pedagogía y la enseñanza, el trabajo profesional de educador, maestro o profesor, no son bien valuados, aquilatados, en cuanto a su importancia, función y finalidad -aun por parte de los mismos que las ejercen. "Estamos tan mal educados que no sabemos lo importante que es la educación".[22] Ante esto se tiene que defender, por el contrario, que la educación es fin: para la formación y contribución a la conformación de una comunidad política de individuos cultivados, responsables por la misma, más capaces, conscientes social y políticamente, comprometidos, participativos. Sólo así se puede construir una comunidad política de verdaderos ciudadanos cada vez más equitativa y solidaria, y menos ignorante, menos discriminadora y excluyente, menos violenta, menos corrupta, menos explotadora. Ahora bien, con el señalamiento de esta serie de problemas en la formación educativa en México de ninguna manera sostengo que se deba desmantelar, destruir la educación pública, y entonces privatizarla. Las posibles soluciones deben transformar, mejorar y fortalecer la *educación pública y gratuita*, misma que depende a su vez de una mejora sustantiva en lo económico, en cuanto a crecimiento y distribución de la riqueza. En relación con esto Dresser enumera una serie de propuestas que comparto para remediar el problema educativo: instituir un padrón único de profesores, transformar la educación normalista, crear sistemas de formación continua de profesores, establecer la certificación periódica y obligatoria para los docentes, involucrar a la sociedad civil en la revolución educativa.[23]

3. En lo político: ¿Estado fallido?

La caída del PRI a raíz de la represión de 1968, la crisis de 1982 y el fraude electoral de 1988, el cambio de gobierno en 2000, el supuesto cambio de régimen político que eso traería, el surgimiento de la "democracia electoral",[24] todo ello no ha contribuido hasta

[22] D. Dresser, *op. cit.,* p. 37.

[23] *Ibid.*, p. 43; véase también las diferentes propuestas que hacen diversos especialistas en la mesa redonda: "La educación extravió el camino", en *Los grandes problemas nacionales,* pp. 229-236.

[24] Sobre todos estos procesos Mauricio Merino, "Las instituciones políticas: quebrantos, afirmaciones y desafíos", en *La política en México*, coordinado

ahora a mejorar la situación del país; más bien persistió -como señalan analistas competentes- la continuidad. No tuvo entonces lugar un cambio, una transformación económica, social, política, cultural en el más amplio sentido del término. La transformación histórica nacional sigue estando -¿esperando?- a los lejos. Y ahora por causa del narcotráfico, y de la guerra contra él, de enero de 2007 a 2013 había ya más 80,000 muertos, y los cárteles del narco ocupan a 250,000 personas en el país.[25]

Desgracia de México es la existencia de una clase política mediocre, corrupta, y enfrascada en una lucha (entre los partidos y al interior de los mismos) por las fuentes de la riqueza del país y en -completa, diría yo- "ausencia de sentido de dignidad y grandeza"; son políticos que "poco conocen de ética".[26] Lo peor del asunto es que el sistema de partidos está separado de la sociedad, es decir, no la representa, no representa los intereses de la mayoría, y los que debieran ser representados *se saben* no representados. No extraña por eso el completo desencanto de la población sobre la clase política mexicana y con la vida política misma del país. Según el Latinobarómetro, en México disminuyó 9 puntos el apoyo a la democracia entre 2010 y 2011.[27] Considero que en el centro de la política mexicana está una visión meramente pragmática de la misma; son políticos meramente pragmáticos, interesados en su propio bienestar y privilegios individuales y de su grupo, donde se defiende este último para garantizar aquél. Son gustosos del poder, y así, del dinero que les da poder y de todo lo que puede ser allegado a partir de ahí. Y como sabemos están inmersos en prácticas corruptas. Lo único que parecen tener claro, y lo único que requieren para su práctica, son ciertas líneas generales de orientación estratégica, ciertos supuestos morales, económicos, políticos del (neo)liberalismo (económico y político), base de

---

por Enrique Florescano, Taurus, México, 2007, pp. 233-259; César Cansino, *El evangelio de la transición*, Debate, México, 2009; A. Anguiano, *El ocaso interminable*, cap. I, II; L. Meyer, *Nuestra tragedia persistente*, cap. 2; véase también, aunque en otra dirección, M. Schettino, *El fin de la confusión*, caps. 9 y 10.

[25] Datos tomados de L. Meyer, *Nuestra tragedia persistente*, pp. 310 y 320; Raphael da el dato de 130,000 muertos entre 2006 y 2012 en su *Mirreynato*, p. 181.

[26] L. Meyer, *op. cit.*, pp. 118 y 128, también pp. 77-81.

[27] *Ibid.*, p. 55.

estructuración del sistema capitalista, y ciertos conceptos fundamentales tomados de una variedad de teorías, que pueden expresar algo o mucho -según de dónde provengan y el contenido concreto que representen- de lo más representativo y mejor de la conciencia ética, cultural e histórica actual (derechos humanos, fundamentales, derechos individuales, democracia, justicia social, solidaridad, etc.), pero que usan de modo instrumental como mero parapeto para avanzar en su propia línea. No son entonces estadistas, no están a la altura de su función y sus responsabilidades económicas, sociales y políticas. Muestran -muy comúnmente- una completa incapacidad para planear a largo plazo y carencia de valor para proponer fines y tomar decisiones fundamentales de relevancia (personal, ética, histórica) *para el bien* de la comunidad política mexicana, aunque eso limite o vaya contra lo defendido en su partido o su pequeño círculo de interesados. La ética es para ellos, acorde con las visiones politológicas del *establishment*, supuestamente separadas de lo moral y lo ético -"valorativamente neutrales", científicas-, una ilusión, algo sólo personal subjetivo. Pero es más bien que desconocen por completo de qué se trata, es completa inconsciencia de lo que representa actuar con base en normas, valores, principios éticos en y para una comunidad política. Lo que tiene lugar es así una mera instrumentalización del discurso moral y de las normas y valores morales para aprovecharlos en dirección del logro de los fines pragmático-políticos meramente de grupo, particulares, en la circunstancia inmediata. Hay por eso una falta de capacidad y principalmente de *voluntad* de autoridades, poderes y actores individuales para realmente ver por la alimentación, salud, educación, trabajo de los ciudadanos y protegerlos de la violencia eliminando las fuentes de ésta.

Lo peor del asunto es que esta forma de ver el mundo y conducirse en él no la vemos, experimentamos y sufrimos sólo en los ámbitos de la política oficial. Considero que se ha convertido, no sé desde cuándo, en forma consustancial de la vida laboral, empresarial, académica, científica, institucional, en México.

Sumemos a lo anterior el que en México la derecha conservadora y ultraconservadora posee enorme fuerza, y para esto quizá sí una buena capacidad de organización: todo se complica entonces. La *derecha* "se identifica con quien pone más obstáculos al cambio social -salvo cuando éste es regresivo-, mayor acento en la obediencia y en las estructuras de autoridad, y menos en la participación".[28] En el ámbito económico es claro que la derecha tiene que ser pensada como la concepción, mentalidad, acción y organización de individuos y grupos que persiguen mantener los privilegios económicos de los poseedores de la riqueza y las estructuras económicas y políticas que los hacen posibles y garantizan, sin importar -como lo es en México- si eso conlleva la enorme desigualdad, carencias, enormes índices de pobreza y pobreza extrema.

Estoy de acuerdo con Meyer para quien el Estado mexicano es un Estado débil. Por un lado, porque no es capaz de proveer servicios públicos de calidad, no puede controlar ni erradicar el crimen organizado, no hace frente de modo eficiente a emergencias ambientales, no tiene un fisco fuerte y eficiente, no elimina los monopolios; por otro lado, porque existe toda una serie de poderes tras el trono, fácticos (empresarios, medios de difusión, líderes sindicales, caciques, iglesia, crimen organizado, gobiernos extranjeros), que llegan a ser la verdadera fuente de muchas de las decisiones de la autoridad política; esto muestra -puntualiza Meyer- la debilidad institucional de la política en México.[29] Señala que el gobierno mexicano a duras penas controla las conductas de los grandes capitales y que en ocasiones ni eso, y expone la alta concentración de la riqueza y la identificación, que llega a fusión, entre las minorías poderosas de la política y la gran empresa, los grandes capitales.[30] El poder político mexicano, como se sabe y tanto se critica con razón, está sometido y sirve a los poderes económicos. Meyer sostiene entonces que nuestra situación actual se explica mejor si se parte de que quienes dominan nuestra sociedad "ya conforman una auténtica minoría de minorías, o élite del poder" y pregunta si la democracia es compatible con una élite tal, a lo que -se intuye- responde que no.[31]

El planteamiento que se ha llegado a hacer a partir de todo lo anterior es el de si el Estado mexicano es un "Estado fallido" o está en camino de serlo, es decir, -como precisa Meyer, basado a su vez en Chomsky- un Estado donde a) predomina el desdén por las normas legales internas e internacionales y b) no hay voluntad o capacidad de la autoridad para proteger a los ciudadanos de la

---

[28] *Ibid.*, p. 70.
[29] *Ibid.*, pp. 93, 99, 103, 105.
[30] *Ibid.*, pp. 87, 90, 91.
[31] *Ibid.*, pp. 88 y 91.

violencia y la destrucción.[32] En este contexto Meyer aduce toda una serie de datos -a los que ya recurrí arriba- sobre la situación de México y su relación con los Estados Unidos, y considerando diversos estudios advierte que México tiene problemas fundamentales en los indicadores definitorios de un Estado fallido: violación de los derechos humanos, desigualdad económica (hasta extrema), legitimidad del Estado (gobierno, poderes políticos), servicios públicos, seguridad pública, corrupción, educación, incumplimiento de la ley e impunidad, narcotráfico, migración. Con base en estos datos, problemas, casos, expresa su conclusión sobre el Estado mexicano, la cual comparto: "Si el mexicano no es un Estado fallido, cada vez se le parece más, y no se ve que los responsables estén a la altura del problema".[33] La acusación que hace es contra "una minoría particularmente abusiva e irresponsable" por lo que han hecho y hacen con toda impunidad, por lo que pagamos todos los mexicanos. Explica que los problemas actuales, desde inseguridad hasta falta de crecimiento, son resultado no previsto de "la estabilidad autoritaria que se instaló en México desde la Segunda Guerra Mundial". Los dirigentes mexicanos, en la segunda mitad del siglo XX, no actuaron como deberían haberlo hecho, *i.e.* como estadistas, "se comportaron como meros oportunistas, sin sentido de responsabilidad". Sostiene también que la vieja legitimidad, "aquella basada en el crecimiento de la economía y el mantenimiento del orden" se agotó hace más de un cuarto de siglo y la nueva duró un suspiro. En realidad, termina, "todo apunta a una bancarrota sistémica que, por tanto, abarca todos los niveles".[34]

También estoy de acuerdo con Meyer en que no hay en México un proyecto de nación, esto es, una "gran propuesta de futuro colectivo enmarcada por una ideología, sostenida por un

---

[32] *Ibid.*, p. 110.

[33] *Ibid.*, p. 113. "La CNDH, el IFE, el Tribunal Electoral del Poder Judicial de la Federación y numerosas instituciones estatales más, hasta llegar a las gubernaturas, a la Suprema Corte de Justicia, al Congreso y a la Presidencia, tienen mucho de fallidas y débiles simplemente porque sus políticas y prácticas están muy determinadas por su pasado, por la corrupción y por los intereses particulares de quienes las conforman: la debilidad del aparato institucional ha acabado por dejar al ciudadano más débil aún, casi inerme", señala Meyer en la página 109.

[34] *Ibid.*, pp. 113, 117 y 121.

partido o coalición y a la que se atribuyen posibilidades de éxito si tiene el respaldo de actores políticos clave y la aceptación de una parte sustantiva de la ciudadanía", "un conjunto de grandes ideas motrices que le dan sentido a la comunidad nacional"; en México "el poder se ejerce sin proyecto".[35] ¿Qué visión de nuestro futuro tenemos en México políticos, intelectuales, obreros, académicos, empresarios, profesionistas, autoridades gubernamentales, científicos, artistas? ¿Y cuál podemos y debemos plantear, proponer, articular, con la idea de aspirar a realizarla con perspectivas de éxito?

Gerardo Ávalos propone por su parte una explicación de la grave situación mexicana, misma que expongo brevemente y recupero en lo que sigue. Ávalos hace referencia -como también ya Meyer- al *Fund for peace* (Fondo para la paz) que elabora una clasificación anual de los "Estados fallidos" con base en 12 criterios centrales que indican que una sociedad "ha dejado de estar organizada políticamente con instituciones generales efectivas y eficientes"; es una "descripción de situaciones caóticas donde la anomia se ha apoderado de lo que alguna vez fue una sociedad organizada políticamente".[36] Ávalos explica que si bien el término alerta sobre situaciones innegables de desgarramiento de la sociedad y de disolución del principio de orden que articula, da coherencia y unifica a la totalidad social, la expresión "Estado fallido" -aun cuando sea útil en el plano axiológico y en su uso político- "es insuficiente para comprender el nudo problemático de las causas profundas por las cuales se derrumba un orden social y su forma política".[37] Como complemento de este problema, y para precisarlo, plantea lo siguiente: "Cuando grupos armados no estatales se enfrentan entre sí y el ejército y las policías oficiales no pueden restablecer las condiciones de paz y estabilidad, y cuando esta vorágine de violencia ocasiona más de 70,000 muertos en seis años, es casi una obligación entender el tipo de violencia que está dominando el escenario".[38]

No puedo entrar aquí en varias e importantes explicaciones y esclarecimientos conceptuales que desarrolla en su artículo. Me

---

[35] *Ibid.*, pp. 56, 60, 123, véanse 57 *ss*; también A. Basave, *Mexicanidad y esquizofrenia*, p. 26.

[36] G. Ávalos, "El colapso del Estado mexicano", 57.

[37] *Ibid.*, p. 58.

[38] *Ibid.*, p. 71.

interesa sólo apuntar la explicación general que ofrece del problema y su diagnóstico final. La explicación es que la disolución del Estado es resultado "de la reestructuración global del capital cuando los procedimientos y mecanismos de la competencia socavan los pactos de unión y de sumisión que forman la columna vertebral del principio de la estatalidad. Se produce entonces el quiebre de los mecanismos históricamente construidos que posee una sociedad para solventar el conflicto social".[39] Para llegar a esto parte del señalamiento de algunos de los graves problemas que aquejan nuestra comunidad política (muchos de los ya señalados arriba) y de que -como sostiene- el gobierno de Felipe Calderón (2006-2012) sólo acentuó los elementos que ya apuntaban en esa dirección. Todos estos rasgos caracterizan una situación "que muy bien podría ser calificada de desastre nacional. Sin embargo, el juicio de que el Estado mexicano sufre un colapso o que se halla en proceso de disolución, puede parecer exagerado, toda vez que -a pesar de los aspectos enumerados- el país no se encuentra en un 'estado de insurrección' similar al de Egipto o Libia, ni tampoco padece una situación de represión generalizada como en Siria; por lo demás, ninguna junta militar ha instaurado en él un 'estado de excepción' ni, a través de un golpe de Estado clásico, una dictadura".[40] En seguida plantea una serie de importantes preguntas que remiten al problema en torno a de qué se trata a fin de cuentas con la situación crítica actual descrita.[41]

Ahora bien, para responder adecuadamente se requiere también tener claro en qué sentido se habla aquí de "Estado". El Estado es concebido por Ávalos como la sociedad que está constituida básicamente por "imperativos morales y jurídicos respaldados con la coerción. Es en esta dimensión donde conviene asentar al Estado y su inherencia respecto de la sociedad. Si la sociedad es el orden imaginario y simbólico de un conjunto poblacional asentado en un territorio delimitado, el Estado es el momento coercitivo ordenador de ese conjunto. Pero si hemos de ser más precisos, debemos señalar que el Estado es el orden normativo -proveniente de matrices religiosas y morales- que mantiene cohesionada a la sociedad mediante el recurso último de

[39] *Ibid.*, p. 60.
[40] *Ibid.*, pp. 60-61.
[41] *Ibid.*, p. 61.

la coerción física [...] En todo caso, el Estado se concreta en un proceso de concentración monopólica de poderes específicos".[42]

Con base en los desarrollos anteriores Ávalos sostiene que "el modelo político del autoritarismo priísta entró en crisis porque los pactos de unión y de sujeción que lo sostenían chocaron frontalmente con las necesidades de reestructuración del capital. Si el salario tenía que descender en términos reales, si la intensidad del trabajo debía incrementarse [...], en fin: si los contratos colectivos de trabajo tenían que ser modificados; y si tenían que privatizarse las empresas estatales, y si debía ser igualmente privatizada la producción agrícola, ganadera y pesquera, entonces el antiguo pacto de sujeción patrimonialista tenía que romperse o renegociarse. Además, el pacto de unión, aquel que se reflejaba en la monarquía presidencial y en su consecuente sistema piramidal, y que se expresaba en el 'nacionalismo revolucionario' y en una política exterior destacada, también debía ser recompuesto, toda vez que, en aras de la ganancia, la productividad y la eficiencia, el territorio nacional sería visualizado solamente en su dimensión económica, como medio para realizar la hazaña de conquistar los mercados estadounidenses. Resultaba obvio que el régimen político tenía que ser modificado aunque siempre de modo paulatino y controlado según el método sugerido por Jesús Reyes Heroles para llevar a cabo la reforma política de 1977: abrir el régimen a las oposiciones para que, a fin de cuentas, nada sustancial suceda en el ámbito del poder del capital".[43] Y su conclusión no es nada esperanzadora: "En fin, lo que puede afirmarse de la situación mexicana actual es que el Estado, como pacto de unión y de sujeción, como condición jurídica de los sujetos, como moralidad unitaria, como lógica gubernativa orientada a la preservación de la propia asociación estatal, y como organización de la vida comunitaria orientada por un ideal de justicia, se encuentra en un vertiginoso proceso de disolución".[44] Creo que con esto Ávalos se refiere a la comunidad política como tal, no sólo al gobierno o los poderes políticos.

Las perspectivas delineadas por los dos análisis anteriores no son nada positivas, más bien apuntan a las fallas sistemáticas y a resultados negativos, desastrosos, previsibles. Considerando los

---

[42] *Ibid.*, p. 69.

[43] *Ibid.*, pp. 75-76.

[44] *Ibid.*, pp. 78-79.

datos aportados, las reflexiones y argumentos expuestos de diferentes teóricos, quien esto escribe tiene por desgracia las mismas perspectivas en mira. Se puede sostener entonces que lo que vivimos actualmente sigue siendo consecuencia del peculiar desarrollo mexicano principalmente en el siglo XX, no es algo que haya surgido de repente, tiene su base en todo lo que el PRI hizo hasta que cayó del poder, en todo lo que desperdició como oportunidades el partido que llegó al poder en 2000 y en lo que este mismo provocó en ese periodo de tiempo hasta el 2012, en el juego económico y político llevado a cabo siempre por los poderes económicos (los grandes capitales) en sus alianzas con los poderes políticos y sus manejos corruptos con éstos, en los vínculos de éstos con el crimen organizado, en los problemas existentes ya desde antes en los componentes constitutivos de nuestra comunidad política (los señalados arriba), nunca solucionados sino más bien agudizados (y, a raíz de todo ello, en la consiguiente exclusión -de la educación, la salud, el empleo, el ingreso nacional, la movilidad social, la participación política, los puestos de toma de decisiones fundamentales, el conocimiento- a que ha sido sometida la inmensa mayoría de la población mexicana), todo ello acompañado por la descomunal incapacidad de las élites políticas y económicas -y académicas, agreguemos- de responder a desafíos y factores causales llegados de afuera (transformaciones y presiones de capital global), por su incapacidad de diagnosticar a dónde pudiera conducir todo ello y de pensar en y planear un proyecto de largo plazo para el país.

No quiero en este contexto dejar de mencionar aquí la culpa y responsabilidad -en parte, pero importante- que en todo esto tenemos y hemos tenido también los ciudadanos (ricos, los varios niveles de clase media, y pobres), pues aunque no nos guste y aunque se pueda afirmar que nuestra mentalidad, actitudes, creencias, fallas, carencias, incapacidades, se deben a lo que han provocado aquéllos poderes, las instituciones realmente existentes y los medios masivos de comunicación en nosotros, tenemos que ser conscientes de que nosotros mismos hemos seguido sosteniendo y reproduciendo esta forma de vida mediante un desconocimiento voluntario (algo así como "yo soy informático, ingeniero, médico, taxista, mecánico, cocinero, restaurantero, maestro, filósofo, etc. y ya, lo demás no es de mi incumbencia"), por desinterés social y político, por conveniencias y conformismos personales y de pequeños grupos, por apoliticidad, por corrupción, por miedo, por flojera, por superficialidad, etc. En mucho es muy cierta la caracterización del país como somnoliento, conformista, corrupto, discriminador y de privilegios (Dresser).

Ante la situación descrita, se puede comprender que es terriblemente difícil poder eliminar, aún sea lenta, paulatinamente, la violencia, la corrupción, la criminalidad, el desgarramiento del tejido social, la frustración de la población, la falta de autoestima, la desconfianza y el reforzamiento del egoísmo que tiene en lo anterior mucho de su razón de ser. Y una pregunta surge en seguida: ¿se llegará quizá a hablar de México como una "comunidad política fallida"? Con base en lo expuesto y analizado hasta ahora se puede afirmar que el Estado mexicano (en cuanto poder(es) político(s)) es muy débil y que el Estado (como el todo de comunidad políticamente organizada) se encuentra en un muy riesgoso proceso que podría conducir a una situación aún más difícil, y quizá, en el peor de los casos, a variados procesos de disolución. Considero que éste es el enorme riesgo en que nos encontramos, es decir, que por falta de capacidad y voluntad, por falta de visión -proyecto- y por corrupción de nuestros poderes económicos y políticos, por la fuerza de los vínculos entre éstos en busca sólo de sus propios beneficios, por los intereses mezquinos y la carencia de visión de los grandes capitales mexicanos sobre un proyecto de comunidad política; también por apatía, conformismo, corrupción de gran parte de la ciudadanía; y por desconocimiento, desorientación, falta de medios y de capacidad de organización de los ciudadanos como tales, se llegue a una situación típicamente hobbesiana donde tenga lugar simple y llanamente la lucha quizá de entrada no de todos contra todos, pero sí de los principales individuos y grupos que vayan siendo capaces de imponerse a otros. Y "hobbesiana" (o neo-hobbesiana como sostiene Ávalos) porque ya no hay entonces ni ley, ni cuerpos de seguridad, ni instituciones ni autoridades morales ni lazos comunitarios a los que apelar y que funcionen de modo adecuado, o que cada vez los va habiendo menos y más deficientes, de modo que hay cada vez menos confianza de unos para con otros y no hay esperanza de una posible interacción pacífica y de una posible solución -como proyecto de Estado de derecho- razonada y dialogada de la situación de crisis. No podemos excluir esta posibilidad, casos los ha habido y los hay actualmente. La situación en la que se encuentra el país puede llegar a ser peor aún y hay bases para sostener que esto sí puede suceder.

4. Reflexiones filosóficas sobre lo político

Tomando como base los diversos problemas de la situación mexicana quisiera en este apartado sostener que se debe repensar y replantear la relación entre moral y economía, y moral y política en la estructuración y desarrollo de la comunidad política. Como no puedo abordar todo por ahora me centro, brevemente, en la relación entre moral (y ética) y política. Parto para esto de que el enorme problema es que el concepto de lo "político" se lo reduce muy comúnmente -asumiendo y siguiendo a C. Schmitt- a ser un concepto "crático" de lo político, y por tanto un concepto restringido de la acción política. El concepto de lo "crático" lo tomo de Hösle quien explica su significado en el sentido de que se refiere al fenómeno fundamental de las "luchas por el poder" en la comunidad política. Hösle forma este concepto de la palabra griega que corresponde de modo más cercano a la de "poder". "Cratológico" en sentido puro se refiere entonces a las acciones encaminadas a las luchas por el poder y a la comprensión que se tiene de las mismas como no recurriendo a consideraciones morales. Característico de lo crático es así su amoralidad. La cratología persigue por ende el conocimiento de lo que es necesario y útil para la conservación y ampliación del poder. Sin embrago, esto no significa que lo crático y lo político no estén relacionados, por el contrario. Hösle explica, por un lado, que el Estado moderno es la instancia última del poder -de acuerdo con el derecho- y se aspira además al poder *estatal,* por lo que lo crático queda remitido a lo político. Por otro lado, el ejercicio de la política requiere de capacidades cráticas, por lo que la política queda referida así a lo crático.[45]

Ahora bien, el ejercicio del poder no es necesariamente inmoral; éste puede ser necesario en situaciones graves de conflicto que amenacen la seguridad de la sociedad o simplemente para hacer que se cumplan las tareas y medidas necesarias para el funcionamiento de la misma cuando ellas son violadas o descuidadas. En este caso deben ser *mediadas* las exigencias de la moral con las de la cratología, pero lo fundamental es que "no es la cratología como tal la que pone esta tarea",[46] sino precisamente la moral; y además, el ejercicio del poder debe estar orientado por

---

[45] Vittorio Hösle, *Moral und Politik*, Beck, Múnich, 1997, pp. 95, 97 y 98.
[46] *Ibid.*, p. 98.

principios morales si no se quiere que la acción se reduzca a la violencia sin más.

La conceptualización y reflexión anteriores son necesarias para entender que, si bien no se justifica una burda reducción de lo político al ejercicio puro del poder, esto no debe impedir considerar el poder y el conflicto como inmanentes a lo político; y tampoco impide plantear un vínculo que se debe desarrollar entre ellos y la moral, pues ésta también es necesaria en tal entramado. Ya el hecho de hablar de poder político *legítimo* es un asunto normativo, ético como tal -no una mera cuestión jurídica: significa que ese poder merece reconocimiento y obediencia por parte de los ciudadanos -en referencia a los asuntos capitales de la estructura, fines y desarrollo de la comunidad política-, no mera obediencia ciega al gobierno o al llamado presidente en turno.

Ahora bien, en este contexto se puede recurrir brevemente a la propuesta de Hannah Arendt de una recuperación de la política como "esfera pública", la formulación que hace de ésta y la exigencia de participación en la misma que es fundamental para el concepto de una democracia participativa. Se trata de un espacio de apertura y de formación de la identidad en el hablar unos con otros y en el que se guarde y conserve la memoria de las historias contadas. Este concepto manifiesta y permite pensar y rescatar una comprensión de la política más amplia a la de una mera especialización de actividades técnicas o concentradas en las personas del gobierno.[47] Ella criticaba ya en su época el que la política apuntara sólo al orden para garantizar la producción -capitalista tenemos que decir- en la sociedad y al ámbito de acción de los individuos para buscar sus propios intereses privados; ya no se trata de nada común, sino de intereses y objetivos particulares. Y sostiene con razón que "la pregunta por el sentido de la política se refiere hoy día a si estos medios públicos de violencia tienen un fin o no; y el interrogante surge del simple hecho de que la violencia, que debería proteger la vida o la libertad, ha llegado a ser tan poderosa, que amenaza no únicamente la libertad sino también la vida"; la crisis consiste en que "el ámbito político amenaza aquello único que parecía justificarlo".[48] Esto se debe a que el espacio público se ha convertido en lugar de violencia él mismo. Esto se

---

[47] Hannah Arendt, *¿Qué es política?*, Paidós, Barcelona, 1997, pp. 63 y 89.

[48] *Ibid.*, pp. 93 y 97. Para la diferencia que Arendt establece entre "poder" y "violencia" véase su *Macht und Gewalt* (Piper, Múnich, 1998).

agrava claramente si pensamos el problema en el contexto mundial. Pero lo público y la violencia -sostiene- son distintos y se los debe separar. El suyo es entonces un concepto participativo de lo político -con algunas reservas que se expresan ante él-, opuesto a uno orientado a la sola lucha. La crítica de Arendt se dirige también a que lo económico y el interés privado han ganado terreno y dominan; por eso ve como necesario que la política -en el sentido expuesto- reasuma su papel de modo que permita y ejerza la participación y los individuos realicen así ciertos *ideales*. Pienso que en la actualidad, y por razones estrictamente éticas, debemos (y podemos) decidirnos por una política en el sentido de Arendt (con las respectivas reservas y crítica necesaria), principalmente por estar orientada a la participación y a la realización de la libertad de los sujetos agentes en el entramado intersubjetivo que conforman como comunidad política; y esto siendo conscientes también de que en la actualidad no es posible pensar en realizar una democracia directa. Ahora bien, ideas e ideales como los anteriores son de hecho ya planteados, asumidos y exigidos por teóricos, políticos honestos, movimientos sociales y ciudadanos; se puede decir que forman parte de lo mejor de la conciencia ético-política del presente. Se trata entonces de hacerlos cada vez más efectivos.[49]

Con base en lo desarrollado considero que se tienen que rechazar las concepciones que reducen la política al predominio de la pura democracia formal (electoral) y afirman la reducción de la participación ciudadana a la emisión del voto cada cierto tiempo, y las que la reducen al uso de la racionalidad y acción instrumental-estratégica, a las luchas por el poder y al reparto del mismo, y por tanto, a la presión, las componendas, violencia, al logro de meros intereses particulares (de grupos), inmediatos y útiles para conservar el poder, los privilegios y el *status* alcanzados. Contra esto se tiene que defender que lo político no es esencialmente ni tiene que ver sólo con la capacidad y meta de conseguir el poder e imponer la propia voluntad a los otros, y tampoco se reduce a un asunto o actividad exclusivos de los políticos profesionales y del aparato gubernamental. Del hecho de que en la actualidad sea efectuada fácticamente una tal reducción no se sigue su validez. La

---

[49] Alberto Olvera, "Hacia una nueva conjunción entre política y sociedad: los contornos de una reforma política participativa en México", en *La política en México*, coordinado por Enrique Florescano, ed. cit.

concepción, las opiniones cotidianas y la práctica fácticas actuales de los mismos políticos profesionales u hombres de poder, reducen lo político a esas representaciones. Se reduce lo político a lo crático. La política en su sentido más propio se refiere a *las determinadas actividades que tienen que ver con la vida y convivencia humana como tales, con el Estado en tanto comunidad política, con su conformación, mantenimiento y desarrollo.* Ella tiene que ver con la comprensión de los asuntos de la cosa pública que atañen a todos, comprensión consistente, como dice Hösle, en "una capacidad de mediación correcta entre los diferentes fines del Estado"; la política se refiere a "acciones, que en el contexto de luchas de poder están orientadas a la determinación y/o imposición de fines del Estado".[50] En este sentido sostiene Ávalos, asumiendo el concepto clásico, que la política es "la actividad práctica de los seres humanos en vistas a regir o gobernar su vida en común"; "la relación práctica que pone en contacto a los seres humanos en cuanto personas que deciden mediante la palabra su vida en común, es la relación política."[51]

Sin abandonar ni descuidar los aspectos del poder y el conflicto, se tiene que afirmar que éstos, en el sentido político planteado aquí, están remitidos a un contexto donde pueden y moralmente deben adquirir otro sentido distinto al de la mera imposición. De capital importancia es por consiguiente la necesidad de una nueva determinación de la relación entre ética y política. Sostengo por eso como necesario plantear la pregunta por el contenido concreto de la organización o estructura, los fines, las tareas y los medios fundamentales del Estado y su *justificación normativa*, a fin de cuentas por lo que podría ser planteado en sentido ético y teórico como *una mejor forma* de comunidad política, más *racional.* Esto incluye, de acuerdo con lo anterior, la necesidad de apertura de espacios de participación para la discusión crítica y la realización aquél por parte de los sujetos-ciudadanos mismos, de tal manera que se pueda hablar quizá de mejor manera de autogobierno o de sociedad autónoma. Es el concepto de la política como acción participativa de los individuos de la sociedad en los asuntos humanos, pues ellos mismos son el fin a satisfacer, realizar, y son el medio mismo para ello. Se puede

---

[50] V. Hösle, *op. cit.*, pp. 99 y 101.

[51] Gerardo Ávalos, *Leviatán y Behemoth*, UAM-X, México, 2001, pp. 242 y 249, también 240 y 245.

sostener entonces que la política, en el sentido más racional que se puede plantear, *debe ser* -dada la pretensión normativa de este trabajo y la crítica a la visión y acción políticas fácticas en la sociedad actual- práctica coordinada consciente y responsable de los actores humanos encaminada a la determinación de la organización de su convivencia, a la solución de los problemas que surgen de la misma convivencia, a la determinación de las tareas a realizar y la disposición de los medios, así como a la determinación justificada de los valores, ideales y fines *que merecen éticamente* ser realizados en y por la comunidad política (como la solidaridad, el respeto efectivo de derechos fundamentales de cada individuo, sistema judicial confiable, justicia social). En este sentido, se tiene que entender que el Estado no es un mero conglomerado de individuos de por sí aislados. Más bien se trata de una *comunidad política* de sujetos que saben de su vínculo con la comunidad, que viven, actúan, trabajan y se desarrollan en ella, pero que no la toman por un mero útil o instrumento al servicio de sus intereses y preferencias particulares, subjetivos; de individuos que tienen como contenido, objeto y fin de su saber, actuar e inter-actuar, la realización de una comunidad política donde todos puedan realizarse de mejor modo posible a sí mismos como sujetos autónomos.[52] Una "filosofía política" crítica tiene que apuntar a contribuir a esto. De ahí que la política no puede ser neutral, y tampoco la reflexión filosófico-política sobre la acción y organización políticas, pues se trata de la reflexión sobre la pertinencia, relevancia, adecuación, rectitud, y la valoración correcta (moral o ética) de determinados fines, valores, medios, acciones, estructuras, poderes y medidas. La elaboración y desarrollo teórico de esto tiene que quedar por ahora pendiente; continúo en el último apartado con algunas reflexiones más en esta línea.

5. Educación, economía, política

Para lograr lo anterior en absoluto se puede pasar por alto el papel y las consecuencias del capitalismo global, como hacen muchos

[52] Para un aporte en este sentido: Mario Rojas, *Hegel y la libertad*, Ítaca, México, 2011.

queriendo sin embargo sacar a flote el barco.[53] No se trata sólo de una crisis política, es decir, que sólo la política, los políticos estén errados, tengan la culpa y la responsabilidad -aunque quizá sí tengan la mayor- como si el ámbito económico estuviera fuera del juego y como si éste también estuviera mal sólo por causa de la mala política y la mala formación educativa. Eso querría decir que los poderes económicos hacen lo suyo, y bien, pero aquéllos ámbitos no los dejan trabajar bien. Yo sostengo que lo económico mismo es problema. Así, por un lado, los agentes económicos en México no son realmente productivos, creadores, innovadores, competitivos -lo que tanto exigen ellos- y esto debido a su propia mentalidad y orientación, fines, visión del mundo -sin descartar con esto impedimentos desde los ámbitos políticos y debido a la mala formación educativa de la población.

Por otro lado, a ellos mismos no les interesa aportar más allá de lo que convenga y sirva para mantener su nivel de riqueza; han asumido la corrupción en contubernio con los poderes políticos (la evasión fiscal favorecida por el gobierno) y han contribuido a su mantenimiento (obtienen contratos y privilegios a través de sus vínculos con los poderes políticos); buscan los monopolios y la manipulación de la competencia con base en esto y en lo anterior, y promueven así la concentración de la riqueza; han ingresado (con Fox) a ser parte de las esferas políticas (secretarios de gobierno, asesores, etc.). O sea, se han valido de la política para lograr sus metas, o mejor, han actuado y actúan políticamente -en el sentido negativo de este término. El asunto es entonces que no se puede separar lo económico de lo político; el problema son los lazos, los vínculos entre éstos, y las metas conjuntas que buscan: riqueza y poder, poder y riqueza, para manipular, orientar, dominar la vida socio-política que les permita mantenerse en su posición y sostener el sistema jerárquico en esta comunidad política. No les interesa cambiar esto.

La riqueza económica proporciona *poder político*, *i.e.* poder de decisión fundamental sobre lo que se haga en la comunidad política y hacia dónde se debe dirigir ésta -promueva el llamado "bien común" o no-, el poder de doblegar a los poderes políticos para el beneficio propio -como es típico en México-, y

[53] David Harvey, *El enigma del capital y las crisis del capitalismo*, Akal, Madrid, 2012; también mis reflexiones críticas en *Globalización financiera, despojo y radicalización de la dominación capitalista*, Ítaca, México, 2008.

esto claro aun en alianzas con los poderes políticos mismos. No es extraño por eso que los *poderes económicos* lleven a cabo en México super-explotación con lo que obtienen ganancias super-extraordinarias, ofrezcan salarios pírricos, se esfuercen por empeorar las condiciones laborales y desmantelar sindicatos, etc. Los fines de las clases económicas ricas y los ultra-ricos (los "mirreyes") y las élites del poder, los poderes políticos, no han sido contribuir al mejoramiento de la situación educativa, económica, política, cultural de esta comunidad política llamada México; más bien, extraer riqueza y conservar su posición económica y de poder. Una mejor -*más* equitativa, igualitaria, por ponerlo por ahora así- distribución de la riqueza está fuera de sus miras; además son discriminadores. El problema es que ahora, debido a diversos factores (económicos, políticos, culturales), influencias, presiones y crisis externas no han sabido qué hacer, cómo responder; ellos mismos están en la encrucijada. El barco se les está hundiendo. Pero ese barco es *nuestra* comunidad política, somos todos. Las críticas y ataques a los poderes políticos se justifican, pero esto no significa olvidar la responsabilidad de los agentes económicos, la función y el rol que han tenido en el desarrollo de la economía, la educación, la política, la cultura en México. La crisis exige, para una posible solución, tomar medidas que reorienten la actividad económica, nuevas metas y nuevas leyes para ésta, que les exijan más y los obliguen de modo efectivo a cumplir y aportar más en la línea de mejorar realmente de modo sustantivo la calidad de vida de los mexicanos.

Se tiene que trabajar entonces en cada uno de los rubros antes expuestos. No es adecuado trabajar sólo en uno de ellos, sin ver sus conexiones, influencias y efectos en los otros y en cómo éstos a su vez influyen en aquél y lo afectan. Así, si la situación económica del país no mejora y si no se lleva a cabo -para plantearlo así por ahora- *una mejor distribución de la riqueza y no se dan garantías efectivas* de que la población más desfavorecida, excluida, explotada, pueda acceder a una mejor alimentación, escuelas, educación, salud, y por ende, a tener mayores posibilidades de acceder a un mejor trabajo, realización laboral y personal, no será posible *formar ciudadanos -formarnos como ciudadanos*- capaces a su vez de aportar algo valioso y de modo comprometido a la educación, la economía, la política, la cultura. Y de nada sirve apelar a y promover sólo el crecimiento económico si todo lo demás va a seguir igual o peor; si tal crecimiento lo único que promoverá y mantendrá es la concentración de la riqueza en una minoría.

La formación educativa tiene que ser reorientada por completo. Se tiene que garantizar, sí, conocimiento, habilidades, capacidades para trabajar, innovar, inventar lo necesario en el ámbito de la actividad y desarrollo productivos, pero se tiene que ampliar el espectro de visión, los horizontes y las metas de la formación educativa. No basta formar trabajadores, educadores, burócratas, etc. bien acomodados a sus actividades, conformes con lo que ganan para vivir y que reproduzcan lo que hay y se ha dado hasta ahora -eso es justo el capitalismo. Apunto a la formación de individuos autónomos cada vez más capaces de interesarse por y de aspirar a conocer más del mundo que lo que ofrece este sistema con sus medios de comunicación, más conscientes de y responsables con su realidad socio-cultural, y con el interés y la meta de transformarla, es decir, de contribuir en cada uno de sus ámbitos de reflexión, acción, trabajo y realización personal a generar una comunidad política más igualitaria, justa, ética, corresponsable, racional a fin de cuentas. Una adecuada formación educativa de las personas que conforman la comunidad política es uno de los fundamentales medios contra la situación crítica del país -aun sea a largo plazo. Pero no es sólo un "medio", sino una -porque no es la única- de las principales formas, actividades, estrategias, metas sociales y políticas de proyectar y estructurar una comunidad política sana, pensante, crítica, responsable, solidaria.[54] Por el contrario, "dar la menor calidad educativa a los que menos tienen perpetúa la desigualdad económica y social".[55] Una mejor economía tiene que redundar en una mejor formación educativa, y una mejor formación educativa tiene que redundar en mejores condiciones de trabajo, calidad de vida y realización personal.

Y si no existe, por otra parte, una *conciencia, práctica y proyecto de compromiso ético y político* en los diferentes niveles de los poderes políticos de la comunidad política como tal, que se

---

[54] Véanse mis reflexiones y propuestas planteadas en "Racionalidad ética y responsabilidad del conocimiento social y humanista" y Mario Rojas, Alberto Montoya, Ma. Adela Oliveros, "Los problemas de la educación en México, la necesidad y las posibilidades de una educación racional y crítica desde una teoría de la subjetividad autónoma", trabajos ambos de próxima aparición.

[55] L. Meyer, *op. cit.*, p. 304.

dirija por un lado al apoyo efectivo a la educación en el país, y por otro lado, a la orientación fundamental de la economía en la línea aquí exigida, y así, a poner diques a la dictadura del libre mercado, tampoco será posible formar gente capaz de participar en la vida pública de modo consciente y responsable; es más bien probable que todo siga en la misma línea de beneficiar sólo a los grandes capitales y preservar las estructuras mentales e institucionales de poder jerárquicas, autoritarias, discriminadoras y excluyentes en nuestro país. La política debe asumir un papel fuerte, activo, en relación con el papel y la meta de lo económico en la comunidad política. La gran pregunta -o duda- es la de cómo podría ser posible -o si lo sería- que las élites políticas lleguen a ser verdaderos estadistas, a pensar en y para, ser responsables por y comprometerse con *la conformación de una comunidad política de ciudadanos, de individuos pensantes, críticos, responsables, autónomos*. Algo fundamental aquí para lograr esto es actuar por ende ya como tales individuos. Éste es un gran "desiderátum". Pues el poder político *debe estar* en verdad al *servicio* de la infraestructura económico-productiva, la educación, la salud, la vivienda de la población, el trabajo, la participación política, la cultura, la protección del medio ambiente, la legalidad, la realización efectiva de los derechos fundamentales, la seguridad pública, la justicia social; su base tiene que ser -lo que parece ser un imposible- la honestidad de la administración pública. Sólo de esta manera se podrá hablar de "estadistas" y verdaderos "servidores públicos".

Los ciudadanos tenemos el *derecho* de protestar porque no se hace esto, no se lo quiere hacer, se lo hace mal; de exigir que se haga bien y actuar como sea necesario ética y políticamente si no se lo cumple. Es en este contexto donde se tienen que seguir impulsando los movimientos sociales, de las minorías, de los excluidos, y por los desaparecidos; seguir presionando al gobierno, forzarlo a actuar aun en contra del orden establecido, por cuestión de derechos, de justicia. La extensión e intensificación de los movimientos sociales que vayan en esta dirección son necesarias. Aquí es donde sí tienen que intervenir, trabajar, orientar lo mejor de las fuerzas éticas, sociales, políticas, críticas y propositivas, que sí existen, sí las hay. Pues para lograr aquello no basta la justicia ni la democracia formal-políticas, formal-electorales; se exige justicia sustantiva (en lo educativo, laboral, económico, etc.) con contenidos y metas concretos -los mencionados antes.[56] El poder político tiene que ser momento constitutivo de una democracia así. Y cada uno de nosotros tiene que trabajar para esto ya desde su propia trinchera laboral, académica, técnica, familiar, política. Quizá sólo de esta manera podamos llegar, como este país México, a ser merecedores de una disculpa por los muertos de Ayotzinapa.

Bibliografía

Anguiano, Arturo. *El ocaso interminable. Política y sociedad en el México de los cambios rotos*, Era, México, 2010.

Arendt, Hannah. *¿Qué es política?*, tr. de Rosa Sala Carbó, Paidós, Barcelona, 1997.

Arendt, Hannah. *Macht und Gewalt*, Piper, Munich, 1998.

Ávalos, Gerardo. *Leviatán y Behemoth. Figuras de la idea del Estado*. UAM-X, México, 2001.

Ávalos, Gerardo. "El colapso del Estado mexicano", en Contreras Pérez, Gabriela, Joaquín Flores Félix, Araceli Mondragón González e Isis Saavedra Luna (coords.). *No nos alcanzan las palabras. Sociedad, Estado y violencia en México*, Ítaca-UAM-X, México, 2014, pp. 55-80.

Bartra, Armando (coord.). *Los grandes problemas nacionales*, Ítaca, México, 2012.

Basave, Agustín. *Mexicanidad y esquizofrenia. Los dos rostros del mejicano*, Océano, México, 2010.

Bosch, Lolita. *México: 45 voces contra la barbarie*, Océano, México, 2014.

Cansino, César. *El evangelio de la transición*, Debate, México, 2009.

Castañeda, Jorge. *Mañana o pasado. El misterio de los mexicanos*, Aguilar, México, 2011.

Dresser, Denise. *El país de uno. Reflexiones para entender y cambiar a México*, Aguilar, México, 2011.

---

[56] Sobre movimientos sociales: L. Meyer, *Nuestra tragedia persistente*, cap. 4; "Buscaglia: No es casual que hayan atacado Ayotzinapa", en el blog *Nuestra aparente rendición*, 14 de noviembre 2014; sobre democracia sustantiva José Porfirio Miranda, *Racionalidad y democracia*, Sígueme, Salamanca, 1996.

Florescano, Enrique (coord.). *La política en México*, Taurus, México, 2007.

González, Mónica. *Geografía del dolor*, Surplus ediciones, Oaxaca, s/a.

Harvey, David. *El enigma del capital y las crisis del capitalismo*, tr. de Juan María Madariaga, Akal, Madrid, 2012.

Hösle, Vittorio. *Moral und Politik*, Beck, Múnich, 1997.

Meyer, Lorenzo. *Nuestra tragedia persistente. La democracia autoritaria en México,* Debate, México, 2013.

Miranda, José Porfirio. *Racionalidad y democracia*, Sígueme, Salamanca, 1996.

Raphael, Ricardo. *Mirreynato. La otra desigualdad*, Temas de hoy, México, 2014.

Rojas, Mario. *Globalización financiera, despojo y radicalización de la dominación capitalista*, Dríada, México, 2008.

Rojas, Mario. *Hegel y la libertad. Autodeterminación racional, intersubjetividad ética, estado racional*, Itaca, México, 2011.

Rojas, Mario. *La razón ético-objetiva y los problemas morales del presente*, Itaca, México, 2011.

Rojas, Mario. "Racionalidad ética y responsabilidad del conocimiento social y humanista", de próxima aparición.

Rojas, Mario, Alberto Montoya y Ma. Adela Oliveros. "Los problemas de la educación en México, la necesidad y las posibilidades de una educación racional y crítica desde una teoría de la subjetividad autónoma", de próxima aparición.

Schettino, Macario. *El fin de la confusión*, Paidós, México, 2014.

Hemerografía

Aboites, Hugo. "Derecho a la educación o mercancía. Diez años de libre comercio en la educación mexicana", en *Memoria*, núm. 187, CEMOS, México, septiembre de 2004, pp. 23-28.

González, Mónica (directora). *Geografía del dolor*, SacBé Producciones, México, s/a, documental disponible en *www.geografiadeldolor.com*.

Redacción. "Entrevista a Edgardo Buscaglia: No es casual que hayan atacado Ayotzinapa", en el blog *Nuestra aparente rendición,* México, 14 de noviembre 2014. En http://nuestraaparenterendicion.com/index.php/biblioteca/entrevistas-y-charlas/item/2626-buscaglia-no-es-casual-que-hayan-atacado-ayotzinapa.

Proceso.

Los autores

Sergio Pérez Cortés

Es Profesor-Investigador de Tiempo Completo en el Departamento de Filosofía de la Universidad Autónoma Metropolitana (UAM), Unidad Iztapalapa. Realizó estudios en Arquitectura y Filosofía en la Universidad Nacional Autónoma de México (UNAM), y en Antropología, con especialidad en Lingüística, en la Escuela Nacional de Antropología e Historia (ENAH). Es Doctor en Lingüística por la Universidad de París X-Nanterre y Doctor en Filosofía por la Universidad de París I-Sorbonne. Miembro del Sistema Nacional de Investigadores (SNI, Conacyt), nivel III, y miembro del Programa del Collège International de Philosophie, con sede en París, del que fue director del programa durante el periodo 2000-2006. Sus líneas de investigación son: oralidad, escritura y lectura; filosofía política y moral; la genealogía de los hábitos intelectuales, filosofía helenística y el pensamiento de Hegel, Marx y Foucault. Dentro de sus publicaciones destacan: *La política del concepto* (1986), *La razón autocrítica* (1992), *La prohibición de mentir* (1998), *Palabras de filósofos. Oralidad, escritura y memoria en la filosofía antigua* (2004), *Escribas* (2005), *La travesía de la escritura, de la cultura oral a la cultura escrita* (2006), *Karl Marx. Una invitación a su lectura* (2010), *Itinerarios de la razón en la modernidad* (2012), *La razón en la historia: Hegel, Marx, Foucault* (2013) y coautor junto con el Dr. Jorge Rendón de *El telos de la modernidad. Dos estudios sobre la filosofía política de G.W.F. Hegel* (2014). Entre sus artículos se encuentran: "Tres formas de crítica a la razón de la modernidad", en el libro de *Itinerarios de la razón en la modernidad* (2012), "Atreverse a ser feliz: Epicuro", en el libro *La felicidad: perspectivas antiguas* (2011) y "La crítica metódica de Michel Foucault" en el libro *Tratado de metodología de las ciencias sociales* (2012). Correo electrónico: spc0807@gmail.com.

Jorge Rendón Alarcón

Doctor en Ciencias Sociales; Profesor-Investigador en el Departamento de Filosofía de la UAM-Iztapalapa. Miembro del SNI-Conacyt. Líneas de investigación: ética, filosofía política y filosofía de las ciencias sociales. Sus libros recientes son: *El litigio por la democracia* (1998), *Sociedad y conflicto en el estado de Guerrero* (2003), *Filosofía política: sus clásicos y sus problemas actuales* (2007) y *La sociedad dividida: la sociedad política en Hegel* (2008). Es coautor de: *Raíces en otra tierra. El legado de Adolfo Sánchez Vázquez* (2013); *Octavio Paz, México y la modernidad* (2014) y *El telos de la modernidad. Dos estudios sobre la filosofía política de G.W.F. Hegel* (2014). Además, ha participado en libros como los siguientes: *La categoría del poder en la filosofía política de nuestros días* (2009) y en *Itinerarios de la razón en la modernidad* (2012). Ha publicado artículos de investigación en revistas especializadas -como *Signos filosóficos* y la *Revista Internacional de Filosofía Política*- sobre problemas de la democracia, la filosofía política y del derecho, y el régimen político mexicano. Correo electrónico: jrendona@hotmail.com.

Javier Balladares Gómez
Doctor en Humanidades (línea de Filosofía Moral y Política), por la UAM-Iztapalapa, con la investigación titulada "Soberanía y subjetividad. Regulación de la violencia y pacificación de la aristocracia medieval". Ha publicado los artículos "Armas y señorío" (en la revista *Murmullos filosóficos*) y "Diferencias e implicaciones del concepto de categoría en Kant y en Hegel" (en Ferreiro y Hoffmann. *Los aportes del itinerario intelectual de Kant a Hegel*, Editora Universitaria PUCRS). Organizador del Coloquio de Estudios Hegelianos en México (2013-2015). Correo electrónico: javierbgz@gmail.com.

Roberto Hernández López
Licenciado en Relaciones Internacionales por la UNAM, estudió la maestría en Estudios Latinoamericanos por la misma universidad. Doctor en Psicoanálisis y Filosofía por la Universidad Complutense de Madrid. Es profesor de la Facultad de Estudios Superiores (Acatlán). Coautor del libro *Fox: los días perdidos*, Océano, México, 2004. Entre sus artículos se encuentran: "La dependencia a debate" (*Latinoamericana. Revista de Estudios Latinoamericanos*, núm. 40) y "Ese sublime objeto: la ideología en Zizek" (*Argumentos. Escritos críticos de la sociedad,* núm. 52). Colaborador de *AZ. Revista de educación y cultura.* Correo electrónico: roberhernan@gmail.com.

Alejandro Nava Tovar
Doctor en Filosofía Política por la UAM-Iztapalapa y Profesor de Filosofía del Derecho en la División de Posgrado de la Facultad de Derecho de la UNAM y de Criminología en el INACIPE. En los años 2012 y 2013 realizó una estancia de investigación en la Universidad de Kiel, auspiciada por el Departamento de Intercambio Académico de Alemania (DAAD). Autor del libro *La institucionalización de la razón. La filosofía del derecho de Robert Alexy* (Anthropos/UAM-I) y del artículo "Hacia una crítica del derecho penal del enemigo y de la criminología mediática: consecuencias locales de la actual política criminal global" (en Borsò, Leyva, y Temelli. *Democracia y violencia entre lo global y lo local. Demokratie und Gewalt zwischen dem Globalen und Lokalen*, Düsseldorf University Press). Sus líneas de investigación son la teoría jurídica, los derechos humanos y la argumentación jurídica. Correo electrónico: alextobarkley@gmail.com.

Yared Elguera Fernández
Obtuvo la Licenciatura en Filosofía en la UAM-Iztapalapa, con el trabajo "Lugar y función de la familia en la eticidad griega y en la esfera ética de Hegel en la modernidad". Cursa el posgrado en Humanidades (línea de Filosofía Moral y Política) en la misma Universidad con el proyecto de investigación "Diferenciación entre la virtud griega en Aristóteles y la *Rechtschaffenheit* (honradez o rectitud) del individuo en la sociedad moderna en Hegel". Actualmente realiza una estancia de investigación en la Universidad de las Islas Baleares con el Dr. Gabriel Amengual Coll. Organizadora del Coloquio de Estudios Hegelianos en México (2013-2015). Correo electrónico: selka032@hotmail.com.

Zaida Verónica Olvera Granados
Zaida Olvera es candidata al grado de Doctora en Filosofía por la UNAM. Realizó sus estudios de licenciatura y maestría en Querétaro y Guanajuato, respectivamente, así como la maestría Europhilosophie Erasmus Mundus en las universidades de Toulouse, Wuppertal y Tokio. Ha realizado diversas estancias de investigación en el extranjero (Lovaina, Berlín y Nueva York) y se especializa en la filosofía alemana del siglo XIX. La investigación doctoral que lleva a cabo actualmente se titula "Logos y tiempo, un diálogo entre Hegel y Nietzsche a la luz de la tradición herderiana". Correo electrónico: rita_maya@yahoo.com.

José Ricardo Bernal Lugo

El Mtro. José Ricardo Bernal Lugo es doctorando en Humanidades, con línea en Filosofía Moral y Política por la UAM-Iztapalapa. Además, es director de la revista de análisis político #RevistaHashtag. Actualmente realiza una investigación doctoral sobre el lugar del trabajo en el discurso liberal del siglo XIX. Entre sus publicaciones se encuentran "Jürgen Habermas y Michel Foucault: dos rutas para un análisis crítico del presente", "El trabajo en la era neoliberal: elementos para una genealogía de los procesos de subjetivación a través del trabajo" y "Defender la Ilustración". Correo electrónico: ricardobernal_lugo@hotmail.com

Mario Rojas Hernández

El Dr. Mario Rojas Hernández es Profesor-Investigador de Tiempo Completo en la Academia de Filosofía e Historia de las Ideas de la Universidad Autónoma de la Ciudad de México. Egresado en Filosofía de la UAM, realizó estudios de posgrado en la UNAM y se doctoró en Filosofía por la Universidad de Aachen, Alemania, por medio de una beca del Servicio Alemán de Intercambio Académico (1996-2000). Realizó una estancia de investigación en el Instituto de Filosofía de la Universidad de Jena (agosto-noviembre de 2009), financiada por el DAAD. Es miembro del SNI. Ha publicado: *Der Begriff des Logischen und die Notwendigkeit universell-substantieller Vernunft* (Aachen/ Mainz, 2002); *Globalización financiera, despojo y radicalización de la dominación capitalista. La razón ética contra la globalización financiera* (México, 2008); *La razón ético-objetiva y los problemas morales del presente. Crítica ético-racional del relativismo moral-cultural* (México, 2011); y *Hegel y la libertad* (México, 2011). Correo electrónico: marohez@outlook.com.

www.ingramcontent.com/pod-product-compliance
Lightning Source LLC
LaVergne TN
LVHW091246190726
843491LV00001B/152

* 9 7 8 6 0 7 9 6 1 2 0 5 4 *